“中央高校基本科研业务费专项资金”资助

扩大文化消费的有效供给研究：理论与实践

张宏伟　著

中国财经出版传媒集团
中国财政经济出版社
·北京·

图书在版编目（CIP）数据

扩大文化消费的有效供给研究：理论与实践／张宏伟著. --北京：中国财政经济出版社，2023.12

ISBN 978-7-5223-2491-3

Ⅰ.①扩… Ⅱ.①张… Ⅲ.①文化生活-消费-供给制-研究-中国 Ⅳ.①G124

中国国家版本馆 CIP 数据核字（2023）第 166399 号

责任编辑：叶 彤　　责任校对：胡永立

封面设计：北京兰卡绘世　　责任印制：党 辉

扩大文化消费的有效供给研究：理论与实践

KUODA WENHUA XIAOFEI DE YOUXIAO GONGJI YANJIU：

LILUN YU SHIJIAN

中国财政经济出版社 出版

URL：http：//www. cfeph. cn

E-mail：cfeph@ cfeph. cn

社址：北京市海淀区阜成路甲 28 号 邮政编码：100142

营销中心电话：010-88191522

天猫网店：中国财政经济出版社旗舰店

网址：https：//zgczjjcbs. tmall. com

北京财经印刷厂印刷 各地新华书店经销

成品尺寸：170mm×240mm 16 开 17.25 印张 241 000 字

2023 年 12 月第 1 版 2023 年 12 月北京第 1 次印刷

定价：78.00 元

ISBN 978-7-5223-2491-3

（图书出现印装问题，本社负责调换，电话：010-88190548）

本社质量投诉电话：010-88190744

打击盗版举报热线：010-88191661 QQ：2242791300

目　录

第一章 导 论

第一节 问题提出

尽管我国在20世纪50年代的有关文件中，曾使用过“电影工业”之类的概念或范畴，然而，“文化”的意识形态特征却使得“文化工业”没有很快获得成长的合法身份。20世纪80年代我国开始改革开放的全面推进，带来文化形态的巨大变动，社会主义市场经济改革目标逐步渗透到文化生产、消费和流通领域中。2000年中央十五届五中全会首次明确使用了“文化产业”这一概念，提出“推动有关文化产业的发展”。步入21世纪以来，文化产业蓬勃发展，在我国经济结构转型和调整过程中起到了至关重要的作用。十七大、《文化产业振兴规划》、十七届六中全会、《国家“十二五”时期文化改革发展规划纲要》以及《文化部“十二五”时期文化产业倍增计划》、十八大等会议的召开和文件的发布都标示着文化产业已经上升为国家的战略性产业。紧接着，党的十八届三中全会召开，《中共中央关于全面深化改革若干重大问题的决定》（以下简称“《决定》”）获得通过。《决定》提出了全面深化改革的总目标：即完善和发展中国特色社会主义制度，推进国家治理体系和治理能力现代化，把建立健全现代文化市场体系，作为紧紧围绕建设社会主义核心价值体系、社会主义文化强国、深化文化体制改革的一项重要任务。《“十三五”国家战略性新兴产业发展规划（2016—2020）》（以下简称“《规划》”）也明确提出，战略性新兴产业是培育发展新动能、获取未来竞争新优势的关键领域，代表着新一轮科技革命和产业变革的方向。其中，数字创意产业被列为重点发展的五大新兴产业，《规划》具体说明了“十三五”时期我国数字文化创意产业发展方向的四个方面：即创新数字文化创意技术和装备、丰富数字文化创意内容和形式、提升创新设计水平和推进相关产业融合发展等。《规划》清楚表明了国家大力支持数字文化创意产业发展的决心，当然也为未来数字创意发展的目标和成效提出了目标和要求，希望通过文化创意与数字技术、信息技术的融合，通过生产服务性文化创意与其他产业的融合以及文化创意产业之间的融合，全方位地促进数字创意产业价值链的形成和成熟，提升整个国民经济的发展。

可以说，改革开放以来，我国文化产业的发展及其理论研究与政策法规建设是在社会主义市场经济改革和文化体制改革不断深化的过程中被提出、发展和强化的。与此同时，在文化产业的发展实践中，为了加快文化产业的发展，我们会很自然地寄希望于“三驾马车”的推动，而其中之一就是扩大文化消费。

一般而言，GDP 发展水平、消费者的可支配收入、文化产品价格以及诸如消费者年龄、职业、性别和文化教育水平这些个人因素都是影响文化消费和文化需求的主要因素。国家统计局的数据显示，我国 2017 年的居民人均消费支出达到 1.8 万元，其中，食品烟酒、衣着、居住等传统消费依然占据主导地位，占比接近 80%，而教育、文化、娱乐等新兴消费仅占 20% 左右，不过，与往年相比，这一比重已经有了较大幅度的提升，但依然远低于发达国家 30% 的消费水平，且近几年来我国居民人均文化娱乐消费支出的增长不升反降。另外，从 2019 年中国文化消费指数来看，我国文化消费环境逐年提升，但近五年的文化消费能力可谓停滞不前，甚至在某些年份有所下降。与此同时，文化和旅游部的一份报告却显示，我国文化消费的潜在规模约为 4.7 万亿元，而我国实际的文化消费规模仅超过 1 万亿元，因而，存在着 3.7 万亿元的文化消费的差距或缺口；更进一步来讲，即使在相同的经济发展水平下，我国文化消费的整体规模也与欧美等发达国家有着相当大的差距，只有其三分之一左右。[1] 因此，在消费环境优化、消费能力增强、消费不断升级的背景下，我们不得不进一步反思，到底是什么原因导致了文化消费的不足？

实际上，就消费者个人而言，是否选择文化消费主要取决于三个方面的内容：一是有没有意愿消费，二是有没有消费能力，三是有没有满足消费者需要的产品或服务。如果根据上述的数据进行分析的话，我国整体上居民的文化消费意愿和能力是持续上升的，而这些都是需求面的内容；那么，从供给面来看，我们到底有没有给消费者提供能够真正满足他们需要的多样化的文化产品或服务呢？

笔者通过前期研究发现，尽管我国文化产品从供给总量上有了明显的提高，但文化产品供给的结构性矛盾、生产效率低下、产业组织合理化程度不高、产品品质低下等一系列有效供给不足问题已经成为阻碍我国文化产业发展的关键问题；与此同时，新媒体的出现和发展又迅速地对传统的文化产品供给产生冲击，无效供给或非法供给的状态持续存在（例如，谣言四起、假新闻泛滥、电视节目同质化等），并以更快的速度和更大的范围影响着整个社会。作为建立健全现代文化市场体系的重要内容，优化和提升文化产品的有效供给、创新有效供给模式已经成为亟待解决的问题。

第二节 研究意义

扩大文化消费不应仅仅从消费的角度去研究，在我国目前的政治、经济、文化和社会环境下，更应当从供给的角度研究如何扩大文化消费的问题。随着文化消费结构转型和升级进程的加快，文化产业发展也日新月异，与此同时，新媒体的出现不仅为文化产业的业态提供了技术支持和传播渠道，而且也模糊了文化消费与生产的界限，使文化产品的专业化生产与用户生产相互交织，用户社交化传播和媒体专业化传播相互影响，通路

① 全国3.7万亿文化消费缺口，在哪里？怎么办？[EB/OL]. 搜狐网浙朵.2017-02-27. http://www.sohu.com/a/127362308_488233.

的单一媒介转向组合媒介，对传统的文化产品供给方式和机制产生了巨大的冲击。而找准我国现有文化产品供给中的多方问题，积极探索我国文化产品有效供给机制和供给模式的创新则是更好地满足居民文化需求从而扩大文化消费、良性发展文化产业、推动现代文化市场体系建立健全的关键问题，具有很强的理论意义和实践意义。

从理论角度来讲，文化产业属于新兴学科，很多基础性问题有待研究，文化与产业双重属性的存在也使得文化产业的发展有其特殊性。本研究在界定文化产品的内涵和外延的基础上，创新性地构建了我国文化产品的供求理论框架、文化产品的有效供给理论、文化创意产业发展模式的生态系统模型、文化产品的参与式生产理论，深度剖析了文化产品的供给体制变迁、政府职能、供给效率、供给模式等内容，这既能正确定位扩大文化消费的关键问题，又能丰富文化经济学、文化产业学、社会主义市场经济学和文化传播学的基础理论。

从实践来说，党和政府的多项文件均明确提出扩大文化消费，发挥文化产业在扩大内需中的重要作用。通过研究增加文化产品的有效供给来扩大文化消费，能够指导我国文化产品的供给实践，有助于政府和企业针对性地变革甚至结束无效供给现状，将潜在的文化消费能力转变为现实的生产力，促进文化生产能力的提升，推动文化产业高质量发展；同时，能够提高社会资源的配置能力和利用效率，优化产业结构，增强社会的就业提供能力。

第三节　国内外研究现状

国外对文化消费研究的内容多涉及文化消费的趋势、特点和类型，更多关注文化需求细分和文化消费的动机分析。文化产品供给的研究集中于供给效率的分析，一是从实证角度分析不完全信息条件下公共文化产品的供给效率（如 Throsby，1986），指出文化产品的供给能够通过有无满足消费者的偏好或需求来显示供给效率，公共文化产品的供给存在策略性偏差；二是通过建立理论模型分析具体类别产品的供给效率（如 Brown & Cave，1992），学者普遍认为市场供给并非与最优供给吻合，他们从不同的前提条件出发，提出了多角度的观点，例如，市场将在低于最优规模的地方提供产品、存在过度供给和不被供给的情况、政府干预对达到社会效率是必要的。可以看出，国外对文化产品消费和供给的研究依托于西方发达国家成熟的市场经济背景，而我国与之相比有较大的差异，但这些研究有很好的借鉴作用。

我国“文化消费”的概念在 1985 年被正式提出，研究内容主要为：(1) 基础问题和趋势研究。学术界和业界都从各自的领域出发对文化消费的内涵外延、消费特点、消费模式和消费层次等内容进行了分析。其中，对文化消费的内涵、功能和发展趋势的分析逐步达成共识。(2) 不同消费群体和消费地区的文化消费现状、特点及问题研究。(3) 影响因素或机制研究，主要以文化消费数据为基础进行分析。总之，绝大多数学者提出了我国文化消费总量低、结构层次低和不均衡的问题，认为文化消费不足的主要原因是人均可支配收入不高、消费环境不佳、文化消费理念未成、有效需求不足、社会保障不完善等，但并没有过多考虑作为供给面的文化产品和产业本身的发展问题也是导致文化消费不足的重要原因。此外，单纯对文化产品供给本身的研究也不多，且基本是针对公共文化产品供给的研究。

本研究旨在弥补现有分析的不足，结合我国实际，从供给面系统研究扩大文化消费的理论支撑和对策体系。

第四节 主要内容

本书基于文化经济学的视角，在对文化产品的经济性质、供需、有效供给等理论的系统梳理、评述以及创新的基础上，对我国文化产品的供给实践进行分析，并结合文化产业和文化产品的发展特征和发展背景，探讨建立扩大文化消费的有效供给系统的对策体系，并用具体产品分析当前的供给创新问题。整个书稿分为七章：

第一章是导论。在阐明扩大文化消费推动文化产业发展的基础上，明确提出我国目前若要扩大文化消费就必须重点关注文化产品的有效供给问题，这一研究具有重要的理论和现实意义。而从国内外的研究现状来看，依然存在着许多不足和空白，亟需我们加大文化产品（有效）供给的研究力度，以更好地促进文化消费的升级，推进我国文化产业的发展。

第二章是21世纪以来文化产品供给研究的扩展。长期以来，国外对文化产品供给的研究绝大多数是基于行业和产品的。沿循经济学的研究传统，文化产品的供给效率和供给机制一直是许多学者关注的重点。进入21世纪以来，有关文化产品供给的研究在承继原有研究的基础上，在文化产品供给的多样性、文化产品品质、文化产品的供给效率、新技术与文化产品供给等许多方面都进行了扩展。本章将重点梳理和分析21世纪以来，国外学界对文化产品供给问题研究的新进展，力图为后续的研究提供更为前沿的研究思路，奠定夯实的分析基础。

第三章是文化产品的基本问题：概念、分类与经济性质。文化产品是分析文化产品消费和供给的起点和基础，本章梳理了大量的文献，力图厘清文化产品范畴的内涵、外延和分类，文化产业的界定及其分类、文化产品的经济性质等。

第四章是文化产品的供给理论。西方发达国家与我国的文化产品供给机制和供给能力有很大差异，供需特点和供需矛盾也不同，本章基于文化产品的性质以及我国现行的行政和经济体制分析文化产品的供求理论，包括文化需求、文化消费特点、文化供给、文化供给特点、文化产品的有效供给及其与发达国家文化产品供给机制差异、经济周期的供求解释等内容，尝试构建我国文化产品供给的基本理论，并明确提出扩大文化消费必须保障文化产品的有效供给。

第五章是我国文化产品的供给现状与特征。20世纪80年代后，全面推进的改革开放带来了文化消费形态和产品形态的巨大变动，我国文化产品供给体制也悄然改变。本章从“供给主体”和“供给产品”两方面切入，在总量、结构和时间三个维度上梳理和分析我国文化产品的供给实践，最后总结归纳出我国现阶段文化产品供给的特征。

第六章是文化产品供给主体分析。有效供给能力与供给主体密切相关，本章在上一章内容分析的基础上重点分析政府和文化企业的供给行为。在政府供给层面，我们试图将文化体制改革、政府供给文化产品的动机、政府文化治理能力等勾连在一起去分析我国政府的文化产品供给行为及其优化路径。在文化企业供给层面，本章分析了改革开放以来我国文化传媒机构（或企业）在顺应我国文化体制改革过程中发生的组织变革及其运营方式的演变。就目前而言，我国已经形成了文化事业单位、国有文化企业、民营文化企业、外资或合资文化企业共同发展的供给主体格局，支撑了整个社会的文化产品供给。更进一步地，我们以文化传媒上市公司的股权结构、债务结构等为核心变量对文化企业的经营效率进行了实证分析，以探求我国文化企业的供给效率状况、微观组织供给存在的问题和改进路径。

第七章是文化产品有效供给系统创新。校正文化产品的有效供给不足是一个系统工程，这需要我们从消费者、企业和政府三者之间构建一种良性互动的有机生态系统。本章首先建立了文化创意产业发展模式的生态系统模型，在纳入文化产业价值链的考量后又形成了双维度的文化创意产业发展模式的模型，通过分析该模型系统的特点，明确提出要构建文化产品的多重有效供给机制，并根据对澳大利亚的调查，给出了优化我国文化产品供给的文化产业发展建议，继而以电视节目和电视剧等电视产品为例具体分析了我国文化产品的供给模式创新。最后，我们提出了文化产品生产的新型框架，并进行了展望和思考。

第五节　研究方法

（一）理论与实证相结合

书中的实证分析以文化产品为核心进行扩展和构建的理论为依据展

开，而对于实证分析得到的事实，又通过理论进行详尽的解析，力求做到实证分析有理，理论分析有据。

（二）多学科理论相结合

本书将利用西方经济学、文化经济学、社会主义市场经济学、制度经济学、管理学、文化传播学等多学科理论分析文化产品的有效供给、供给效率和供给系统创新等问题。

（三）模型分析法

本书以文化经济学和文化产业学等理论为基础，提出并构建了“文化创意产业发展模式的生态系统理论模型”和“创意产业发展模式的模型”，并通过对澳大利亚创意产业的实地调查研究提出了我国发展文化产业的相关建议。另外，在文化产品的供给主体分析中，本书也多次构建和利用经济模型分析政府供给行为和文化企业的供给效率。

第六节　主要创新和不足之处

本研究的主要创新之处有如下几个方面。

（一）研究视角的创新

现有研究多是从需求面研究扩大文化消费，本书结合我国文化产业需求面的情况，从供给面出发系统研究扩大文化消费的有效供给问题。

（二）多学科理论和方法应用的创新

作为一门新兴交叉学科理论，文化经济学和文化产业理论体系（尤其是国内研究）还非常薄弱。本书以文化产品为研究起点，利用经济学、管理学、文化学、传播学等多学科理论知识和研究方法进行理论创新，力争有所建树。

（三）研究内容的创新

首先，目前的文化产品供求理论多以西方经济学为蓝本，用“文化”二字进行套换，本书试图以马克思主义为指导，从文化产品的特殊性切入，结合我国文化产业发展实际，创新文化产品供求理论。

其次，引入社会治理的思维，从产业链和供需主体双重交错的维度建构文化产品有效供给的有机生态系统及其多重机制。特别地，本书以发展模式、文化产业发展、文化产业价值链等理论为基础，综合了多维度的产业发展要素，提出并建构了“文化创意产业发展模式的生态系统理论模型”，在此基础上又引入以 Charles Landry 为首的 Comedia 研究团队的文化产业价值链模型，将该价值链的维度嵌入文化创意产业发展模式的生态系统中去，形成了具有双维度视野的“创意产业发展模式”理论。该理论模型不仅关注要素数量，也关注要素结构；不仅关注政府和市场的较量，也关注互联网时代政府、市场、公众乃至第三方组织等之间的变化和互动；不仅关注文化创意的产业化路径，也关注文化与经济的对抗。更进一步地，我们将该理论模型用于分析澳大利亚的创意产业发展模式，为我国文化创意产业的发展提供了经验借鉴。

再次，对政府和文化企业的供给状况进行了研究，重点关注了政府的供给动机、供给决定以及微观层面文化企业的供给效率。其一，项目纳入治理能力来研究文化产品的政府供给，把政府治理、国家治理与文化产品的政府供给结合起来，通过执政能力函数的运用为政府在文化领域的治理动机提供了新的解释视角，建构了我国文化产品的政府供给决定的模型，并以此为基础提出优化政府供给的文化体制改革对策。其二，尝试对微观文化企业组织的供给效率进行实证分析。主要针对文化传媒上市公司的资本结构、债务结构、投资策略等问题进行了定性和定量的分析。

最后，提出了“文化产品的参与式生产”理论。在新的时代背景下，文化生产受到了参与式文化的影响，供给与需求、生产与消费、生产者与消费者等关系发生了许多变化，转向了新型的参与式生产方式。

当然，本书也有许多需要继续完善的地方。

首先，新媒体的快速发展催生了许多新的文化产品形式和文化产业业态（例如，短视频、直播、知识付费以及 AR、VR 等智能文化产业），这些改变对文化产品的消费、供给和政策规制都产生了巨大的影响。虽然新的产品形式和业态层出不穷，但其相应的盈利模式和运作机制都不完善，同时，我国目前对文化消费和供给行为进行管理规范的政策法规也难以满足现实的需要。因此，尽管我们在研究中对这些问题进行了些许分析，但新型网络文化产品的供给问题还需要我们进行后续深入的系统的跟踪研究。

其次，在具体的文化产品供给创新的实践案例分析中，由于文化产品的门类和形式非常之多，各类文化产品的特性也不同，本书主要选择了电视剧和电视节目进行分析，虽难以进行全面系统的分析，但是希望能够通过电视产品的分析得以管中窥豹。另外，在我国文化产品的供给现状与特征等相关章节的分析中，许多数据搜集和整理的时间较早、涉及门类多、工作量很大，后期也未能再去更新。

再次，在文化产品的有效供给机制分析中，本书根据理论模型提出了构建文化产品多重有效供给机制的建议，并对有效供给机制的构成进行了具体的阐释和分析，但多重有效供给机制的理论分析还有待在我国的文化产业发展的实际应用中做深入的研究。

最后，本书并没有选择对文化消费的内容进行充分展开，主要意图是从扩大文化消费的视角切入，重点分析文化产品的有效供给问题。

第二章　21世纪以来文化产品供给研究的扩展

长期以来，国外对文化产品供给的研究绝大多数是基于行业和产品的。沿循经济学的研究传统，文化产品的供给效率和供给机制是许多学者关注的重点，突出表现在从理论和实践两个方面分析公共文化产品供给的决策机制、提供动机和需求契合性（Throsby & Wihers，1986；Papandrea，1997；Carlos，1998），以及文化产品市场供给效率（Steiner，1952；Spence & Owen，1977；Brown & Cave，1992）等问题。进入21世纪以来，有关文化产品供给的研究在承继原有研究的基础上，在文化产品供给的多样性、文化产品品质、文化产品的供给效率、新技术与文化产品供给等许多方面都进行了扩展。

第一节　文化产品供给的多样性

（一）市场自身能否向公众提供多样化的文化产品

巴罗（Barrow，1966）早就指出，长期以来，人们对电视节目是否能够满足一个自由社会的需要、品味和愿望并未达成一致结论：有人认为，广播电视能够很好地服务于公共利益，竞争和自我规制能够保证电视节目的多样化和品质；而另一些人则认为，广播电视并未很好地服务于我们的人民，只有通过更严格的政府规制，才能提供足够的服务。在他看来，由于大众消费品的广告主寻求的是全国性市场，即试图覆盖最大规模的国家观众，其结果是，能够吸引眼球的陈词滥调的大众化节目，具有最高的收视率，挤出了诸如传统戏剧、公共事务和儿童节目等高品质内容；与此同时，民主进程正经历着时间的考验，社会复杂性、品味和态度的标准化、传播媒介的集中化等都倾向于孤立个体，阻碍他们参与公共事务。可见，单纯地通过市场无法显示消费者的偏好，难以满足消费者对于各类电视节目的需求。诺特（Note，1980）持有近似的观点，他指出，直接来源于广播业的经济结构、节目发行模式、节目生产的标准化实践、网络竞争策略都造就了电视节目的统一性。因此，市场自身依然难以保证电视节目的多样性。

（二）公共服务和政府管制是否有助于多样化文化产品的提供

进入21世纪以来，有关公共广播服务和政府干预是否有助于弥补市场供给文化产品单一化的探讨逐渐增多。许多研究赞同这一观点，例如，沃尔弗（Wurff，2005）认为，公共广播服务可能会提供高于竞争市场水平的多样性供给。而希普等人（Heap etc.，2005）在研究中却提出了由于技术变化对广播市场的广泛影响，市场正以削弱公共广播服务存在的关键论据的方式发生着改变的论点：一般认为，当市场上仅有几个广告主存在时，由于缺乏竞争，如果将市场留给他们自己的话，广播主将集中生产市场上的流行风格和主流产品，伤及更多少数群体的品味，而公共广播服务注重提高节目的多样性；但是，新技术应用带来的多渠道世界创造了自然填补产品空间的竞争条件，原有论据对公共广播服务的支持将很快消失。诺特（Note，1980）也指出，虽然美国联邦通信委员会（FCC）管制的初衷可能是好的，但现行的管制政策触犯了广播者的权利，并不能促进娱乐多样化，尤其是FCC无法为大量的节目服务制定标准，这一现象意味着，尽管存在争议的续期程序具有较高的管理成本，除非能表明节目滥用的存在，否则，从业者的许可执照还是会被续期的，因此，FCC的介入不仅是家长式的而且也是无效的；FCC的管制目标应该是促进有效竞争的产业结构的形成，干预应当限于为多样化节目制造空间，与其通过规制制作内容的法令无视编辑判断，还不如制定促进广播者对小众和特殊节目的需求作出有效的边际反应的新政策，设计出修正该行业商业实践的经济制度。

第二节　文化产品的品质或质量

（一）文化产品质量评估

同物质产品类似，文化产品既包括有形的文化产品，也包括无形的文化服务。其中，公共文化服务的评估是一个棘手但却迫切的问题。以博物馆为例，世界各国的博物馆通常是非营利机构，这是因为，与营利性的企业相比，他们并没有同等的机会达到利润最大化或股东权益最大化的价值目标，因此，评估问题更加复杂。但是，不恰当的评估措施的使用存在一定的风险。例如，它可能导致评估数据被人为操纵，或者博物馆职员因重视获取绩效而忽略了未被衡量的博物馆服务质量，这反过来使得资金提供者通过错误的博物馆业绩进行决策，因此，了解业绩衡量是否扭曲或反映了博物馆服务的实际提供状况非常重要（Evans，2000）。为此，学界就文化产品品质评估进行了一系列探索和努力。

20世纪90年代的一些研究（Grandmont，1991；Ames，1991；Gilhespy，1999等）涉及了博物馆评估的一般基础、评估中必须考虑的预防措施、多样化的评估工具或者相关利益主体的评估动机等内容。而保罗（Paulus，2003）通过对法国和美国14个艺术博物馆的研究，建构了包括成本与预算、消费者收益、参观者数量和综合指数在内的一个相对中立和客观的评估模型。但他也警告说，除非评估目标被很好的界定，否则评估是一个危险的实践，它可能提供扭曲博物馆经营的数据，助长不必要的行为，例如，如果博物馆人员意识到被评估，他们就会尽可能地采取一切措施确保评估是正面的；此外，评估过程可能忽略了重要的影响指标。

（二）市场竞争对文化产品质量的影响

第一，同一产业组织结构不同竞争环境下的文化产品质量。林（Lin，2011）采用一个简单的双寡头竞争模型，研究了三种不同盈利模式下广播电视节目的供给质量。模式一的两家广电机构的资金主要来源于订购费用（收费或者付费电视），而模式二中两家广电机构通过广告产生收入（即免费电视），模式三中则有一家付费电视台和一家免费电视台竞争。模式三假定广告市场的盈利能力在一个确切水平上，如果观众明显地不喜欢广告或者不明显地反感广告，广播电视机构将会垂直分化它们的频道节目。在这种情况下，与模式二相比，模式一中的两家电视台都果断地提供高质量或低质量的电视节目，但是在模式三中哪家广电台会提供更高质量或者更低质量的节目仍不清楚，这取决于频道节目之间的横向分化程度。然而，模式一和模式二下的节目质量水平将低于模式三中两家广电机构提供的节目质量。结论显示，不同盈利模式的广电机构通过市场竞争提高了节目质量，从而使整个市场为观众提供的文化产品质量能够不断提升。另外，差异化的市场竞争也会有利于电视节目质量的提高。

第二，竞争还能够通过改变产业组织形式来影响文化产品的供给品质。吉尔（Gil，2009）在对电影发行商以及他们与放映商之间的合同的分析中指出，高度竞争所带来的纵向合并有利于解决收入分配合同带来的电影播放长度变形问题。整合过的剧院播放自制电影的时间要长于非自制电影，而且比未经整合的剧院运营时间长，更具市场竞争力。而且，整合后的发行商在高需求且具有不确定性的电影中处理得更加专业。

第三，行业间的市场竞争也影响着文化产品的质量。米歇尔和斯蒂芬（Michael & Stephen，2006）指出，1999 年之前，直接卫星广播（DBS）公司一般不被允许将当地广播台提供给他们的用户，然而有线电视公司却不受限制可以提供给用户广播台。《家庭卫星收看器改进法案》通过之后，这种不对称要求被删除，整个市场更具有竞争性，刺激了有线公司改进他们的服务质量。同样的情况也出现在韩国的广播电视服务上。尹石闵和金熙珍（Sugmin & Heejin，2006）在研究中提到，韩国的广播服务供给市场在多媒体和多通道领域上出现了明显的竞争状况，目前，韩国的广播服务已经从地面电视转变成了多路电视，其地面电视虽然显得比较疲软但却推高了其与同行业的竞争程度，这使得韩国广播服务竞争加剧，不仅文化产品的内容质量得到提升，其配套的相关服务质量也得到提升。

第三节　文化产品的供给效率

文化产品的供给效率是衡量文化产品供给是否有效的关键问题之一，其效率不仅仅指市场供给效率，还包括由政府供给文化产品（直接参与供给或通过各种手段干预市场供给）的效率。

（一）文化产品供给的市场效率

1. 内容产品的市场供给处于次优状态

早期的规范化研究集中分析了节目生产的类型和节目的供给水平，这些研究的基本结论是，节目的市场供给水平处于次优状态（Steiner，1952；Owen & Wildman，1992）。例如，流行节目将被过度复制（Steiner，1952），而特殊类型的节目将倾向于不被供给（Spence & Owen，1977）。

2. 广告水平过度供给，但也可能低于社会最优水平

在文化产品供给市场效率中，学者们还讨论了广告水平是否过度的问题。库辛斯基（Kuczynski，2000）指出，在一些广播节目中，商业时间每小时超过了30分钟。杜克（Dukes，2004）构建了一个细分产品市场上生产者在价格和广告投放上参与竞争的模型，分析了媒介市场细分或产品市场细分这些市场变量是如何影响竞争性广告水平的。模型表明，越低程度的产品细分或者越高程度的媒介细分导致了更高的广告水平，在足够高程度的媒介细分条件下，广告水平高于社会最优水平。

但是，安德森和科特（Anderson & Coate，2005）则认为，尽管先前研究的结论在直观上是吸引人的，但他们处理广告的方式并不令人满意。首先，广告水平和价格被假定固定，每个广告的收益等于观众数目乘以人均固定价格；其次，广告主消费广播节目产生的社会效益和成本未被考虑，而这一忽略排除了市场供给广播节目将会产生过多或过少广告这一问题的分析。更为基础的是，由于广告收益决定了节目的获利性，如果不能理解广告收入来源的话，人们无法理解市场供给节目的本质。由于这些收益取决于广告价格和水平，文献对广告收益的解释不完全，因此，有关节目选

择的结论也是有争议的。因此，他们提出了一个广播业的市场供给理论，并使用它解释市场失灵的本质，研究结果表明，均衡广告水平有可能高于也可能低于社会最优水平。他们在关注广告收益的基础上，提出了一个广播业的市场供给理论。研究结果则表明，均衡时的广告水平可能过高或过低，这将取决于观众对广告的厌恶成本、节目的替代性和广告主通过吸引观众所获取的预期收益，电视节目的均衡水平也可能低于或高于社会最优水平。而可能最令人惊讶的是，节目定价能力可能会降低社会声誉，而垄断所有权却可能会增加社会声誉，垄断或竞争条件下的均衡广告水平可能会高于或低于社会最优水平。

3. 市场集中对广告水平和价格的影响

还有些文献集中研究了市场集中对广告水平和价格的影响。许多以广告为补偿的媒体平台的标准模型表明，市场进入会降低广告水平和提高人均广告价格（Anderson & Coate，2005），而集中具有相反的作用，即，提高了广告水平和降低了广告价（Anderson & Coate，2005；Gal - Or & Dukes，2006）。但是，一些经验性研究得出了与上述结果不同的结论。例如，布朗和威廉姆斯（Brown & Williams，2002）通过对当地无线电广播市场的分析发现，当地无线电广播业所有权的集中略微提高了广告价格；布朗和亚历山大（Brown & Alexander，2005）考察了电视市场的情况，发现集中同样提高了广告价格，但也可能提高广告水平；焦耳斯基（Jeziorski，2010）的研究表明，集中降低了广告水平。还有很多研究得出了模糊的结果。斯威婷（Sweeting，2010）利用音乐台的面板数据进行了分析，并未发现音乐台所有权与广告水平的关系；泰勒（Tyler，2009）分析了广播双边市场的结构，并指出，在集中的情况下，广告价格和水平可能上升也可能下降。安德森等（Anderson etc.，2012）重新考虑和修正了标准理论模型的前提，以调和理论预测与经验数据的矛盾，他们指出，与原有理论预测相对立的是，由于合并企业内化了更多的拥挤问题，多归属观众的存在导致广告商之间更为激烈的竞争，媒介平台的合并减少了广告水平，提高了广告价格，而更多平台的进入则具有相反的作用。

（二）文化产品的政府供给效率

1. 政府供给文化产品是否有效

关于政府供给文化产品是否有效，学界存在不同争论。

第一，政府供给文化产品能有效弥补市场失灵。政府供给文化产品的理论基础是市场失灵，也即市场无法实现社会资源配置的最优。根据鲍莫尔（Baumol，1997）的分析，政府支持是必要的，可以恢复激励以获得满足公众利益需要所应有的产出水平。他主张政府为产生外部社会收益的活动提供赞助，因为这些活动如果由私人企业提供的话会产生供给不足的情况。在对广播电视领域的研究中，安德森和科特（Anderson & Coate，2005）指出，市场有时候不能完全考虑到观众的需求，这就需要公共机构提供具有社会价值的公共产品，而很有可能就是由政府来为观众提供市场上相应缺乏的节目产品，那么公共广播的存在就是非常必要的，它补充了商业广播所缺失的社会价值，有利于在产品质量结构之中维持平衡。希普等（Heap etc.，2005）指出，广播电视业至少在两个方面具有特殊性：首先，它具有相对高程度的公共干预，几乎在所有国家都存在公共广播服务的传统，包括一些致力于公共服务的广播集团；其次，有针对所有广播主的一般管制框架，例如本国生产份额（Home Production Quotas）、节目多样性的要求等，这种干预不仅在多数相关产业中是不寻常的，即使在其他诸如印刷、电影和图书等大众传媒产业中也没有类似的传统。作者明确提出，即使在数字世界里，公共广播服务（PSB）也会随着竞争愈发激烈变得越来越重要，这主要是因为：一是信息供给不足，尤其是通过新闻和时事节目；二是节目的过度生产，例如那些存在显著负外部性的过度暴力或色情的节目；三是所谓的“水平延伸”（Horizon Stretching）节目；四是节目制作中的低层次创新。在对艺术供给的研究中，凯恩斯曾提出，英国艺术基金会的目的是创造环境、净化心灵、激发观点，通过向艺术家和他们的机构提供支持，艺术基金会将满足公众乐趣。除了艺术激励和公众乐趣，政府提供艺术支持的动机还包括教育、向社区提供服务、创造广泛可用的文化资源（Pick & Anderton，1996）。尽管这些动机被描述为“政治的”，但可以看作是比其他诸如教育和医疗政府干预领域更加具有社会效益，没有政府的财政支持，艺术将无法接触广泛的人群，不能产生于更多人有利的社会和环境的福利或者生活方式（Radbourne，2002）。

第二，政府供给文化产品存在一定程度的副作用。摩尔（Moore，2005）认为，通过政府控制艺术产品的公共供给来影响消费者的伦理和道德情感能够保证社会的稳定，但是由于其方式的单一和权威会使得政府在艺术产品供给方面，正如亚当·斯密所说的那样，艺术对于人们培养自己的品位和判断力非常重要，这不能依赖于政府，因为政府在发展艺术之时会形成特有的专制。费德和凯特斯嘉瑞（Feder & Katz - Gerro，2012）也指出，政府向表演艺术组织提供公共资金对于让更多的公众普及艺术是有帮助的，但它也强化了不同种族、不同教育层次和不同收入人群的分化以及文化霸权的产生（更多地体现在表演艺术是在迎合精英阶层）。而马尔希和格林（Marchi & Greene，2005）更是直接反对政府提供艺术产品，认为应该由私人自己负责，政府所起的作用只是为这些艺术的发展移除障碍，并且鼓励他们发展。

2. 政府供给方式的选择及其效果

第一，一般性干预还是目标性干预。希普等（Heap etc.，2005）考察了现有的双重支撑体制：专业的公共广播服务与一般性的公共广播服务管制，他们认为，广播电视市场可能以这样或那样的方式失败，政府可以通过选择性或者目标性干预进行解决，但这并不必然为专业的公共广播服务的存在提供支持的理由。选择性干预和一般性干预都是直接影响市场上节目供给的类型，如果市场失灵来源于需求面的某些原因，例如过度观看暴力节目的外部性，那么在多渠道世界里，通过目标式供给面的干预（专业公共广播服务者或者广播艺术理事会）来处理这个问题几乎没有效果。处理这类失灵的方法通常是使用产品税以内部化外部性，但由于绝大多数节目并不是按人定价的，因此，较好地阻止过度消费的唯一方式是，通过对所有广播主施加约束来限制他们向市场提供的内容。当然，这可能会导致某些消费者转向其他媒介消费，但是，这种替代将比仅约束专业公共广播服务主体时小。因此，在面对暴力和色情节目时，通常是对所有广播主体的义务进行约束，以遵守公共体面（Public Decency）标准。然而，当市场失灵源于供给面时，则可以通过对所有广播主的整体性要求或者通过选择性干预来纠正节目组合。只要在需求面没有问题，无论哪种方式只要能恰当地修正节目供给组合就都能奏效。

第二，社会干预还是市场干预。莱得伯恩（Radbourne，2002）指出，政府对艺术市场营销的干预通常采取两种形式，即社会干预和市场干预。在社会干预方面，政府为了培养观众的艺术意识和鉴赏能力支持艺术发展，而艺术机构在培养观众方面对政府资金也有较强的依赖；在市场干预方面，政府直接资助艺术机构的市场营销战略和活动。实证研究结果表明，市场干预减少了关系构建和艺术机构与观众间价值交换的收益，而社会干预是可以让人接受的（甚至是值得的和必需的），能够提高参与度和培育一种更利于艺术机构增加产品消费的环境，并且达到了政府的社会目标。

第三，政府捐赠还是社会捐赠。林（Lin，2011）认为，社会组织和个人应该对博物馆进行公共捐赠和私人捐助，捐赠所获得资金如果能够维持运行就不需要国家的补助，一旦出现负债就必须要政府进行补助。麦迪森（Maddison，2004）通过对有关数据资料的分析发现，非补助收入的增加确实会带来政府补贴较大程度的减少，例如，通过门票提价而增加收入的博物馆，政府将会对其减少补贴，而减少的钱能否从收费或者捐赠者那里获得补偿尚不可知。安德烈奥尼和佩恩（Andreoni & Payne，2003）提出了相近的观点，即政府对私人慈善团体的补助将会减少其在社会上的募捐费用，产生这种现象有两个原因：首先，在经典的排挤理论影响下，捐赠者非自愿的税收捐款替代了部分自愿捐款；其次，战略反应型的慈善团体将会在接受补贴后收回在资金募捐上的努力。而关于私人捐赠的动机问题，法兰克和格佩特（Frank & Geppert，2004）提出，部分对艺术提供支持的赞助商是无私的，他们会喜欢一些比较小型的文化机构，对这些文化机构的赞助是没有什么动机和要求的，捐赠可能是出于对这些小群体艺术团体的喜爱和兴趣，有些组织和个人会让这些艺术机构继续存在下去，以满足自己的文化需求。

第四，政策和制度干预对产品供给的影响。艾达和奥塔维亚尼（Adda & Ottaviani，2005）考察了许多工业化国家转向数字电视的早期经验，并指出政策制定者会通过以下几种方式去影响数字电视取代模拟电视的速度：（1）控制信号的质量和公共广播电视服务的内容；（2）在对数字设备补贴市场的干预；（3）公布模拟电视关闭的日期与条件。他们尝试通过构建个体观众使用数字电视的微观经济模型来预测政府的政策对数字电视市场占有率的影响。结论表明，政府的政策能加快媒体技术方面的更新换代以及相应产品的供给。

此外，许多国家非常担心本国文化受到国际文化霸权的威胁，因此，所有的国家都实施了文化配额制，人们运用许多基本原理（国家地位、优值品、生产外部性等）为文化配额提供理论支持，但是这些保存本国文化的计划会产生一些无形的副产品（Richardson，2006）。如雅格布森（Jacobsen，2000）所说，尽管本国文化的要求仅影响供给，但并不能保证所增加的本国节目被消费。而弗朗索瓦和伊佩舍勒（Francois & Ypersele，2002）构建了一个有关文化保护的正式模型，结果表明，不同国家生产的文化产品存在收益递增，国内市场的保护可能会提高国家的福利。理查德森（Richardson，2006）关注的重点不是本国文化内容的生产而是它的传播媒介，考察了文化配额对商业广播台的影响。他假定，本国文化内容具备独特性，而本国和国际化的文化内容存在横向分化，对两种内容的偏好随着消费者和广播台的不同而不同，他们选择两种类型产品的组合以获取收益最大化。其结论是，文化配额的确会提高本国内容的收听数量，甚至会增加消费者效用，但却降低了广播台之间的差异性，不利于广告主和广播台，减少了社会福利。

第五，公共文化服务如何被资助。公共文化服务的作用和如何被资助在许多国家都是政策制定者争议的问题。芬恩等（Fenn etc.，2009）在研究中提到，公共广播服务至少部分上来源于公共资金，一是通过许可证费用，二是通过整体上的税收，其中，公共补贴的水平通常由政治进程决定。公共广播服务积极地主张诸如节目质量的提升应当是来自公共补贴的增加，而公共财政官员更愿意看到这些改进来自于效率的提升。他们认为，基于英国实际数据的分析表明，公共广播服务的改进应当至少部分上以生产率增长中效率改进的方式进行，而不是仅仅直接求助于政府补贴。

第四节 新技术与文化产品供给

新技术的出现与发展对文化产品供给的很多方面都产生了巨大影响，主要表现在以下几个方面。

（一）新的产品形式出现

随着互联网的快速发展，新技术的应用给传统媒体带来了很大的挑战，出现了新的产品形式。例如，在广告业，新媒体广告尤其是精准广告越发体现出它相对传统线下广告的优势，在拓展了市场空间的同时，提高了广告的有效性，减少了资源的浪费。埃文斯（Evans，2009）指出，在线广告业正为越来越多的广告商和消费者所接受，因为在线广告能够解决广告业的本质问题——信息匹配问题，即通过在线广告，大量广告商能将广告精准地推送给有效用户。他提到，目前美国经过整合的四种在线广告供应商包括美国在线AOL、谷歌Google、微软网络服务和雅虎，在这些广告供应商之中主要有三种销售在线广告的方式：（1）搜索引擎产生的搜索结果页面；（2）社交网站提供的空间；（3）在线媒体网站提供的内容空间。

（二）文化产品的生产和推送方式发生新变化

格拉齐安（Grazian，2005）指出，新技术催生的数字媒体改变了新闻产品的生产方式，即在线报纸不断提供以读者为中心的生产方式，例如读者论坛、个人博客，以及和记者直接的邮件交流，从而鼓励作为新闻消费者一部分的读者从被动的接受者转变为积极的参与者，这就要求新闻产品的内容要按照消费者的需求进行生产。传统以生产者为中心的生产模式开始转变成读者参与内容选择的生产方式。同时，这种以消费者需求为中心的内容生产方式也会对新闻产品未来的推送方式产生影响，这种推送方式会随着内容越来越具有可选择性而变成个性化的一对一的推送，未来新闻产品的体验将会变得更个性化，每个人所关注的新闻产品内容会根据个人的兴趣、爱好、经验等一系列个人因素和社会因素而形成，这样一来，新闻产品会越来越丰富，细化程度也会越来越高。克兰纳伯格（Klinenberg，2005）也指出，数字技术并没有按照新闻产品生产者所喜欢的方式，去改变新闻产品的处理方法，数字化媒体能够细分新闻市场，做到更加专业化，新闻产品的消费者可以使用更加先进的传播手段获取更为海量的信息。当然，许多文化产品的生产更要依赖于“人”这一生产要素。布鲁内（Brunei，2004）提到，影视产品更多的是要传达创作主体的创新想法或者观点，整个创作过程的复杂性可见于工作人员的数量变化上，其生产需要组成一个团体，集中讨论和解决整个生产过程中的问题，作为生产者的创新团队有很强的主动性，对产品的生产施加了重要的影响。

（三）文化产品生产企业组织结构发生新变化

波日科夫斯基和费里斯（Boczkowski & Ferris，2005）分析了一家欧洲公司（GMS 公司）在数字媒体生产领域的组织形式创新，他们发现，受新技术的影响，该公司的组织结构不断变化。1994～2003 年，GMS 先是由每个编辑部团队开展数字媒体实验，发展到创建独立的部门处理所有印刷和广播编辑部的在线内容，再到新闻生产整合为一个编辑部，能够在各专业市场针对不同的通路生产不同形式的产品。

（四）对文化产品供给环境提出了新要求

克莱蒙斯等（Clemons etc.，2003）指出，数字技术改变了音乐的制作流通过程，但是如何保护在线音乐内容免受侵犯则成了行业中的新问题。在技术环境变迁的情况下，文化产品要想不断得到创新就要求其他社会因素也要不断地变化，以至于使这些外部条件能够协调促进文化产品的创新和进步。格雷金（Grazian，2005）也指出，技术进步要伴随着法律、市场未来的发展趋势和社会规范的变化，这样才能保证文化产品得以不断地创新发展。

第三章　文化产品的基本问题：概念、分类与经济性质

第一节　文化产业与文化产品[①]

文化产业是在全球国家战略转型、产业结构升级以及消费结构升级的背景下迅速发展起来的新兴产业。新兴产业具有传统产业无可比拟的活力和潜力，但也正因为是朝阳产业，它在理论和实践中面临着许多问题，例如，产业分类问题、政策法规问题、产业规制问题、投融资问题、市场准入退出问题等。而在这些问题中，范畴的内涵问题是最本质最基础的问题，关乎到文化产业理论、政策及实践的方方面面，因此，理性地去思考文化产业及其文化产品的内涵与外延，既迫切又必要。

（一）“文化产业”概念的演变与发展

1. 国外

马克思第一次将“文化”和“工业”活动联系起来，他在《1844 年经济学哲学手稿》中指出，政治、艺术和文学是“工业本身的一个特殊部门”。此外，马克思将艺术家的劳动分为非生产劳动和生产劳动，其中，非生产劳动是艺术家“天性的能动表现”，而生产劳动则是被资本家雇佣，为“增加资本的价值”的劳动。一旦艺术家加入生产不是由劳动能力本身

---

① 参见张宏伟．从文化产业到创意产业：澳大利亚创意产业发展模式［M］．北京：经济科学出版社，2017 年 4 月；张宏伟．文化产业概念辨析——兼论快乐购的产业属性［J］．文化产业导刊，2010（1）：20－27.

构成的商品，而是为了大量出卖而制作商品的行列，那么文化产品的批量化、复制化、标准化、格式化就产生了。马克思的这一观点，依然遵循“资本雇佣劳动”的逻辑，此时的艺术劳动已经被“异化”，文化艺术的“自由精神生产”走向了与“资本主义生产逻辑”统一的对立面。

法兰克福学派的主要代表阿多诺与霍克海默在1944年的《文化产业：欺骗公众的启蒙精神》（此文后来收录于1947年出版的《启蒙辩证法》）中第一次明确提出了“文化工业”的概念，用来代替“大众文化”，表示大众文化的产品及其生产过程。法兰克福学派继承了马克思对文化工业的否定与批判态度，认为“文化工业”是“或多或少按照计划而生产出来的文化产品，这种产品是为大众消费度身定做的，并在很大程度上决定了消费的性质”[①]。从对大众文化和文化工业的争论中，法兰克福学派实质上对文化工业的内涵进行了阐述，在一般情况下，“文化工业”是凭借现代科学技术手段大规模地复制、传播文化产品的工业体系，以工业化生产为标志，以普通大众为消费主体，其中，“工业”不是指技术上的生产过程，而是“事物本身的标准化和分配技术的合理化”。

随着信息传播技术和社会经济的发展，尤其是当“文化工业”与各国发展战略、发展实践紧密结合时，“文化工业”逐步演变为“文化产业”这一中性词，并以英美等国为中心扩散开来，欧洲委员会、联合国教科文组织和许多国家也开始使用复数形式的“文化产业”。

20世纪80年代，英国大伦敦会议首次使用了“文化产业”，是指“在我们社会中，那些借助文化生产和服务的商业形式，生产和传播各种信息符号的专业产业组织机构”（Garnham，1983）[②]。尽管此概念并未从内涵上进行界定，但却同样认可了文化产业中的商业化、信息符号、文化活动等经济特征。1986年，联合国教科文组织在提出的文化统计框架中，将文化产业定义为，以艺术创造表达形式，遗产古迹为基础而引起的各种活动

---

① 马丁·杰伊，阿多诺［M］．北京：中国社会科学出版社，1992：184.

② “文化产业的解释”，CNKI科技知识元数据库．http：//define. cnki. net/science/WebForms/WebDefines. aspx? searchword = %E6%96%87%E5%8C%96%E4%BA%A7%E4%B8%9A.

和产出，包括文化遗产、出版印刷业的著作文献、音乐、表演艺术、视觉艺术、音频媒体、视听媒体、社会文化活动、体育和游戏、环境和自然10大类①。而在其后来的官方界定中经常使用的定义为：“文化产业就是按照工业标准，生产、再生产、储存以及分配文化产品和服务的一系列活动。”②

20世纪90年代初，美国前总统克林顿也提出了文化产业（Culture Industry）的概念。紧接着，1997年，英国政府又率先提出创意产业的概念，有意将创意产业和文化产业区别开来，该行为带有较为浓厚的政治色彩，试图向民众树立“创新型”政党的形象。1998年，英国创意产业特别工作组首次对创意产业进行了界定，创意产业是“源自个人创意、技巧及才华，通过知识产权的开发和运用，具有创造财富和就业潜力的行业”，并提出了该概念的外延，包括广告、建筑、艺术和文物交易、工艺品、设计、时装设计、电影、互动休闲软件、音乐、表演艺术、出版、软件、电视广播13个行业。

自此，澳大利亚、新加坡、中国香港等国家或地区一直沿用了创意产业的概念；美国除了使用创意产业、文化产业之外，则开始更多地使用“版权产业”的概念，以强调“版权”对文化产业的关键作用；而联合国教科文组织、韩国等组织和国家依然使用“文化产业”的概念。

2. 国内

西方马克思主义思想在20世纪80年代开始引入我国，法兰克福学派的理论也随之在我国传播开来，“文化工业”这一概念于90年代引起学术界的热议，在许多学者承继了批判思想并惊叹“文学边缘化”的同时，文化产业的快速发展却将这些争论湮没在产业实践的浪潮中，人们也开始反思文化产业的积极意义。

---

① 刘巍，宫少军，殷国俊．文化产业统计考察团赴加拿大考察报告［R］．2007年12月．http：//www.hlj.stats.gov.cn/shkj/gwhc/6275.htm.

② 联合国教科文组织在最新公布的《1994—2003年文化商品和文化服务的国际流动》中，重新定义了文化产业，“对本质上无形并具有文化含量的创意内容进行创作、生产，并使之商业化的产业称为文化产业。”

2000 年 10 月，中共十五届五中全会通过了《中共中央关于制定国民经济和社会发展第十个五年计划的建议》，建议中首次正式使用了“文化产业”这一概念，并在两处出现。在“加快国民经济和社会信息化”中，提出了“推动信息产业与有关文化产业结合”；在“加强社会主义精神文明建设”中，提出了“完善文化产业政策，加强文化市场建设和管理，推动有关文化产业发展。”从中我们至少可以看到政府对“文化产业”两方面的期望，一是能够加快信息资源的开发和应用，使信息技术产业落地；二是我国的“文化产业”既担负着传承和发展“中国特色社会主义文化”，又能够演变为“文化事业”之外的市场化力量，可以实现社会效益和经济效益的统一，而无论是我国的文化事业还是文化产业，都是社会主义文化的体现。

2002 年 11 月，党的十六大报告明确提出了发展中国文化产业的战略构想。随后，我国于 2004 年提出了“创意中国”的口号，文化产业在我国走向一个加速发展的进程。而对文化产业的官方界定和统计框架的需求也自然提到议程上来。2004 年 3 月 29 日，国家统计局正式颁发了《文化及相关产业分类》标准，首次对文化产业进行了正式和权威的界定，将文化及相关产业定义为“为社会公众提供文化、娱乐产品和服务的活动，以及这些有关的活动的集合”，是“从事文化产品的生产、流通和提供文化服务的经营性活动的行业总称”。《分类》将文化及相关产业分为 3 个板块、5 个类别、80 个行业小类，确立了文化及相关产业的统计分类的体系。

随着文化产业的快速发展、新的《国民经济行业分类》（GB/T4754－2011）的颁布以及联合国教科文组织等对文化统计框架的探索和发展，国家统计局等有关部门从 2011 年开始研讨文化产业统计的调整问题，并于 2012 年在原有分类的基础上，颁发了新的《文化及相关产业分类（2012）》[①]，该分类将文化及相关产业重新定义为“为社会公众提供文化产品和文化相关

① 国家统计局设管司：“文化及相关产业分类（2012）”［EB/OL］. 2012－07－31. http：//www.stats.gov.cn/tjsj/tjbz/201207/t20120731_8672.html.

产品的生产活动的集合”，范围包括以下四个内容：（1）以文化为核心内容，为直接满足人们的精神需要而进行的创作、制造、传播、展示等文化产品（包括货物和服务）的生产活动；（2）为实现文化产品生产所必需的辅助生产活动；（3）作为文化产品实物载体或制作（使用、传播、展示）工具的文化用品的生产活动（包括制造和销售）；（4）为实现文化产品生产所需专用设备的生产活动（包括制造和销售）。

2018 年 4 月，国家统计局又颁布了新修订的《文化及相关产业分类（2018）》，并规定从 2017 年统计年报和 2018 年定期统计报表开始施行。新的分类标准新增设了分类编码，将文化及相关产业划分为三层；也把以“互联网 +”为依托的文化产业新业态纳入统计范围，增加了符合定义的活动小类，包括互联网文化娱乐平台、观光旅游航空服务、娱乐用智能无人飞行器制造、可穿戴文化设备和其他智能文化消费设备制造等。

（二）现有“文化产业”概念界定中存在的问题

尽管许多国家都意识到“文化”对一国政治、经济、社会乃至文化的重大作用，也都提出了“文化立国”的战略方针，也都相继对“文化产业”的概念及其统计框架进行了界定，但是从各国“文化产业”相关的理论和实践来看，一方面，不同国家的内涵和外延并不完全相同，甚至有很大区别；另一方面，现有“文化产业”概念的界定还存在一些问题。

1. 核心问题：究竟什么是文化产品？

从定义来看，绝大多数对“文化产业”概念的界定以文化产品为依托，指出了文化产业运作的全过程，即文化产品的创意、生产和流通等，但也正因为如此，这些定义存在不同程度的同义反复现象，例如，较为权威的联合国教科文组织定义的“按照工业标准，生产、再生产、储存以及分配文化产品和服务的一系列活动”，我国官方定义的“从事文化产品的生产、流通和提供文化服务的经营性活动的行业总称”等。但文化产品究竟是什么？即使有些定义在界定之后，意识到文化产品这一术语的重要性，也补充说明了文化产品的内容，但这些补充也解释不一，甚至有些混乱。例如，联合国教科文在重新定义文化产业时，也对文化商品进行了解释——“文化商品指的是那些能够传达生活理念、表现生活方式的消费品，它具有传递信息或娱乐的作用，有助于建立集体认同感，并能影响文化实践活动。”英国定义中提及的是“源自个人创意、技巧及才华”，而我国的界定从定义内容上去看，“文化产品”和“娱乐产品”被置于了同等的地位，那么娱乐产品又是什么，文化产品不具备娱乐功能吗？

2. 提法问题：文化产业、文化创意产业与创意产业到底是不是一回事？

其实，从文化产业概念的演变与发展中，我们很容易看出，文化产业在世界各国的使用并不统一，英国、澳大利亚等国使用“创意产业”，美国多使用“版权产业”，但也使用“创意产业”“文化产业”等概念，联合国教科文组织使用“文化产业”，中国台湾使用“文化创意产业”，我国官方定义的也是“文化产业”。那么，“文化产业”“文化创意产业”和“创意产业”到底是不是一个概念，如果不是，区别是什么。目前，理论界和实践中都存在不同的看法，很多人认同这三个概念其实指的就是一回事，例如，厉无畏在《创意产业导论》中，就直接将联合国教科文对“文化产业”的定义作为创意产业的定义；也有人认为文化产业包括“创意产业”或者“文化创意产业”。无论如何，多概念的使用似乎表明了不同国家或地区产业发展的实际情况，或者隐含了政府的产业政策意图，但是，三个概念之间的关系并未得到很好的说明，这直接导致了各国或地区统计分类口径的不统一，文化产业发展的横向可比性以及可靠性降低，也会影响各国之间的文化交流及产业贸易。

国内也同样存在着概念使用混乱的情况，我国官方提出的是“文化产业”，统计制度也依照这个概念而设立，但是，在近期发布的《文化产业振兴规划》中，又重点提出了文化创意产业，并将其与影视制作、出版发行、印刷复制等产业并行列出，成为文化产业的一部分。而就全国各地区来看，使用的概念也不尽相同，例如，北京使用“文化创意产业”，上海使用“创意产业”，广州使用“文化产业”。

3. 使用问题：文化产业内涵的不确定导致了外延的随意性并影响文化产业实践

我国许多地区在使用不同概念的同时，也制定了一系列新的分类标准。仍以北京和上海为例。北京市提出“文化创意产业是指以创作、创造、创新为根本手段，以文化内容和创意成果为核心价值，以知识产权实现或消费为交易特征，为社会公众提供文化体验的具有内在联系的行业集群”，包括文化艺术，新闻出版，广播、电视、电影，软件、网络及计算机服务，广告会展，艺术品交易，设计服务，旅游、休闲娱乐，其他辅助服务 9 个类别。上海于 2007 年引入“创意产业”，并将创意产业分为 5 大门类，即研发设计创意、建筑设计创意、文化传媒创意、咨询策划创意和时尚消费创意，具体内容还涉及保险咨询、投资咨询、证券咨询、美容美发、饮食服务等。同样是重视“创意”，但从同样的词语出发所涉及的外延和分类标准却大不相同。

国内“文化产业”概念内涵和外延的不统一也会直接引发文化产业统计的困难以及判断产业归属性质的困难，从而影响国家层面产业政策的实施机制和实施效力。在 2008 年“当前经济状况与中国文化产业的发展趋向高峰论坛”上，国家文化部文化产业司司长王永章就曾表示，随着文化产业概念的转换以及其内涵与外延的扩大，概念的混乱已经成为目前文化产业发展中迫切需要解决的问题。①

当然，我们并不是反对各地区根据自身的经济发展现状及产业发展的实践提出适合本地区的概念或者产业发展的重点，但是首先要明确概念的内涵，其次，概念的外延乃至产业的分类应当尽量考虑周全，而不是仅仅依靠重点行业去进行设计。只有这样，各国各地区的比较才能根据明晰的概念，对统计指标进行整理，获取更科学更具可比性的统一口径。

---

① 参见“概念混乱困扰文化产业发展”. 2008 - 07 - 14. http：//www.creativezj.com.cn/news/html/200807/680.html.

（三）文化产品的内涵和外延

通过以上分析，我们可以看出，文化产业概念的界定和使用中均存在着不少问题，迫切需要厘清其中的混乱和困惑。而作为文化产业最基本的细胞，文化产品的内涵到底是什么已经成为问题的核心。

1. 文化产品

文化产品包括有形的文化产品和无形的文化服务，从字面意思上理解，是含有文化内容的产品，需要强调的是，这里的文化一定是狭义的文化。泰勒在《原始文化》中指出，文化是包括知识、信仰、艺术、道德、法律、习惯以及其他人类作为社会成员而获得的种种能力、习性在内的一种复合的整体。威廉姆森认为，文化是社会秩序得以传播、再造、体验及探索的一个必要（虽然并非唯一）的表意系统。[①] 而文化本质上是无形的，只能通过一定的物质载体或介质或人本身得以呈现，因此，文化产品具有以下特性。

其一，文化产品是文化物化或介质化的产物，是将已有的文化以不同形式进行编码并存储于一定的介质中，具备一定的文化含量，而整个物化直至达到消费者的过程离不开人们能动性地运用文化。更进一步地，能成为文化产品还必须满足，无论文化含量的多少，文化内容在质的层面上成为文化产品的核心生产要素，使得产品具有丰富的表意内涵，这是文化产品的价值所在。

其二，文化产品的使用价值不同于一般物质产品，而是精神文化消费品。在我国古代，“文化”就是与“武力”相对的词语，指的就是通过作用于人的精神而产生影响。文化重在对人的“精神”的培育，因此，虽然文化产品在很多情况下具备一定物质形态，但是其使用价值却主要不是获取温饱暖等物质功效，而是满足人类对精神文化的追求，提供一定的知识、信息和娱乐功能，并客观上起着传承文化和提升文化的作用。例如，戏剧服装首要的目的不在保暖，而在于其所意指的戏剧文化及其戏剧演出

---

① 大卫·赫斯蒙德夫．文化产业［M］．北京：中国人民大学出版社，2007：13.

的承载介质。

2. 文化产品与艺术产品

要界定文化产业，还必须回答文化产品与艺术产品的关系。在西文中艺术被释为“人工造作”。在《现代汉语词典》中，艺术是“用形象来反映现实，但比客观有典型性的社会意识形态。”在《辞海》中，艺术是“人类以感情和想象作为特性的把握世界的一种特殊方式，即通过审美创造活动再现现实和表现情感理想，在想象中实现审美主体和审美客体的互相对象化。”从与“文化”定义的比较中，我们至少可以看到“艺术”和“文化”的两大区别，一是创造主体的区别，“文化”是人类全部社会成员参与创造形成的，而“艺术”本质上是以具备一定审美潜质的艺术家为主体进行创作的。二是内容上的区别，“艺术”意指主观范畴，是“艺术家知觉、情感、理想、意念综合心理活动的有机产物”，更多的是审美文化或客观事实向心理沉淀的结果，而“文化”包括主观和客观的表意系统。从这些区别来看，“艺术”可以说是“文化”的一种，但这种文化更偏向于精英文化、独特性文化或雅致文化。

因此，从广义来看，艺术产品属于文化产品，也有交易价格。然而，需要特别注意的是，艺术产品的制作始于并终于艺术家的能动表现和自身的创作，其所内涵的生产只是艺术家的艺术生产，而非工业化生产。在这一点上，我们认同马克思的观点。

（四）文化产业范畴的厘定

1. 文化产业、创意产业和文化创意产业的区别

Creative Industry，开始被直译为“创造型产业”，新加坡首次将其译成“创意产业”，此后这个词语更加流行起来。实际上，创意，就是概念、想法，“源自个人创意、技巧及才华”，是人类对包括艺术、知识、技术等在内的文化的能动性运用，但创意同艺术一样，必须植根于特定的文化模式或者文化环境中。创意必须是新的和独特的，必须是有意向的，但创意人人都有，创意在开始可能不是文化，但创意在使用和扩散的过程中却很有可能成为新的文化并融入现有的文化系统。

并非所有的创意都适合应用，因此，创意产业不仅强调创意的生产，而且也强调创意的应用，英国创意产业的提出很有可能是希望在后工业化社会和知识社会里，通过发展创意型经济来推动现代化的提升。也并非所有的创意都具备文化内涵，例如，汽车设计、美发设计都可以属于创意产业，但严格来说，却不属于文化产业。由此可见，创意产业更强调个体性、创新性以及扩散性，尤其是创意生产对创意扩散的带动作用，但不一定提供精神上的消费。而文化产业强调文化产品的工业化、规模化的生产、流通和消费，为大众提供精神消费品。文化创意产业的概念强调创意与文化的有机融合，它是文化产业中真正创造巨额价值的部分，成为文化产业的核心。综上所述，文化产业、创意产业和文化创意产业存在以下关系：

如图 3－1 所示，文化产业和创意产业并不是一回事，其概念的内涵并不完全相同，在外延上存在着交叉和重合，而两者的融合部分就是文化创意产业，是文化产业的核心产业。

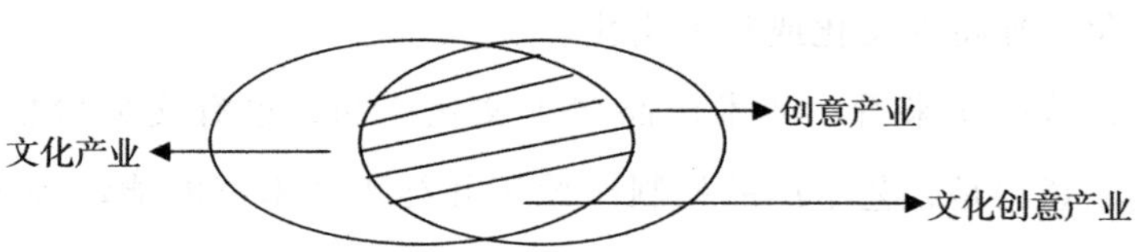

图 3－1　文化产业与创意产业、文化创意产业的关系

2. 文化产业范畴的构成条件及类别

从前面几个概念的比较来看，并不是所有与创意相关的产业都是文化产业，也并不是所有与文化产品相关的产业都是文化产业，即使同为文化产业也可能有较大的区别，要成为文化产业需要具备一定的经济特征：

（1）文化产业的价值链中所依托的产品是文化产品。

如前所述，之所以要求是文化产品主要有两个含义：

一是必须具备文化价值比率标准（**条件 1**）：即文化企业在生产或提供文化产品或服务的过程中，必须借助文化资源，其产品或服务中文化要素价值所占部分至少超过 50%。当然，文化作为一种无形要素，可能会使得这一标准的衡量在实际操作中有一定的难度，需要财务会计制度等多项工作进行配套支持，对我国产品成本价值的分摊和核算工作提出了较高的要求。二是文化产品的使用价值超过物质产品的一般功能性需求，是精神文化产品，与此同时，消费获得的主要不是物质效用，而是精神文化效用**（条件2）**。

（2）文化产业中的文化产品必须是具备工业生产特征或生产方式的产品**（条件3）**。

工业特征的核心表现是规模化和标准化，文化产业中的文化产品（包括服务）必须能够大规模地生产或流通，而大规模生产的前提就是产品的标准化和可复制化。例如，艺术产品虽然是文化产品的一种，但是正如我们提到的“其内涵的生产只是艺术家的艺术生产”，这种依赖于艺术家的独特性的创造性生产无法进行标准化的大规模复制。因此，艺术产品的生产不属于文化产业。但是，艺术品的展出、交易、拍卖就可以实现规模和标准化，这些文化服务就属于文化产业。再如，达芬奇创作油画只能是艺术产品，而以临摹世界名画为主的行画，却是迎合消费者喜好，带有模式化和规模化生产特点等工业特征类的文化产品，又称“商业油画”。

（3）核心的文化产品所包含的内容应当是信息表现形式，即文字、声音、图像、动画等信息承载方式**（条件4）**，其生产和传播所借助的主要生产手段是媒体信息技术**（条件5）**。

根据文化产品所包含的内容，我们可以将文化产品大致分为三种：第一种是主要以“声、图、文”为信息表现形式的文化产品（包括有形的产品和无形的服务），这种内容可以物化在信息的物理载体（如书本、挂图、磁盘、光盘、磁带）中，也可以是通过特定的生产手段直接展现在消费者面前，例如通过媒体信息技术实现的广播电视服务或者通过表演者实现的文化演出服务等。第二种是非“声、图、文”信息表现形式的物质实体**（条件6）**，这种产品主要不是通过信息传递文化，而是通过物质实体的内容和形式来展现文化内涵，例如文化产品的诸多衍生品、工艺品等。第三种是主要以非“声、图、文”表现形式存在的、依赖于消费过程的无形文化产品即文化服务（**条件7**），例如文化旅游等。

可以看出，上述对文化产业经济特征的分析正是对文化产业概念内涵的剖析，而整个概念的关键在于明确界定“文化产品”的特征和类别。以此为基础，文化产业就是按照工业化的方式生产、交换和传播文化产品的一系列活动，是经济文化一体化背景下文化产业化的产物。在这个过程中，我们将这些特征进行了编码，转化成文化产业的7个构成条件。但这并不是说，只有满足这7个构成条件的产业才能称之为文化产业。这些条件并非全是必要条件，不同条件的组合代表了不同的文化产业类别。

如图3-2[①]所示，当一种活动生产、交换和传播的文化产品：

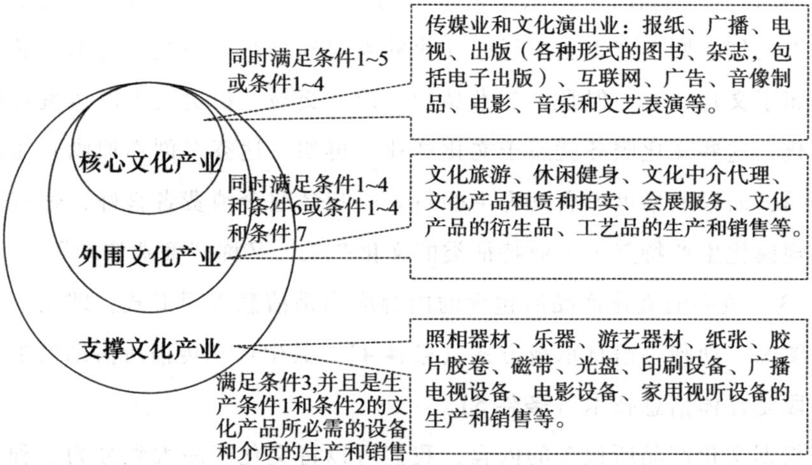

图3-2 文化产业的类别和归属

（1）同时满足条件1~4时，就归属为**核心文化产业**，是内涵“声、图、文”信息形式的产品或服务的产业化生产和流通。而更进一步地，同时满足条件1~5时，就归属为传媒产业。从前面的分析中可以看出，核心文化产业主要包括传媒业和娱乐表演业。

① 尽管我国目前的文化产业分类中已经取消对文化产业三个层次的划分，但从学术分析的需要出发，我们依然要进行这方面的探讨。

（2）同时满足条件1～4和条件6，或者同时满足条件1～4和条件7时，就归属于**外围文化产业**，主要体现为围绕以非“声、图、文”表现形式存在的有形文化产品或无形文化服务进行的一系列工业化生产和销售活动。

（3）满足条件3，并且是生产满足条件1和条件2的文化产品所必需的设备和物质的生产和销售活动时，就归属为**支撑文化产业**。严格来说，这类产业活动不是真正的文化产业，但却又是核心和外围文化产业所离不开的，具备较强的产业关联性。因此，从产业统计来看，各国履行的标准也不同。例如，联合国教科文组织就将胶片、胶卷等产品的生产归入到文化产业，并且这些产品列入文化商品核心层。美国就未将这些“提供物质和设备”的活动归入文化产业，而是归入了传统制造业。

第二节　文化产品的分类

（一）基于文化行业和文化内容的分类

从文化产业的行业特征来看，文化产品可以分为许多类别，包括新闻出版产品、广播电视产品、娱乐产品、表演艺术、文化旅游、竞技体育、广告、图书馆服务和博物馆服务等，同时，每一个行业类别下又包含许多小类的产品。例如，广播电视产品可以包括广播、电视剧、电视综艺节目、电视新闻节目、电影等。

（二）基于文化功能的分类①

文化功能有时也称文化价值，学界对于文化功能的论述虽不尽相同，但主要内容相差不大。杨英法（2007）认为，文化在人类社会处于核心地位，在人类社会起着发动机和指挥棒的作用。具体分析其功能，大体可归结为以下几种：（1）认识和解决问题。（2）信息记录。（3）凝聚人心。

---

① 参见张宏伟，宋建武．对公共文化产品概念的研究．中国公共文化服务发展报告（2009）[M]．北京：社会科学文献出版社，2009.

(4) 规范教化。(5) 显声扬名。(6) 审美娱乐。王波（2005）在《人类文化的三种范畴》一文曾经指出，人类文化分为三种文化范畴：一是知识文化范畴，二是技术文化范畴，三是观念文化范畴。这从某种角度反映了文化的功能，即给予知识、提供技术和引导观念。卢岳华（2007）还提出了社会主义和谐文化的诸多功能：凝聚导向功能；规范培育功能；教育预防、约束惩治功能；激励助推功能；保障保护功能；协调服务功能和兼容整合功能。我们认为，文化的功能可以分为显性功能和隐性功能。默顿曾指出，显性功能是主观目标与客观结果相符的情况，而隐性功能是指这种结果既非事先筹划，亦不容易被察觉到。文化的显性功能是文化最直接、最具体的功能，主要指文化的信息、知识和娱乐功能，在这个层面上，功能更富有技术性和实用性；文化的隐性功能是指文化在显性功能发挥作用过程中对人和社会潜移默化的作用，主要有导向功能、规范教化功能和整合功能，当然隐性功能也不可避免地存在负功能。同理，文化产品也具有文化的显性功能和隐性功能。

（三）公共文化产品（与私人文化产品）①

公共文化产品就是具有公共性的信息、知识和娱乐产品，公共性并不能说明政府是产品提供的唯一主体，而是意味着均等性、公益性、社会性、基本性、开放性和可接近性。也就是说，从内涵来看，产品的“公共性”和“文化性”才是最本质的内容，而产品由谁来提供不能被看作是这一范畴的实质。根据马克思的理论，凡是不能够脱离人本身的产品称之为公共文化服务产品，或公共文化服务；能脱离人本身而存在的产品称之为有形公共文化服务产品，或公共文化产品。相对于有形的公共文化产品而言，公共文化服务的产品是非实体的，形式多样，生产、销售和消费同时进行，不能分割、不能储存，所有权不能转让。

就外延来看，《中国公共文化发展服务报告（2007）》中的研究指出，

① 参见张宏伟，宋建武．对公共文化产品概念的研究．中国公共文化服务发展报告（2009）[M]．北京：社会科学文献出版社，2009.

如果不考虑广播电视和出版发行等服务，通常基本的公共文化服务大约可以分为13个类别，具体是：公立博物馆、艺术馆；公立图书馆；公共文化信息服务（如文化网站、咨询电话、公益性广告等）；重要的高雅艺术场馆（著名的剧场、音乐厅等）；重要艺术团体；重要艺术展览；重大艺术节庆；重要对外文化交流；传统艺术；文物古迹等文化遗产；传统节庆；中小学艺术教育；专业艺术教育。这一外延界定以整体列举的方式告诉我们哪些属于公共文化服务的范畴，但分类的标准并不统一，例如，有的是以基础设施或文化组织单位的形式列出，诸如公立博物馆、公共图书馆；有的是以服务形式列出，诸如公共文化信息服务，而且，没有强调媒体的信息服务和娱乐服务。为了进行更好的量化分析和后续的实证研究，我们有必要提出具有可操作性的、较为统一的公共文化产品的外延分类方式。根据本书对公共文化产品内涵的分析，我们以公共文化的显性功能为基础，将公共文化产品分为信息型产品、知识型产品和娱乐型产品，在我国体现为政府行政部门、公益性文化事业单位及其他相关文化经营单位提供的产品或服务的总和。其中，信息型产品主要指新闻信息，绝大部分由媒体提供；知识型产品主要指公共图书馆、文化馆、博物馆和收藏馆等提供的公共服务以及一些文化教育活动；娱乐型产品主要指公共性的休闲娱乐活动和文艺演出，包括媒体、艺术场馆、艺术团体、演艺公司等提供的服务和产品。当然，以不同组织机构及其提供的公共文化产品的功能界定其外延的边界并不是非常严格和清楚的，在一般情况下，我们以其主要功能为标准。

第三节　文化产品的经济特性

（一）精神性或非物质性

文化产品的精神性主要表现在以下几个方面：

一是使用价值的非物质性。与物质产品主要满足人们的衣食住行等物质需要不同，文化产品的使用价值主要是用来满足人们的精神需求的，带给人们生理、心理尤其是精神上的多重满足。例如，戏剧演出蕴含了中华历史文明，其观赏将为戏迷带来无限的精神享受，而不是满足他们某些实物需求的效用。

二是文化价值的内生性。文化价值是文化产品的灵魂，而有效合理地融合文化要素进行产品设计和创意是文化产品的生命之源。因此，没有较高文化内涵的产品可能会热闹一时，娱乐至死，但却极容易被替代和遗忘，难以在市场上获得持续和长久的生命力。

三是文化价值的延展性。无论文化产品抑或文化信息所附着的物质载体是否能够合理保存，其蕴含的文化价值一般不会随着物质载体的毁损而消亡，其精神价值也可以在很长一段时间内留存或得以继承，越是文化价值或精神价值强的文化产品，就越有可能在更长时间内存在并发挥作用。

四是文化产品是精神体验式产品，具有较强的事后评价性，并且很难形成统一客观的认识。以电脑和电影为例，尽管不同人群的确都会对他们产生不同的认知和偏好，但是，就电脑而言，它的性能、尺寸、配置、外观、价格都有较为客观科学的评价，消费者可以在这个基础上附加自己的个人需求进行较为客观的选择，人们也往往会在电脑品质和性价比等方面形成较为一致的认可或口碑；而就电影而言，票价实难以代表电影的内容和品质（何况在同一地区甚至在很大范围内几乎所有电影的票价都相同），甚至导演、演员、投资额都难以标示电影质量的好坏，观众对电影的评价也更加多元化，褒贬不一，影评人也各持己见，同一部电影在豆瓣、爱奇艺、腾讯视频等平台的评分相差悬殊是屡见不鲜的事实，而对同一部影片的专业评论也经常自说自话。产生这一巨大差距的根本原因就在于，观众必须在看过电影之后才能进行评价，而这个评价难以通过客观的指标进行比对，只能通过观众对电影内容、情节、音乐、人员等元素的自我解读来完成，而与此同时，观众的精神需求难以捉摸，也经常求新求变，这种精神作用和精神体验是不可控的。

（二）准公共性

在西方经济学和公共经济学中，公共性来自产品的三个基本特性：一是消费的非竞争性，是指一个消费者对该产品的消费不影响另一个消费者对该产品的消费；二是受益的非排他性，是指不能或者不容易排除其他人消费该种产品；三是效用的不可分割性，是说产品或服务是向整个社会共同提供的，具有共同受益或联合消费的特点，其效用为整个社会成员所共享，而不能将其分割为若干部分分别归属于某些个人享用。如果产品同时具有上述三种特性，我们将其称之为纯公共产品，其产品也即具有公共性；如果产品仅具备上述一种或两种特性，我们则称其为准公共产品，其产品也即具有准公共性；如果产品不具备上述三个特点，则为私人产品。

根据这些特点进行分析，许多文化产品都具有准公共性，例如广播电视，而另外一部分文化产品具有比较明显的私人产品的特性，例如，商业演出、游戏等。

（三）外部性

在经济学中，外部性问题是市场非效率的第二种类型。对外部性问题的认识可以追溯到亚当·斯密（1776），尽管他并未明确提出“外部性”，但他在论述市场经济的“利他性”观点时指出，“在追求他本身利益时，也常常促进社会的利益”①。马歇尔在分析到产业生产成本作为产量函数时最早引入了“外部经济”② 的概念。

由于这一特性可以涉及有形或无形、物质或精神、交易主体或非主体的影响，因此可以在诸多社会、文化和经济活动领域得以广泛应用，文化产品亦是如此。

以新闻媒体为例，从产品特性来看，新闻产品属于精神产品，它不仅作用于受众的心理和精神，还可以在人际传播和代际传播中产生影响。

---

① 高鸿业主编．西方经济学（上）[M]．北京：经济出版社，1996：9.

② 伊特维尔等（编）．新帕尔格雷夫经济学大辞典（中文本第2卷）[M]．北京：经济科学出版社，1996：281－282.

李普曼很早就注意到大众传媒对社会的巨大影响，并提出了“拟态环境”的概念。沿寻这个路径，我们认为新闻产品的外部性主要来源于：(1)“拟态环境”与现实环境的相符程度，包括对新闻信息的供给总量和供给结构，新闻媒体的独立性，新闻信息的客观性、全面性、及时性、可接近性等；(2) 新闻生产的合规程度，主要指新闻内容获取、编写、发布以及多层传播过程中的合规情况，合规不仅意味着是否合乎法律法规，还意味着是否合乎道德伦理、当事人心理接受能力等；(3) 受众及其所处的复杂环境对“拟态环境”的解读、再传播及互动影响等。无论是市场化抑或是严格管制都会对上述发生机制产生影响，外部性的经济与不经济及其大小在某种程度上度量了媒体发挥作用的方向和强度。

新闻商品化是一个不争的事实，“二次销售”原理解释了新闻商品价值补偿的特殊性，不可否认，新闻商品化在保证媒体获取经济效益的前提下，在某种程度上的确可以促进信息量的增加和多样化，监测社会环境，促进人类文明，具有很强的社会价值，这可以称为新闻产品整体上的“正外部性”；但同时也产生了许多“负外部性”，例如，新闻暴力、过度娱乐化、虚假新闻泛滥等。不难看出，外部性的存在使得新闻资源的配置发生了扭曲，在缺乏约束和合理的治理机制的情况下，当新闻产品存在外部正效应时，此类信息将出现供给不足的现象；而当新闻产品存在外部负效应时，该类信息将供给过多。例如，苏蘅（2001）、陈韵如（2007）等曾指出，台湾新闻媒体的“小报化”趋势明显，新闻里的公共事务相关内容相对减少，私领域议题则有所增加。

新闻产品的外部性还可以从很多角度进行分类。例如，从新闻产品外部性的产生领域来看，外部性可以分为新闻产品生产的外部性和消费的外部性；从新闻产品外部性产生的影响面来看，外部性又可分为可耗尽的外部效应和不可耗尽的外部效应。下面我们将以新闻产品生产的负外部性为例，具体分析其表现：

1. 媒体审判（trail by media）

“媒体审判”，原是西方新闻传播法中的一个概念，意指新闻报道超越法律规定，干预、影响审判独立和公正的现象。[①] 乔新生（2009）指出，对这个概念的内涵和外延人们还没有统一的认识，而新闻审判的含义非常广泛。总体来看，媒体审判的发生时间包括司法机关介入前后、侦查终结前后、审判前后等，影响对象包括当事人及相关利益人、司法机构和司法人员、社会公众甚至媒体自身等，行为过程包括自行搜集"讨论、分析、攻击、侮辱与案件有关的法官、当事人及其他诉讼关系人，或案件内容及其胜负得失"[②]。相应地，媒体审判带来的外部负效应涉及以上关系的方方面面，诸如通过渲染案件、反复炒作引起公众的不适舆论及对政府和司法机构的不满，甚至可能干扰司法的进程和公正。

2. 新闻侵权

新闻侵权是指新闻报道主体违反新闻法规和其他法律规范，通过新闻传播媒介，在新闻采访、写作、编辑、发表过程中，以故意捏造事实或过失报道等形式，向公众传播内容不当或法律禁止的内容，从而侵害了公民、法人或其他组织的人格权，造成不法侵害的行为。[③] 具体来说，新闻侵害名誉权、隐私权、肖像权、姓名权、名称权等是最为常见的新闻侵权行为。

媒体在侵犯个人权利的同时，也常常侵害了公众的知情权，并由于不实报道、过度报道对公众造成伤害。总而言之，媒体借由这些新闻报道吸引受众的注意力从而通过广告等方式获取经济收益，但在此过程中却未自主地向其施加成本的当事人及利益相关者、公众等进行补偿，具有明显的负外部性。

目前，新闻侵权已经成为现代社会为人们所广泛关注的现象之一，也是新闻生产最容易产生负外部性的表现之一，且多数属于可耗尽的外部效应。

---

① 陈绚．新闻道德与法规——对媒介行为规范的思考［M］．北京：中国大百科全书出版社，2005：249.

② 尤英夫．新闻传播法规［EB/OL］．http：//cc. shu. edu. tw/ ~ distance/dist/classinfo/old-class/8602cs01/c8602t01cst09. htm.

③ 郭京霞．新闻侵权：为何媒体多败诉——十五起新闻侵权案件分析［J］．中国记者，2005（6）：18－19.

3. 媒体内容庸俗化

娱乐是媒体的一个重要功能，“适度娱乐”有利于发挥媒体价值，但是，一味地追逐娱乐，容易导致媒体内容庸俗化，更甚至于有些媒体从政治、经济等硬新闻中极力挖掘其娱乐视角，猎取受众的注意，使媒体成为“媚体”。

媒体内容庸俗化会导致新闻媒体的“拟态环境”大大偏离现实环境，不仅会形成“环境失实”和“议程误导”，也带来了精神污染，强化了“低级趣味”，使公众对新闻媒体丧失信心，降低了人的审美标准，产生了整体性的外部负效应。这类负外部性是潜移默化的、总体性的，也基本上是不可耗散的，对社会的影响也是深远的。

4. 采访心理伤害

采访是新闻报道生产的重要内容和阶段，而采访是否得当更多地取决于记者行为是否合理。记者的采访行为涉及采访时机、采访对象、采访频率、采访内容等，不仅关乎新闻报道的内容搜集，还关系到对采访对象及相关人的精神和心理影响。在新闻报道，尤其是灾难性报道中，新闻记者的采访会对采访对象乃至公众产生重要的影响，在缺乏相关专业知识和专业技巧的情况下，即使善意的采访也会造成意想不到的伤害，形成“来自媒体的创伤”。例如，在灾难事件发生后，频繁采访可能会导致当事人情绪失控和多次伤害。毫无疑问，记者的这些采访行为都将对采访对象及利益相关人施加心理成本，产生负外部性，但这些负外部性属于隐性成本，很难识别、估量和补偿。采访素材的编辑和传播也会对社会施加成本，如，“9·11”过后，美国大部分媒体“从早到晚播放飞机撞大楼的视频”，导致美国人民心理承受能力变差①。

（四）版权特性

著作权与文化产品密切相关，在多数情况下又被称为版权，在实务界

---

① 陈玉霞．媒体参与灾后心灵重建的必要性及其途径——基于“5·12”汶川大地震的案例分析［J］．西南民族大学学报（人文社科版），2008（11）：193-196.

两词通常互用，与版权相关联的是授权。

著作权有狭义和广义之分，狭义上的著作权是指文学、艺术、科学作品的作者对其作品所享有的一系列权利：财产权和人身权。广义上的著作权还包括邻接权，即作者之外的他人对作品之外的客体享有的一系列专有权利。其中，邻接权的字面意思或者本来意思是与著作权相邻的权利，而准确的内涵应当是作品传播者所享有的权利。根据我国的《著作权法》，邻接权主要包括出版者权、表演者权、录制者权和广播电视组织权。

以电视剧为例，电视剧属于我国著作权法里以类似摄制电影的方法创作的作品[①]。电视剧版权则是与电视剧作品相关的著作权，包括电视剧的剧本、配乐、美工、道具、演员肖像等各类版权[②]，根据著作权法的分类，主要内容有[③]署名权（导演、编剧、作词、作曲、摄影等作者享有在电视剧作品中署名的权利）、修改权及保护作品完整的权利（涉及其他人是否有权对电视剧及相关内容做出删减或者修改这样的二次加工，例如近些年电视台对电视剧的重新剪辑）、复制权（关系到电视剧音像作品的生产制作等）、发行权（电视剧成品制作出来之后，需要交给专业的发行机构进行发行等）、放映权（著作权人公开再现作品的权利）、信息网络传播权（著作权人以有线或无线方式向公众提供作品的权利）以及传播者权等，这些权利分属电视剧版权的人身权和财产权，既包括狭义的著作权，也包括邻接权。而从目前电视剧市场上常见的与电视剧相关的版权类型来看，主要有文学作品改编权以及摄制权、影视剧本版权、影视剧版权、广播电视节目版权、动漫版权、纪录片版权、影视剧涉外版权、影视剧音像作品

---

① 《中华人民共和国著作权法实施条例》的第四条对这个作品种类进行了具体的阐释：电影作品和以类似摄制电影的方法创作的作品是指设置在一定介质上，有一系列有伴音或者无伴音的画面组成，并且借助适当装置放映或者以其他方式传播的作品。

② 高福安，张君娜．电视剧版权的经营现状与对策［J］．中国广播电视学刊，2010（9）：31－32.

③ 参考《中华人民共和国著作权法》第十条里的内容。

及衍生品版权。[①]

从文化经济的角度来说，版权是人为地制造出产品的排他性，保护生产者（创新者）的利益，以减少文化产品提供的不足。这也成为文化产品生产者获得收益补偿的一种主要方式，被称作“版权运营”。文化产品的版权经营是指运用产权经营的方法和手段，以文化产品的创作、制作、发行、播出及其衍生品生产等环节所涉及的版权为核心，对文化产品的各项权利及其资产与相关企业进行交易获取最大利润和企业价值的过程。版权运营体系可以分为以下几个内容：

1. 版权确权

文化产品的版权类型和交易环节更加复杂，无论是版权购买、开发还是再交易，其前提是必须保证版权明确和授权清晰。比如，确定每个交易环节的版权归属，避免版权纠纷。再比如，在电视剧首播权购买时要考虑是传统电视台层面的首播权，还是新媒体或全媒体首播权等。因此，文化企业在运营版权时必须注意从不同角度不同层次进行界定，其权限规定不仅包含权利使用时间和地点，还应将媒体机构、使用终端、传播方式和范围等内容纳入进来。

2. 版权评估和版权保护

版权属于企业重要的无形资产，正确合理地评估版权是企业交易版权和作出科学运营决策的重要前提，也是保障版权能够顺利获得融资和实现开发的保障。与此同时，要保证企业获得预估的版权收益还必须对所持有版权进行动态监测，以避免利益遭受损失。

3. 版权资源管理

版权资源管理是通过对版权内容资产进行采集、转储、分类、编目等，实现对版权资源的管控，对版权运营和企业战略的支撑。它有利于文化企业对版权及其内容资产进行分析和优化，能促使文化企业对版权资源

① 刘珊．购剧有道：电视剧交易中的买方角色［EB/OL］．媒介杂志，2013－11－14．http：//www.meijiezazhi.com/zt/nr/2013－11－14/13144.html.

进行更好的利用。

4. 资本运作

文化产品版权运营的顺利进行还需要有充足的资金、专业的制作能力和强大的运营实力。而这些除了可以通过企业自我发展和积累的方式实现之外，还可以通过资本运作来实现。在文化产业的竞争日益激烈的背景下，加强文化企业的资本运作能力将成为一项非常迫切的任务。

近几年来，文化产业 IP 运作已经成为文化企业版权运营的热门内容。

第四章　文化产品的供给理论

第一节　文化产品的需求与消费特点

文化产品的需求是指在其他条件不变的情况下，消费者在不同的文化产品价格下，愿意并且能够支付的文化产品的数量。这里所说的文化产品的需求是指有效需求，必须要满足两个核心条件：一是消费者愿意购买该文化产品；二是消费者能够购买该文化产品，即消费者具有支付能力。文化产品的消费是消费者对文化产品的使用，可以指过程，也可以指结果。文化产品的需求和消费是一对既相互联系又相互区别的概念。一般而言，文化产品需求是有支付能力的消费意愿，是文化产品消费的前提，文化产品消费是对文化产品需求满足和实现的过程和结果。在有些情况下，消费和需求也会混同。文化产品的需求和消费有着与一般物质产品显著不同的特点。

（一）文化消费的核心目的是获得精神效用

文化产品是精神产品，因此消费者消费文化产品的目的并不是获取其诸如衣、食、住、行这种物的功效，而是获得精神上的满足。例如，人们观看音乐真人节目是为了获得良好的音乐享受和电视体验，满足自己的兴趣爱好，获得身心的放松和愉悦。但是在一定时期内，消费者个人也会追求效用最大化，在文化产品上的消费也依然符合边际效用递减规律。

也正是因为文化消费带来的是精神上的满足感，因而文化需求的不确定性很强，导致文化产品供给的风险较大。

(二) 口味培养的依赖性

在传统经济学中，经济学家用消费偏好来描述消费者的需求类别及次序，并假设消费偏好难以解释，通常在研究的过程中假定人们的偏好已经存在，而且相对稳定。而在文化和艺术经济学中，研究学者普遍会提到“品味”或“口味”的概念，因为于文化消费而言，“口味的培养”是一个非常有趣和重要的问题。例如，艺术被视为“逐渐养成的嗜好”，也就是说，你必须先要接触它才可能会逐渐喜欢上它，而且这种接触也许要在适当的环境下并经过很长的一段时间。[①] 正如马克思[②]所说，对于一个没有音乐感的耳朵来说，最美的音乐也毫无意义，享受精神产品、欣赏艺术，你必须是有相应艺术修养的人。

基于此，海尔布伦等人（2007）指出，为了刺激消费，我们必须帮助人们获得对艺术的品味，不仅通过对艺术品进行讲解，而且通过直接促进与艺术品的接触等方法。[③] 布里托、巴罗斯（2005）也认为，文化产品的需求依赖于文化口味的培养，消费者为了能够充分地享用文化产品就不得不经过一个文化口味的培养过程。[④] 这说明，消费文化产品的消费者是需要具备一定的人力资本存量的，或者说知识积累的，不然的话可能既不感兴趣又不能得到更好的效用。

(三) 文化产品需求的成瘾性

大卫·斯罗斯比（1994）在《艺术品的生产与消费：一个文化经济学的观点》一文中指出，根据新消费理论，艺术品与其他产品相比的一个显著特征就在于它的“成瘾性”（Addictive），即消费者对艺术品现期消费的增多将增加他们对该类产品未来的消费。在一个家庭生产模型中，随着时

---

① 詹姆斯·海尔布伦，查尔斯·M. 格雷著，詹正茂等译．艺术文化经济学［M］．北京：中国人民大学出版社，2007：75.

② 马克思，恩格斯．马克思恩格斯全集（第46卷上册）［A］．北京：人民出版社．

③ 詹姆斯·海尔布伦，查尔斯·M. 格雷著，詹正茂等译．艺术文化经济学［M］．北京：中国人民大学出版社，2007：75.

④ Paulo Brito，Carlos Barros. Learning – by – Consuming and Dynamics of the Demand and Prices of Cultural Goods. Journal of Cultural Economics. 2005（29）：pp. 83 – 106.

间的流逝，艺术品的相对消费量将上升，这并不是因为消费者品味发生了变化，而是因为人们获得了鉴赏这类产品的技巧和经验，从而使得该类产品的影子价格下降。①

布里托、巴罗斯（2005）也曾在总结文化产品需求特性时指出，文化产品需求模型与主流的对于消费者消费其他产品的习惯形成模型建立的假设主要有两方面的不同，第一个不同就在于前者假设文化口味培养过程等价于邻域互补效应（adjacent complementarity）。邻互补性意味着更大的现期消费导致未来更大的消费，即过去的消费能够影响现在消费的边际效用，这就意味着偏好是跨期的依赖偏好，根据 Becker 和 Murphy 的观点，这是致瘾性物品的明显特征。

另外，文化产品需求的成瘾性应该还来源于文化资本的可累积性及其消费的黏性。

（四）文化需求的多层次性和多样性

消费者的文化需求是多种多样的，不同的文化需求也存在着替代和互补性。消费者会因相同的文化需求形成相应的社群或圈子，也同时会参与多样化的兴趣社区，这些社区之间可能有优势需求，但也更有可能是并行的存在。在新媒体时代，消费者的文化需求也出现了碎片化和极化的特征。

（五）具有较高的收入弹性，有一定的消费规律

如马斯洛的需求层次理论所分析的，人类需求分别为生理的需求、安全的需求、社交的需求、尊重的需求以及自我实现的需求五个方面。这些需求是具有一定层次的，但也具有递进性，绝大多数人都是在低层次或较低层的需求满足之后才会去追求更高级别或层次的需求。而文化需求与物质需求相比，是更高层次的需求，需求层次的提高和消费的升级在很大程度上取决于收入的增加，因此，文化需求具有较高的收入弹性。

---

① David Throsby. The Production and Consumption of the Arts：A View from Cultural Economies. Journal of Economic Literature，1994（32）：pp. 1－29. 转引自左惠．文化产品供给论．北京：经济科学出版社．

更进一步地，国际消费规律表明[①]：（1）在人均GDP不断增加的过程中，例如，从1000美元到8000美元，居民消费结构会形成有规律的变化：首先，恩格尔系数（即食品支出占全部生活支出的比重）将不断下降，而且下降将比较明显；二是衣着类、家庭设备及服务类支出将逐步下降；三是相对于食品和衣服的消费，交通通信、文化娱乐教育等消费比重迅速上升。（2）当人均GDP超过5000美元时，居民对文化娱乐产品的需求会出现分化，相当一部分人开始更为注重旅游的休闲和娱乐功能，高档娱乐休闲项目（例如游艇业、网球业等）开始萌芽并迅速发展。（3）根据联合国《国民核算年鉴》资料，人均GDP 800～8000美元为房地产业的起步和快速上升阶段。不难看出，在不同的收入阶段，居民的消费结构是不断变化的，随着人均GDP的增加，居民消费会逐步升级，文化娱乐消费将会不断增加。

第二节 文化产品的供给与供给特点

文化产品的供给是指在其他条件不变的情况下，生产者在不同的文化产品价格下，愿意并且能够生产的文化产品的数量。这里所指的文化产品的供给同样需要满足两个核心条件：第一，生产者愿意生产该种产品；第二，生产者能够生产该种产品，即生产者具有生产能力。文化产品的供给有如下特点：

（一）尽管文化产品与物质产品不同，但在一般情况下依然符合供给规律

也就是说，在完全竞争甚至可竞争的市场条件下，随着文化产品价格的提高，供给量会增加，文化产品的供给曲线是一条向上倾斜的曲线。

（二）短期内，文化产品的供给更加缺乏弹性

文化产品是以文化为核心要素，以版权为核心进行生产的产品，从版

---

① 参见张宏伟．文化产业概念辨析——兼论快乐购的产业属性［J］．文化产业导刊，2010（1）：20－27.

权购买、开发、生产到最终形成成品的周期都比较长。

以电视剧为例，电视剧的生产运营的流程包括从版权购买、剧本改编或直接进行剧本创作、演员选取到电视剧拍摄再到前后期制作和发行播出的多个环节，在这个流程中会涉及电视剧制作机构、电视台、广电局、广告商、演艺经纪公司等相关的影视机构，参与其中的人员包括作家、制片、编剧、导演、电视台采购主管、广告主等各方面与电视剧运营有关的人群，一部剧牵扯到几百人是常态。因此，一个电视剧项目从最初的策划开发到最终的播出，通常需要两三年左右的时间，长的还会持续六七年。

由此可见，在多数情况下，文化产品的生产周期很长，研发和投入成本高，风险大，其供给难以在短时间内获得提升，文化产品的供给更加缺乏弹性。虽然在一般情况下，供给曲线向右上倾斜，但现实情况下，文化产品的供给曲线很可能是一条垂直线，即，供给量保持稳定不变，不受价格影响。当然，长期是会改变的。

（三）不同的供给环节中，文化产品可能会被赋予新的价值

企业一般通过多个渠道或组合方式销售物质产品以获取销售收入，文化企业也是如此，有着多元化的通路或渠道来获取收益，但却与物质产品的流通有着显著的不同。物质产品在销售过程中无论有什么样的流通路径，各供应商均主要以价差获得利润，产品在流通过程中基本不发生变化；而文化产品在流通过程中会产生附加价值，不同的渠道会改变原有产品的形态、体验、价格，有多样化的盈利模式，这些新价值可以看作是产品内容的扩展，与原有产品有机地融合在一起。

（四）文化产品的精神性要求文化产品的供给要特别关注消费者的心理特征和精神要求

文化产品的供给主体不仅需要在生产环节深入了解和把握消费者的文化需求心理和行为，还需要在营销传播、流通和消费等环节特别关注这些内容，因为不同的环节会带来不同的消费体验，这些体验会影响他们对文化产品的选择、消费以及评价，进而影响文化产品供给的市场实现和后续的生产决策。

（五）文化产品的供给中政府和社会的不可或缺性

除了文化产品的准公共性、外部性之外，在文化产品的生产中还有一个非常重要的问题，即鲍莫尔成本病。1966 年，鲍莫尔和鲍文在《表演艺术：经济学的困境》一书中深入分析了美国表演艺术行业中非营利性生产和其生存困难之间的矛盾，提出了生产力滞后的病态成本理论，通常被称为“鲍莫尔病”。他们在构建的“两部门宏观经济增长模型”中提到，市政府服务、教育、表演艺术、饭店和休闲等很多服务部门都具有这一特征，整体上来看，相对于制造业，服务业劳动生产率更难以提高，正如在表演艺术市场上，三百年前的莫扎特四重奏要四个人演奏，三百年后依然要四个人！因而，随着制造业的生产率改进，服务业在整个经济中的比重反而上升了。[①] 就（现场）表演艺术这种严重依赖劳动力的行业来说，自动化并不能大幅度甚至完全替代劳动力，因此鲍莫尔病的的确确存在。但我们相信，随着媒介技术的不断发展，表演艺术整个行业的发展不应该简单唯一地以现场表演的“劳动生产率”来衡量，而与此同时，表演者的经验和熟练程度的增加、电子合成乐器的出现和应用[②]、数字压缩高保真技术的进步以及表演艺术产品的多元化开发都将促进整个行业的发展。

总之，文化产品的准公共性、外部性、鲍莫尔病等特点要求政府必须参与文化产品的供给。特别地，在公共文化产品的供给中，需要政府起到主导性的作用。而在文化艺术等生产率提高偏弱的领域，许多文化项目的运作是亏损的，注定需要依赖政府的资金支持或社会的资助。

第三节　文化产品的有效供给

（一）有效供给

西方经济学研究的是既定制度下的资源配置和经济运行，在有关供给

---

① 参见杨勇华．论服务业发展与经济增长方式转变的关系［J］．山东财经大学学报，2007(3)：76－80.

② 例如2007 年 Crypton Future Media 开发的初音未来，不仅担任日本音乐团体的演唱与合唱，还举办了个人演唱会，成为十分活跃的“人气歌手”，掀起了电子音乐创作的浪潮。

和需求的论述和分析中，尽管他们都承认市场是由供给和需求两方决定的，但俨然存在着两种不同的声音；供给决定需求，还是需求决定供给？正如胡培兆所说，“自亚当·斯密、李嘉图和萨伊确立供给决定需求的学说以来，历遭西斯蒙第、马尔萨斯、凯恩斯等需求学派的反对，虽然20世纪70年代以来，美国阿瑟拉弗为代表的供给学派理论风光一时，成为白宫里根政府的经济决策依据，但是需求学派仍在今天的世界。”[①] 需求与供给是一对相互依赖的概念，就像我们在谈论“蛋生鸡还是鸡生蛋”的问题时是同样的道理。但如果真的非要指出谁是根本，笔者赞同需求的核心作用，供给可以引导需求、激发需求和推动需求，但无法创造需求。需求源自人们生理心理以及相关生活和社会的需要，只有符合人们潜在需求的供给才可能最终得以实现。当然，供给可以在不同的时间点上有多种形式，并且从发展的角度来说，随着消费者需要的持续凸显和需求的升级，有效的供给也将以更低的成本和便利来迎合需求。不难看出，有效需求和有效供给是我们了解和把握市场现状进行政策管理的重要分析工具。但学者们对有效供给的界定并未达成一致的认识，对该范畴的理解也各不相同，甚至差异很大。因此，为了精确地分析文化产品的有效供给问题，我们必须首先厘清有效供给这一概念，并根据文化产品的特殊性对文化产品的有效供给进行适用性的界定。

在西方经济学理论中，研究者通常把供给等同于有效供给，在微观经济层面上，供给是指“在一定时期内，在其他条件不变的情况下，厂商（或生产商）在每种不同的价格水平上愿意并且能够提供的产品或服务的数量”，社会总供给则是宏观层面的问题，其对应的是“在一定时期内（通常为1年），社会生产活动向一国或地区的市场实际提供的可供最终消费的产品和劳务的总量”。而实际上，“愿意”这一关键词就隐含着有效需求者存在，并且该有效需求者能够支付的价格水平至可以弥补产品成本。但是，生产者在很多时候无法准确预估有效需求量的大小，常常会出现生产过剩或生产不足的情况，从而生产者的供给量无法反映市场真实所需的

① 胡培兆．有效供给论［M］．北京：经济科学出版社，2004：344-345.

供给。例如，在国民经济统计中，存货常常被统计到总供给中，但这一部分供给的确没有实现其交换价值。因此，尽管微观经济学中强调供给应该就是有效供给，但供给本身并不讨论产品是否符合消费者的需要，而仅是从生产者的角度去考察，其供给过剩或不足取决于消费者需求的意愿和支付能力，进而在很多现实情况下，市场并不能出清，因此，生产者的实际供给并不能与有效供给完全划等号。

国内学者对有效供给概念的研究也不少，主要的观点和内容如下：

（1）从需求与供给适应的角度进行界定。胡培兆在《有效供给论》一书中详细分析了供给与有效供给。他指出，供给与需求是市场经济中相互依存又相互矛盾的两个方面。供给是指卖方在一定时期内向市场提供销售的一定量的产品和劳务。总供给则是整个社会共同提供销售的产品和劳务的总和。现阶段的供给主要包含广告供给、推销供给、招徕供给、价格供给、产品供给、售后供给、信誉供给、安全供给和就业供给。但不得不说，这些供给类型并不是从一个标准进行划分的，而是包含了营销策略、产品或服务、功能等角度。其中，产品供给和就业机会供给又统称广义供给或大供给。他认为供给也存在有效与无效供给。有效供给是指供给的量、质、价等都能为需求者认可、所能接受的供给。无效供给则相反，假冒伪劣低品质，品质好却价高鲜有人买得起，以及质优价廉但却超过市场需求量，都是无效供给的情况，这些供给不被需求吸收，是咎由自取。此外，供给还可以分为先发供给与后发供给。[①] 从这里可以看出，胡培兆所指的有效或无效供给是从需求者评价的角度来说的。刘诗白也从需求适应性和供给特点出发，提出有效供给是指由各个微观主体生产和提供的能最大限度地适应各类购买者需求的总供给和供给结果，它包括产品总量、类别结构、各类产品的数量。[②] 韩晶和蓝庆新从一般的使用价值、社会的使用价值、品质和价格三个层次分析了作为经济学范畴的有效供给。他们认

---

① 胡培兆. 有效供给论［M］. 北京：经济科学出版社，2004：347－349.

② 刘诗白. 我国转轨经济过剩运行研究［M］. 成都：西南财经大学出版社，2000：179.

为，发达的市场经济与简单的交换经济不同，所有的商品都要进入市场交换，形成了互为条件、相互影响、相互依赖的市场流通机制，这种情况下的有效供给就不能仅从某类单一产品去分析，而应该从产品总和和供给结构的视角去界定有效供给。因此，发达市场经济中的有效供给是指最大限度与社会总需求相适应能够销售的总产品的规模和结构，内容涵盖产品总量、类别结构及其各类产品的数量。相对应地，无效供给包括过剩供给和不良供给，凡是超过有效需求的供给是过剩供给，供给面造成的不符合有效需求的供给则是不良供给。① 张建从宏观经济的角度指出，合理的经济增长必须能够充分利用一国现有的资源，但也必须保证所有的商品能够获得市场实现，是生产与市场条件的双向同意，因此，有效供给既要符合生产有效，也要符合市场有效。②

（2）纳入新考量因素的分析。马庆泉在《新短缺经济学》中认为有效供给是在充分利用现有资源的基础上，合成生产力的真实能力，对它的考量必须依据一定的生产关系和经济体制。③ 这一界定强调了有效供给首先必须是最富有市场效率的供给，也同时纳入了生产关系和经济制度的考虑。华桂宏在《有效供给与经济发展》中，从经济发展的角度进行了界定。他指出，有效供给是一个动态、广义和多层次的范畴，指的是经济发展过程中使得生产可能性边界的不断外移和收益递增的供给机制。④ 该定义隐含的内容是，有效供给不是一个静态的变量，而是一个因多种因素推动的供给边界不断优化的动态变量，还是与之相匹配的有效的体制和机制。

实际上，这些观点与马克思对商品和社会总产品的有效供给的分析并不冲突，只是他们论述的方法和路径上有所差异。马克思⑤以商品为分析

---

① 韩晶，蓝庆新．论有效供给［J］．云南财贸学院学报，2000（6）：9－13.

② 张建．中国经济热点——经济运行的基本态势与微观基础［M］．北京：中信出版社，1999：65－67.

③ 马庆泉．新短缺经济学［M］．北京：求实出版社，1989：19.

④ 华桂宏．有效供给与经济发展［M］．南京：南京师范大学出版社，2000：76－82.

⑤ 马克思．资本论（第1卷），马克思恩格斯文集（第5卷）［A］．北京：人民出版社，2009：47.

基础，认为商品是使用价值和价值的统一体，有效供给的必要前提之一是物品必须具有使用价值，该物品必须能够依靠自己的属性来满足人们的某种特定的需要，而具体这种需要是什么并不重要；其二是指这种使用价值不是为自己使用而生产，而必须是为其他人生产，即生产社会的使用价值[①]。而从他的社会总产品和社会再生产理论的分析中也可以看出，其所指的社会总产品的有效供给也是指各生产主体生产的产品最大限度地适应不同消费者需求的总供给，包括总量和结构上的匹配。这同样是在说，有效供给必须是生产的产品能够获得市场认可、完成社会实现。因此，整体而言，经济学上界定的“有效供给”都是既要求生产出来的产品能够具有满足人们需求的有用性和合适性，又要求供给的市场价格能够与消费者希望满足欲望的购买能力相符合。

（二）文化产品的有效供给

程恩富（1999）[②]、顾江（2001）[③] 等依据经济学的传统思路，将文化产品的供给界定为生产者在一定时期内向整个社会提供的文化产品或服务的数量。而对于文化产品有效供给的研究，多数学者从具体产品的角度进行了分析。例如，张志（2001）[④] 分析了广播电视外宣产品的有效供给，指出有效供给包括三层含义：一是有效的供给机制问题；二是有效的补偿机制问题；三是有效的实现机制问题，从狭义上来说，是以来自政治属性的宣传目标和来自广电媒介属性的组织目标为约束条件的外宣产品的最优供给。丁时照（2005）[⑤] 从新闻产品出发分析了新闻产品的无效供给情况，认为无效供给是有效供给对立面，包括过剩供给和不良供给，与胡培兆的界定如出一辙。赵立民和魏敏（2009）[⑥] 等对旅游产品的有效供给中提出，其有效供给是指在具体的旅游市场上，旅游公司或企业在一定时期内，在

---

① 马克思，恩格斯．马克思恩格斯全集（第23卷）［A］．北京：人民出版社，1975：54.

② 程恩富．文化经济学通论［M］．上海：上海财经大学出版社，1999：130.

③ 顾江．文化产业市场中的政府介入机制［J］．江海学刊，2001（2）：30－33.

④ 张志．论广播电视外宣产品的有效供给［J］．现代传播，2001（5）：123－126.

⑤ 丁时照．增加新闻的有效供给［J］．新闻知识，2005（11）：29－31.

⑥ 赵立民，魏敏．旅游产品有效供给评价模型研究［J］．商业研究，2009（7）：144－147.

不同的市场价格水平下，愿意并且能够为旅游市场提供的产品与服务的数量，这一规定明显也是沿袭经济学有关供给的基本定义；而李爽（2010）[①]将旅游作为一种公共产品，其供给是由政府和其他社会部门根据特定的原则、程序或机制将旅游产品分配给旅游者以满足社会共同需要的过程，该供给是一个动态的过程，其最终目标是使旅游公共服务的总供给和总需求在总量和结构上同时获得匹配。

相比较之下，左惠（2009）[②]从文化产品的整体上分析了有效供给，可以说是目前最为详细地界定文化产品有效供给的研究。她指出，文化产品的有效供给必须是消费者需求能够得到恰当满足、政府的政策法规能够得到很好贯彻，并充分考虑到供给效率的可持续性供给，可持续性意味着供给需要不断创新。

以上种种定义为我们研究文化产品的有效供给提供了可供借鉴的观点，但却都未能充分考虑文化产品及其供给过程的特殊性，我们必须结合文化产品的经济特性、供给和需求的特点以及文化产品供给的整个过程去考量文化产品的有效供给。

其一，经济学尤其是西方经济学中分析和定义的供给和有效供给主要还是从供给者的角度出发，尽管现有的有效供给的定义（包括马克思的观点）已经提出应当考虑消费者的需求和市场实现，但由于文化产品是精神产品，其需求特性非常复杂，因此“符合需求”也不仅要考虑消费者是否需要，还要考虑应以什么样的品质需要、何时需要，更需要从消费者个体乃至社会总体的角度考虑需要背后的精神和心理影响。例如，符合某些消费者需要的也许并不适合他们，但是消费者往往难以自控，抑或限于有效的认知不加控制，如果生产者仅仅因为“他们喜欢”而加大供给，这些供给显然也不是有效的。

其二，传统的经济学分析都是假设从生产到消费之间的完全顺畅，而

① 李爽．旅游公共服务有效供给的效率本质与实现研究［J］．广东科技，2010（5）：72－74．

② 左惠．文化产品供给论［M］．北京：经济科学出版社，2009：83－84．

这显然与现实非常不符。因此，仅仅生产出适合消费者需求的产品却无法接触和到达消费者，其供给依然是无效的。文化产品的有效供给应当是从文化产品的创意形成、设计开发到生产、流通、传播，直至到达消费者为其消费的整个过程的有效提供。

其三，政府在文化产品的供给中，既是管理者，又是参与者。因此，文化产品有效供给的前提是政府的有效供给，主要包括制度供给和产品供给的有效。即使就管理者而言，仅仅考虑“政府的政策法规能够得到很好贯彻”也并不是有效供给的必要条件，因为其前提是政府的政策法规必须保证有效。

其四，文化产品的有效供给必须具有经济效率。从不同的经济层面来看，供给的经济效率有三个方面的内容：一是宏观层面的整个社会资源配置的效率，要让市场起到基础性资源配置的力量，讨论的核心问题是政府和市场两者之间谁来供给更有效率、政府如何供给更有效率以及整个市场体系如何运行更有效率等问题；二是中观层面的市场上企业主体之间的产业组织的效率，主要讨论什么样的市场结构和市场行为更富有效率、什么样的因素又在影响其实现效率等；三是微观层面的企业经营效率，也即企业内部什么样的治理结构、股权结构、债务结构、资产规模以及组织制度使企业的运作和经营更加富有效率等问题。

其五，有效率的经济组织是文化产品有效供给的重要保证。新制度经济学派的代表人物道格拉斯·诺斯和托马斯曾在《西方经济的兴起》指出经济增长的关键是有效率的经济组织，而西方世界兴起的原因也正是有赖于其在西欧的发展；有效率的组织的存在需要一定的制度安排和系统的产权制度的确立，以更好地激励人们去从事引起经济增长的活动，使其私人收益率尽可能地接近社会收益率。从这个角度而言，文化产品的有效供给还必须有合理的制度安排，即不排除制度的考虑。本书认为，有效率的供给组织需要从三个方面的制度安排进行构建：一是政府的供给体制，尤其是文化产业管理体制；二是企业的供给体制，主要是企业的内部组织结构、管理体制以及企业自身与其他同类或相关企业之间的链接机制；三是整个系统组成的社会供给体制和供给机制。

最后，文化产品的有效供给还必须考虑供给过程中各种关系的有效性。这些关系包含了围绕多元化类型和多种形式的文化产品供给而形成的不同体制、不同环节、不同主体以及不同生产和组织方式之间各种关系的总和。在大数据时代、社交媒体迅速发展以及参与式文化形成的当今社会，这一考量无疑扩展了文化产品供给的内涵，并将对研究文化产品的有效供给提供新的视角。

总之，文化产品的有效供给是指一定时期政府及相关文化产品生产部门向社会提供（从创意开发直至到达消费者）的适合消费者需求和消费体验、具有经济效率兼顾社会效益、充分协调供给和需求及供需关系的文化产品（含服务）的供给。

此外，有些研究提到了文化产品的无效供给和非法供给，认为“文化产品的无效供给是指抑制需求并与之相悖的效用很低或者无效用的供给”而“文化产品非法供给是指违背政府政策法规的供给，主要是假冒伪劣和侵犯知识产权的产品供给”①。实际上，在我们的概念界定中，没有提供、提供不足或过度提供是无效供给，有提供却品质低下、不适合消费者是无效供给，有提供适合消费者的产品却难以让消费者接触和消费是无效供给，低效率或无效率的供给是无效供给，生产出合适的产品却在流通中无法匹配良好的服务造成体验不足是无效供给，而假冒伪劣产品也是无效供给。因此，在我们的研究中，非法供给是无效供给的特殊类型。

（三）西方发达国家与我国文化产品供给体系的差异

西方发达国家与我国文化产品供给在能力和机制上都有很大差异，供需特点和供需矛盾也不同。

首先，经济制度、文化管理体制和政治经济社会发展阶段的不同导致两者在文化产品的供给能力、供给方式和供给活力上有较大差距。

西方发达国家是成熟的市场经济，具有完备的市场体系和市场制度以

① 左惠．文化产品供给论［M］．北京：经济科学出版社，2009：85.

及较为成熟的产业组织结构。与此同时，尽管在有些发达国家也存在对文化产业的管制，但是与我国较为严格的文化产业管理体制相比，更为宽松。甚至自20世纪80年代以来，以英美为代表的西方发达国家逐步放松了政府对传媒业的管制，大量私有资本和社会资本进入传媒领域，文化产品的市场运作与一般产品并无巨大差异。因此，在这样的市场体系和经济体制下，文化产品的供给机制较为完善，市场具有较为充分的活力，其供给能力强大，生产具有无限扩大的趋势，也因此具有很强的全球供给的目标。而我国经济发展不平衡，文化市场和市场体系发育程度不高，政府干预程度高，市场配置资源的决定性作用还难以有效发挥，文化产品的整体供给实力不强，全社会的生产积极性远未调动起来。

其次，文化经济发展的周期特征与供需矛盾的主要方面不同。

胡培兆曾经针对市场经济发达与不发达国家的不同，给出过很精辟的分析，他指出，“市场经济不发达的国家与市场经济发达的国家相比，主要是差在供给力还是需求力？最根本的差距是差在供给力，产品和服务的供给力弱，缺乏竞争力，需求力也弱，这也是供给力不强的结果。生产力低，供给力就弱。供给力弱，收入不高，需求力就弱。就中国当前情况而言，大量存在的有效需求不足问题真是由于所得增加引起消费倾向下降造成的，还是由于收入不高造成的？只要将眼光放大到社会，就可以看清楚。需求不足的原因，主要是供给无效造成的。”实际上，在我国目前的文化经济发展阶段，也是如此。① 在西方发达国家，制约文化经济发展的主要因素是文化市场本身，而由供求关系引起的市场变化和经济周期波动的过程中，文化需求往往是矛盾的主要方面。尽管文化产业发展在许多发达国家已经表现出逆经济周期的特征，但文化经济发展本身的周期性特征依然存在，并主要来自文化需求的变化和波动。而在我国现阶段，在文化产品供求关系引起的市场变化直至周期波动中，文化经济发展的政策周期和政治周期特征显著，并不得不与世界同时面临无法借鉴、难以预测的互

---

① 胡培兆．有效供给论［M］．北京：经济科学出版社，2004：345.

联网和人工智能发展问题，矛盾的主要方面是供给而不是需求。因此，我国扩大文化消费不能仅仅从需求面入手，还必须重视供给面的问题，以切实保障文化产品的有效供给。

最后，两者的供给机制不同。

如前所述，发达国家相对健全的市场体系和先发优势的存在推动整个社会建立了一套较为成熟有效的文化产品供给的运行机制。而我国目前的文化产业管理体制不甚成熟，政府的供给定位也不甚明确，政府与市场的边界依然未有效厘清，文化部门的行政权力也较多地介入文化经济；与此同时，文化产品的特殊性对文化产业实践提出了挑战，文化产业政策法规体系、投融资体系、版权评估体系也尚在构建中，进而导致整个社会的文化产品供给体系不完善，供给系统存在较大问题：一方面，许多主体的供给行为和供给能力受到一定程度的抑制，难以形成有效的社会供给机制；另一方面，在新媒体和参与式文化大发展的情景下，几乎人人都可以成为“媒体”，为全社会生产和传播文化产品、文化新业态也层出不穷，文化产品的“供给”在快速增长的同时也鱼龙混杂、问题重重。总之，我国文化产业管理体制的健全以及文化产品有效供给机制的形成依然任重道远。

第五章　我国文化产品的供给现状与特征

文化产业是为社会公众提供文化娱乐产品和服务的生产活动，作为一种特殊的“文化 + 经济”的产业融合形态，是加快我国产业结构调整、实现经济增长方式转型的重要途径之一。如图 5 - 1 所示，文化产业近年已经成为国民经济增长的亮点，平均增速一度超过 20%，远高于我国 GDP 的平均增速。有数据显示，2016 年全国文化及相关产业增加值为 3.08 万亿元，比 2015 年增长了 13%，比同期 GDP 名义增速高 4.4%；GDP 占比为 4.14%，比 2015 年高 0.17%。[①] 在工业转型升级的背景下，历经十年左右

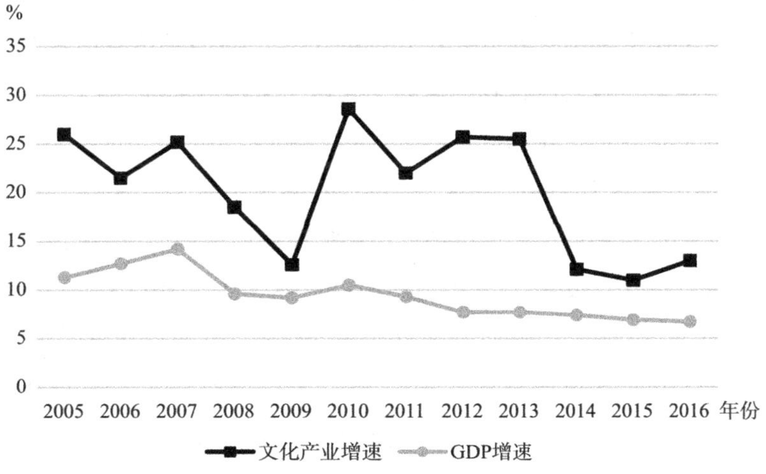

图 5 - 1　2005 ~ 2016 年我国文化产业增速与 GDP 增速对比图

数据来源：根据中国政府网相关报告公开资料整理。

---

① 2016 年我国文化及相关产业增加值比上年增长 13% [EB/OL]. 中国政府网 . 2017 - 09 - 26. 数据均未扣除价格因素，有所改动 . http：//www.gov.cn/xinwen/2017 - 09/26/content_5227621.htm.

的快速发展后，我国文化产业增长速度逐渐放缓，与 GDP 增速一样呈现逐渐收敛趋势，开始步入转型升级与结构性调整的重要时期。

“十三五”时期，我国整体经济的发展进入新常态，区域发展战略的推进加深了对新增长带的培育，战略性新兴产业助推产业转型升级；与之相应，我国文化产业亦进入“到 2020 年，实现我国文化产业成为国民经济支柱性产业”这一战略目标的决定阶段。近年来，国家出台了一系列推动文化产业发展的政策法规文件。例如，2012 年 12 月，《关于加强网络信息保护的决定》通过并发布，2016 年 11 月先后通过《电影产业促进法》《网络安全法》，同年 12 月又发布了《公共文化服务保障法》。2017 年 4 月 19 日文化部正式发布《“十三五”时期文化产业发展规划》（以下简称《规划》），列出 8 个专栏共 22 项重大工程和项目，重点强调其操作性。[①] 整体而言，“十三五”时期，我国的文化产业一方面进入转型攻坚期和产业调整期，另一方面技术和新型业态促使文化产业自身甚至与其他类型产业走向深度融合。

为了更系统地摸清我国文化产业发展中供给实践的概貌和问题，本章尝试对我国不同类别的主要或有代表性的文化产品的供给状况进行具体分析。在分析供给实践之前，我们需要交代两个方面的问题。

其一，是对本章行业选取与数据选择的说明。

2012 年国家统计局在 2004 年《文化及相关产业分类》（国统字〔2004〕24 号）的基础上、借鉴联合国教科文组织《文化统计框架——2009》的分类方法，发布了《文化及相关产业分类（2012）》[②]。依据国家统计局 2012 年的规定：按照是否执行企业会计制度将文化产业定义为“实行经营性企业管理体制的产业”和“实行公益性企业管理体制的行业”。本书以上述指标为参考，在后面的分析中将文化产业划分成传统文化产业和网络文化产业。

---

① 文化部发布“十三五”时期文化产业发展规划［J］. 青年记者，2017（14）：38.

② 尽管国家统计局于 2018 年 4 月发布了《文化及相关产业分类（2018）》，但鉴于数据分类的连续性、数据收集的便利性和分析的一致性，我们依然采用 2012 年的分类标准。

本章的数据主要来源于四个层面[①]：一是国家统计局出版的《中国统计年鉴》及其公开发布的统计数据和文件资料；二是国家新闻出版广电总局发布的各产业年度报告；三是中国互联网络信息中心发布的《中国互联网络发展统计报告》（2010—2016）；四是网络咨询机构的行业年报，如中国产业信息网、艺恩咨询、比达咨询、艾瑞咨询、七麦研究院等。由于2000年党的十五届五中全会通过的《中共中央关于制定国民经济和社会发展第十个五年计划的建议》第一次将文化产业写入中央文件，并明确提出要大力发展文化产业，因此，本章数据选取的时间跨度大多为2000～2016年，以求尽可能全面地了解我国文化产业的发展实践。考虑到各行业的特殊性，本书不同行业选取的测量指标有所不同。

其二，本章将从“供给主体”和“供给产品”两方面切入[②]，涵盖文化产品供给主体的规模、结构和发展情况，以及供给的文化产品的数量、结构和增长趋势等内容，以期全面地阐明文化产品的供给情况。

第一节 传统文化产业和文化产品的供给实践

（一）传统文化产品的供给主体现状

本节对传统文化产品的供给主体分析包括三个方面，一是供给主体的基础设施和基础资源分析，主要是广电网络的发展情况；二是市场化较强的文化产业的供给主体的数量和规模情况；三是公益性文化产业机构或公共文化服务机构的发展情况。

1. 广电网络覆盖现状

2007年2月，国家广电总局按照《我国有线电视向数字化过渡时间表》的要求下发有关规范性文件，有线电视数字化分三个阶段完成：第一阶段是省、市有线电视的整体数字化转换，要求2008年基本建成；第二个

---

① 图中未特别标注数据来源的均根据国家统计局统计年鉴中的数据自行整理。

② 由于文化产业和文化产品的种类非常多，本章将选取具有代表性以及数据可获取性较强的行业进行分析。

阶段是县级市有线电视的数字化转换基本结束，要求2010年结束；全国有线电视的整体数字化转换是最后一个阶段，要求2015年完成，最终关闭模拟电视信号。① 根据国家统计局发布的数据计算：有线广播电视网络入户率由2006年的37.02%上升至2015年的54.63%，在农村该比重由22.86%提升到33.49%，以上两项指标在2016年分别降为52.75%和33.17%，基本稳定。如图5-2所示，经过十年的建设和发展，我国数字化整体转换已经基本完成。截至2016年年底，一方面，我国有线电视用户总数22830万户，有线数字电视用户20157万户，数字化率（有线数字电视用户在有线电视用户中的占比）达88.3%，数字化率较2005年的3.1%迅猛提升。另一方面，伴随移动视频播放端的普及，有线广播电视网络入户率和有线电视用户数在2016年都有下降。

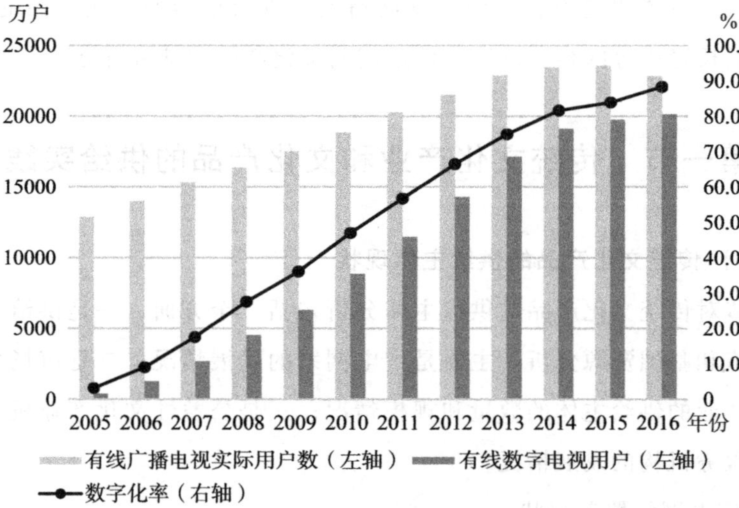

图5-2　2005~2016年我国广电网络规模情况

数据来源：根据国家统计局《中国统计年鉴》文化类相关数据整理。

作为国家信息基础设施的重要组成部分，广播电视网是最容易抵达全国居民的信息工具，无疑也是最普及的大众传播载体。截至2016年年底，

① 2016年我国广电网络行业情况概述［EB/OL］. 中国产业信息网，2016-09-28. 有所改动. http：//www.chyxx.com/industry/201609/452781.html.

我国电视节目的综合人口覆盖率达98.88%，农村也高达98.49%；此外，广播节目的综合人口覆盖率98.37%，农村覆盖率为97.79%。[①] 如图5-3所示，我国广播电视综合人口覆盖率自2006年就达95%，近十年一直保持稳定增长，只有农村电视节目人口覆盖率在2008~2009年出现过下滑。

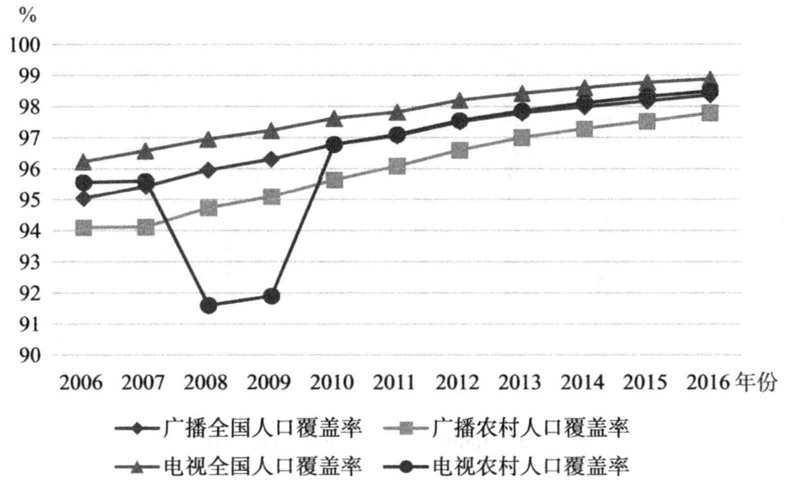

图5-3　2006~2016年我国广播电视节目人口覆盖率

数据来源：根据国家统计局《中国统计年鉴》文化类相关数据整理。

2. 电影业机构现状

经过多年的市场化运作，我国的电影产业价值链和电影产业发展已趋成熟和完善，核心参与主体包括制片方、发行方、院线、影院等，本书主要以最接近观众消费的影院及其上游端院线可获取的相关数据为分析对象。作为电影产业链渠道之一的院线是一种垄断性的运营体制，运营者通过掌握相当数量的电影院，在某一地区建立放映网络，垄断某一新版影片的公映，从中获取经济利益[②]。从图5-4来看，我国电影院线的数量扩张

① 摘自国家统计局《中国统计年鉴2016》文化类相关数据。

② 2015年我国电影院线发展回顾与2016年展望［EB/OL］. 搜狐网中经未来产业研究院. 2016-07-06. http：//www.sohu.com/a/101616575_424367.

水平基本稳定，有些年份绝对水平变化不大，应该是高固定资产投入、较长的投资回报周期和政策壁垒[①]等因素设置了较高的准入门槛所致，但也不排除消费因素和院线洗牌的影响。

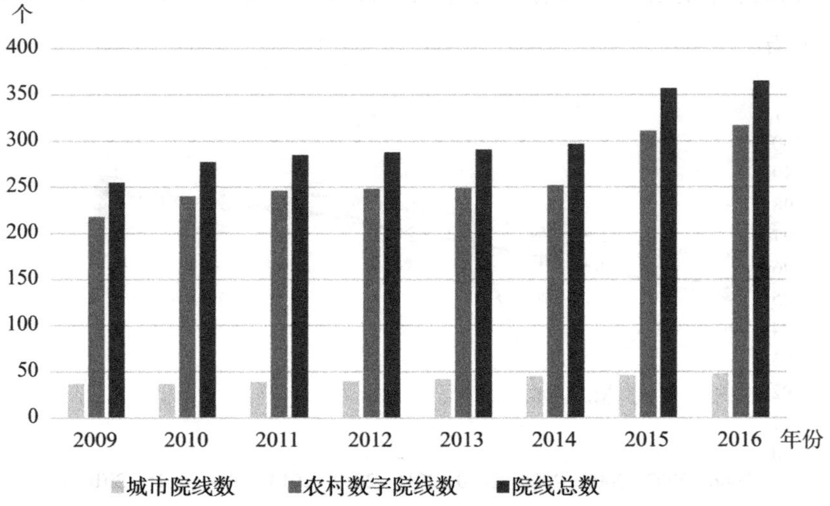

图 5－4　2009～2016 年全国院线数量

数据来源："城市院线"根据国家统计局相应年份统计报告整理，"农村数字院线"根据"前瞻产业研究院"2017 年发布的《电影院线和电影院运营模式及投资策略规划分析报告》公开数据整理。

不同于电影院线严苛的准入规则，因为加盟形式的存在，多数资本能通过此方式进入电影行业，如图 5－5、图 5－6 所示，2016 年，国内影院数量 8410 家、同比增长 23. 71%，全国院线共有银幕数 41129 块、同比增长 30. 15%，每万人拥有银幕数 0. 3 块、同比增长 29. 13%，2011 年、2012 年是影院规模发展的黄金期，之后影院扩张进入同步稳增期，以 20% 的增速稳步扩进。考虑到土地供给政策、观影人群、文化消费市场竞争、产业组织相对集中等因素，未来影院增长的规模将进一步放缓。

---

① 例如，根据电影局 2002 年颁发的《关于成立电影原先报批程序的通知》，成立跨省院线需满足旗下拥有 15 家自有影院，并承诺未来三年投资不少于 5000 万元用于新建及改造等条件。

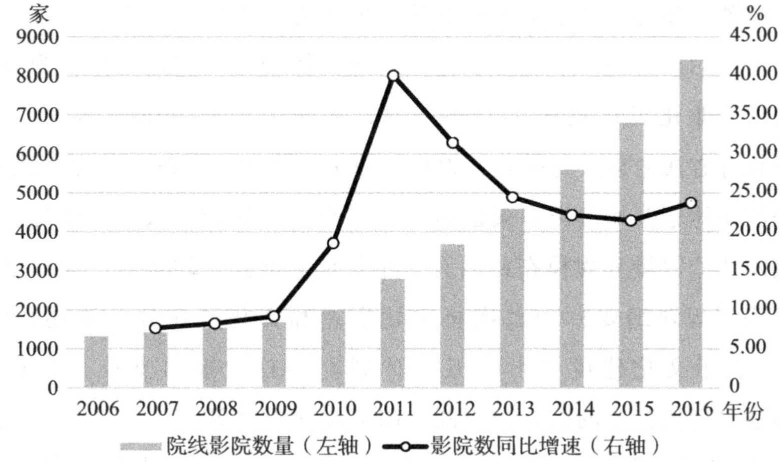

图 5－5　2006～2016 年全国影院数量及增速

数据来源：根据国家出版广电总局相关数据整理。

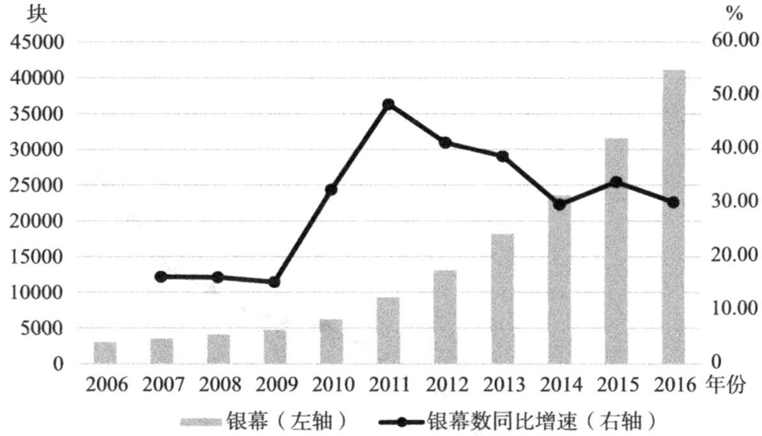

图 5－6　2006～2016 年我国电影银幕数及同比增速

数据来源：根据智研咨询发布的《2017—2022 年中国电影行业市场运营态势及投资战略研究报告》相关统计的公开数据整理。

3. 演艺市场主体与机构现状

21 世纪前后时期，艺术表演团体改革的重点就是针对文化部所隶属的国有院团的管理体制的改革，中直院团和全国各省、自治区、直辖市所属的艺术表演团体都相继进行了改革，通过“演出补贴制”、资源整合、用人制度改革等多种方式激活了国有院团的活力。2000～2002年，中央对文化产业地位的认可进一步确立了艺术表演团体的经营实体定位，为表演艺术机构的产业化发展提供了政策基础，集团化发展也迅速出现。例如，2001年江苏省演艺集团的成立。2003年以来，文化体制改革试点正式开展，艺术表演团体也开始分类多渠道地进行，夯实了他们的微观主体地位，艺术表演团体的数量和规模在此后有了小规模的增长。2006年，《国家“十一五”发展规划纲要》中首次将文化事业和文化产业分开论述，同年，《文化部关于文化建设“十一五”计划》中首次提出支持文化创意产业、加强对现代艺术的监管。因此，国家统计局自2007年起将非文化部门的艺术表演团体纳入统计范围，这也是2007年艺术表演团体规模锐增57%的一大因素，2013年年底，非公有资本控股的艺术表演团体占比达76%，在市场化发展道路上迈出重要一步，2016年持续增至85%，如图5－7所示。

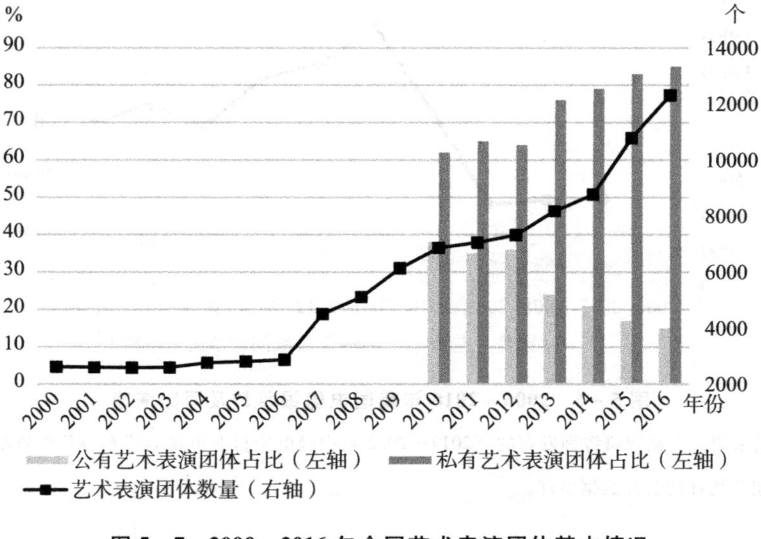

图5－7　2000～2016年全国艺术表演团体基本情况

作为演出供给的艺术公司和有消费需求的观众的连接平台，艺术表演场馆虽然在数量和规模上整体呈稳定趋势（2013年、2014年例外），非公有艺术表演场馆有显著扩展，但现阶段我国艺术表演场馆的市场化建设道路仍任重道远。学界不乏从院团组织自身建设的滞后和不利的外部环境、艺术表演固有的成本问题和有效需求不足两个维度探究艺术表演团体市场化面临的阻力及如何有效发展的研究成果。例如，有研究指出，西方市场化成熟的艺术表演场馆，如伦敦西区和美国百老汇的剧场，多以产业园区的集聚方式分布，而因多年来对表演院团“优先实现社会效益”的定位，使得我国艺术表演场馆的分布多依循行政区域划分均衡布局①，给想要进入艺术表演业的资本增加了困难和风险。另外，国家关于该行业统计数据标准存在的差异，使艺术表演场馆的发展状况不甚明了，如图5－8所示，2013年和2014年全国艺术表演场馆规模为十几年来最低，场馆数分别为1344个和1338个，2015年艺术表演场馆数为2143个，与2013年之前的场馆规模相近。根据国家统计局数据收集说明，自2015年起才首次将民营艺术表演场馆纳入统计范围，2015年以前艺术表演场馆均为国有艺术表演场馆，但在“艺术表演团体基本情况”下又细分了国有、集体和其他，使私有艺术表演场馆的具体发展状况难以说明，不过仍能看出国有表演场馆近年来规模不断缩小，这主要是国有艺术表演团体改革的结果。但不得不

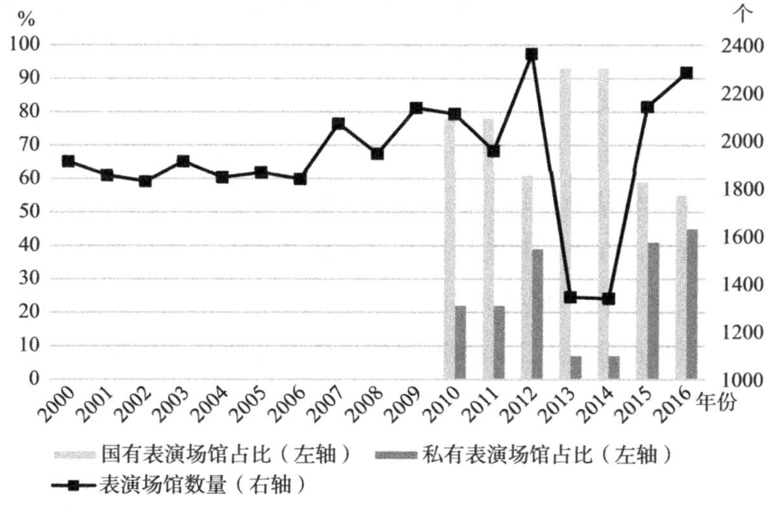

图5－8　2000～2016年全国艺术表演场馆基本情况

---

① 辛纳．经济压力与中国国有艺术表演团体的市场化道路［J］．理论学刊，2015（6）：68－75.

说的是，我国官方统计指标的模糊以及统计数据的不完善，使得尽管艺术表演团的文化体制改革较早提出，并且陆续出台了许多优惠扶持政策，但艺术表演业的市场化推进依然举步维艰，艺术表演团体尤其是国有团体的自生能力和抗风险能力还非常低。

4. 公益性文化事业

国家统计局2012年对“公益性文化产业”界定如下：以满足人民群众基本文化权益为主要目标、不能单独获取经营性企业数据的文化产业供给主体和产品。本节以此为依据，主要集中分析图书馆、博物馆、档案馆和群众文化服务业（文化馆和乡镇文化站）。[①]

整体而言，我国的文化事业机构（文化馆、乡镇文化站、公共图书馆、博物馆和档案馆等）一直是我国公共文化服务的重要甚至主要的提供主体，整体规模十几年间保持稳定；其次，近年来受互联网开放、合作、共享观念普及的影响，全国文化事业机构传统的封闭式运行模式有一定的改观。最典型的莫过于故宫博物院开展的一系列主题展览，在展览期会汇聚各地博物馆有代表性的展品展出，但这也暴露了公益性文化事业建设发展的另一面，即显著的地域差异化，中心城市的公益性文化事业机构在资金来源、基础设施建设上优于边缘省市的发展，有许多研究也表明城市的公共文化服务水平优于农村；最后，公益性文化机构的基础设施和资源设备建设往往缺乏系统性和独特性。众所周知，文化事业的资金来源有政府拨款、企业援助和社会捐助[②]等。相对于政府拨款，要吸引企业资金，文化事业机构就应该在继承和发扬群众文化的基础上，兼顾地方特色，以形成特色公共文化产品、保持其对群众的吸引力，继而吸纳更多的企业资金。但在我国目前的情况下，政府拨款依然是文化事业机构最重要的资金来源，这就导致下述现象频发：一旦有成功的文化实践案例产生，各地将

① 十二届全国人大常委会第二十五次会议表决通过了《中华人民共和国公共文化服务保障法》，该法案自2017年3月1日起实施，是文化领域一部重要的基础性法律，足见国家对公共文化服务的重视。

② 杨曼．群众文化事业机构群众文化建设路径之思考与探索［J］．中共济南市委党校学报，2013（02）：87-89.

纷纷观摩筹建，尽管名称有所不同，但模式却如出一辙。这与公益性文化事业机构建设服务当地城镇化、当地社会生活和当地居民基本文化需求的初衷背离。

具体而言，如图5－9所示，全国文化馆、公共图书馆和档案馆的数量平稳增长。

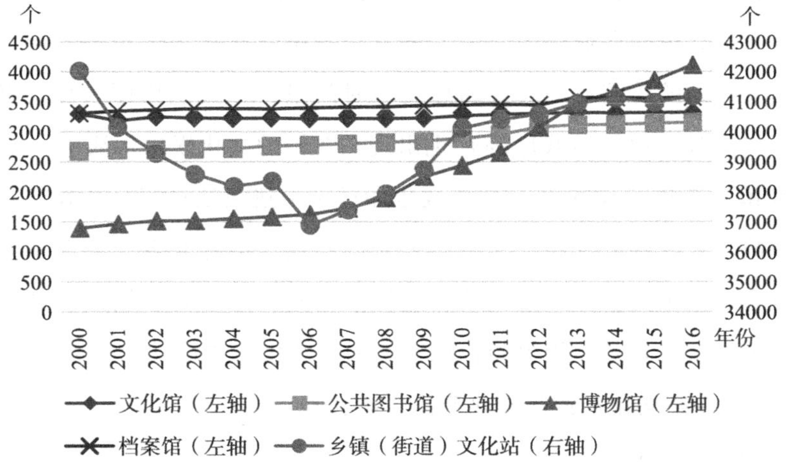

图5－9　2000～2016年全国公益性文化机构数量

其中，博物馆发展很快，持续出现较大幅度的增长，文化站的数量变化起伏较大。从2007年起我国博物馆出现比较明显的增长趋势，在公共文化事业机构中以每年5%～19%的规模高速发展，同年，在维也纳召开的国际博物馆协会会议上，委员们重新修订了博物馆的定义[①]，将教育职能摆在博物馆的三大职能——教育、研究和欣赏的首位，明确提出其参展内容既包括物质的，也包含非物质的文化遗产。

乡镇文化站是服务于农村的主要文化事业单位，为乡村居民提供公共文化服务，近十几年来，我国乡镇文化站的数量先迅速下降然后又持续上升，

① 钟玲．创新博物馆教育，传承和保护非物质文化遗产［J］．国际博物馆（中文版），2016（Z1）：100－106.

呈现为一条反向抛物线的特点。这可能有三点原因：一是国家管理层面的问题。[①]，即国家行政管理体制、绩效考核和人员激励机制不健全等问题，使得基层领导对乡镇职能部门的地位并不重视，乡镇领导能动性缺失，与此同时，上级领导又很难了解真实情况，各级政府很难执行中央规定的“文化投入不低于财政支出1%”的条例；二是民间力量的挤出效应。2005年《国务院关于非公有资本进入文化产业的若干决定》（国发〔2005〕10号）文件发布后，民间职业剧团、私人电影队等民间文化组织很快兴起，挤出了乡镇文化站的传统业务，在随后几年时间里，私人歌舞厅、私人书店和游戏厅（台球、电子游戏厅等）也出现在乡镇的文化娱乐生活中，图5-9中“乡镇（街道）文化站”的曲线也印证了上述说法；三是新媒介技术发展的挑战。互联网的发展极大丰富了人民群众的信息获取，改变了人们的消费观念，带来更多样的文化消费选择。当然，国家管理层面和新技术的发展两个因素，若是运用得当，也能是促进文化站建设发展的动力。

（二）传统文化产业与文化产品供给实践

1. 新闻出版业

首先，我们需要对出版业和出版产业两个概念进行说明。国际上对出版业的定义有很多。例如，日本在《出版事典》中把出版业看作是将出版视为常规经营的营利性企业，特别强调非营利性的不是出版业；而英国的《不列颠百科全书》中将出版业定义为涉及印刷品的选择、编辑和销售活动的综合性行业；我国《简明编辑出版词典》的定义是以编辑、出版、印刷、发行各类图书、报刊、音像等物品，传播、积累一切有益于社会发展的科学技术和文化知识，提供精神文化食粮的政策性、知识性、专业性的行业。[②] 对比国内外出版业的定义我们发现，国际上更注重出版业的经济属性，出版业即为出版产业。长期以来，我国更强调其社会属性，将之作为事业单位经营，但都承认出版业是一个综合性行业。直到国务院于2011

① 洪德高．乡镇文化站现状及发展中亟待解决的问题［J］．办公室业务，2016（18）：65-66.
② 参见赵振宗，孟翊．文化产业论文集［C］．上海：复旦大学出版社，2014：227.

年召开第147次会议，会议通过的《国务院关于修改〈出版管理条例〉的决定》将“出版事业”改为“出版产业和出版事业”[①]，这标志着出版产业正式得到国家的认可。本节分析只考察出版产业，需要说明的是，传统出版领域主要包括报纸、期刊、图书、音像电子出版物等的出版，以及出版物发行、出版物进出口、版权管理和贸易等。

中国新闻出版广电网的相关报道显示，2016年，全国传统出版实现营业收入约2.36万亿元，比上一年度增长9%；数字出版业务营业收入为5720.85亿元，占比24.24%，相比上一年度则增长29.9%，增长贡献率高达67.9%。[②] 以上数据表明，新技术的出现和应用以及新媒体消费的形成推动了我国数字出版业务的快速成长，数字出版在新闻出版领域已经独占鳌头，并将继续发展。

相比之下，传统出版业的市场也正遭受严重的挤压。如图5－10、图5－11和图5－12所示，2016年全国传统出版制品共512.5亿册（份、盒、张），出版数量在2013年达到峰值（605.78亿册）后开始逐年下滑，且降幅（平均降幅5.4%）大于2013年之前的增幅（平均增幅2.8%）；近年全国印刷发行网点规模也出现不同程度缩减，发行网点从2013年起开始呈下降态势且降幅逐年扩大，2016年下降了3.5%。2016年，各类出版制品的供给也出现不同程度的下滑：期刊出版为2000年来最低21.0亿册，在传统出版物中的占比由2000年的6.9%降到5.3%；报纸、音像制品经过十几年的发展，在出版产品中的占比分别由峰值81.7%（2007年）、1.2%（2003年）降至76.1%、0.4%，为历年最低；电子出版物自2011年列入统计的六年里占比基本稳定在0.5%左右。但与此同时，新技术也为传统出版业某些类别的制品带来福音。例如，近年来实体出版物的网上销售异军突起，2016年图书出版90.4亿册，在传统出版制品中的占比达2000年以来最高17.6%。

---

① 于慈珂.《出版管理条例》《音像制品管理条例》修订解读［J］. 出版参考，2011（10）：1.

② 《2016年新闻出版产业分析报告》发布［J］. 新闻记者，2017（8）：35.

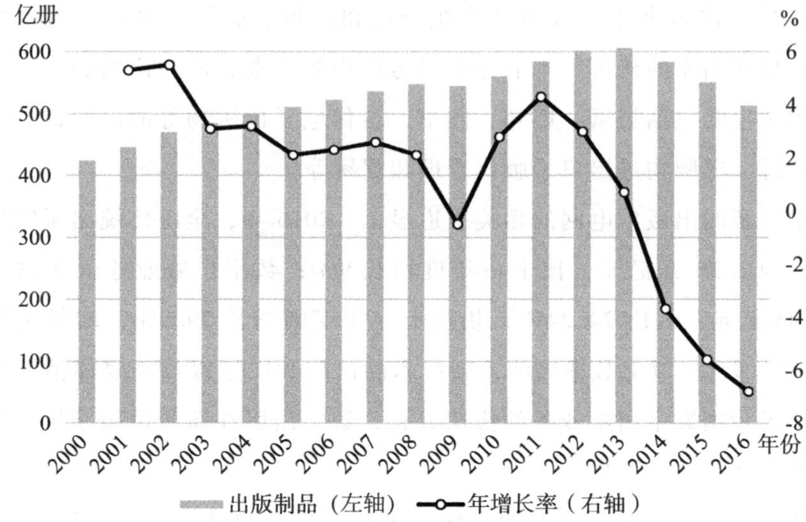

图 5－10　2000～2016 年全国传统出版制品基本情况

注：图中统计的“传统出版制品”的主要类别为报纸、期刊、图书、音像制品和电子出版物。

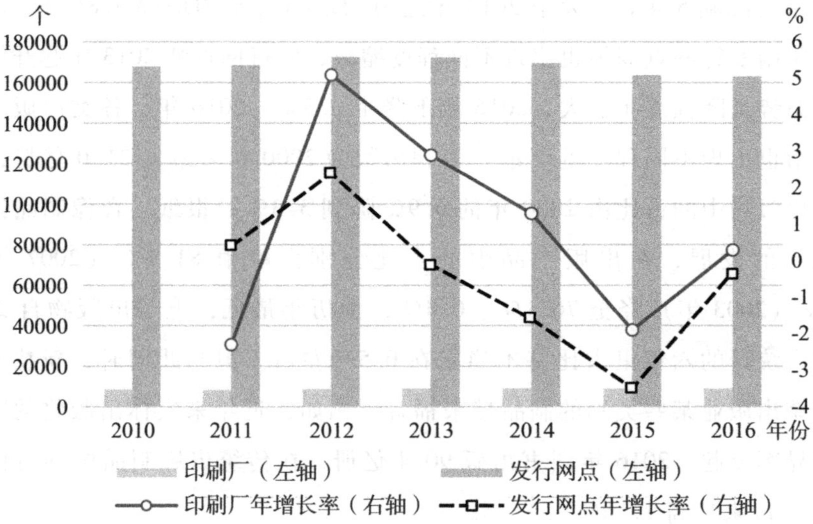

图 5－11　2010～2016 年全国印刷厂、发行网点基本情况

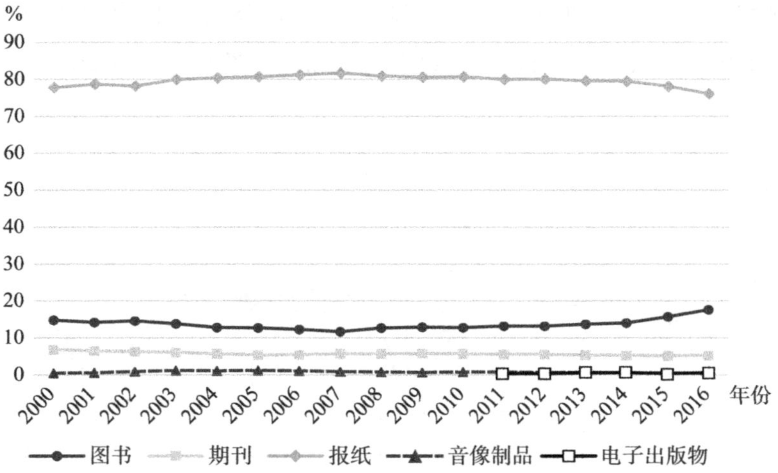

图 5－12　2000～2016 年出版物产品结构

下面我们将进行具体类别的分析。

(1) 图书出版。

如图 5－13 所示，图书出版种类和总印数整体呈现增长，2016 年图书出版种类、总印数增长趋于稳定，增速在 5% 左右。每年图书新出版种数也呈增长趋势，仅 2007 年除外（－15.3%），新出版品种增速自 2013 年锐减后，2014 年更是出现负增长，近两年增速虽略有提升，但速度尚未回稳。2016 年，全国共出版图书 49.99 万种，同比增长 5.07%；新出版图书 26.24 万种，较上年增长了 0.77%，但在总品种数中的占比降到历年最低 52.5%；图书总印数为 90.4 亿册（张），年增长率为 4.39%。

“儿童读物”作为图书出版领域的一个重要阵地，2016 年继续保持快速增长，品种数为 4.4 万种，年增长率为 19.1%；总印数为 7.8 亿册，年增长率为 40.3%。如图 5－14 所示，近年来，儿童读物无论是品种或是印数均呈平稳增长，在图书出版结构中的比例由 2008 年之前的 3%～5% 增长到如今的 8%，自 2015 年线下书店恢复活跃后表现发展得更为迅速，儿童读物的快速增长也反映出我国基础教育中阅读习惯的逐步形成。“课本”在一定程度上能反映一个国家的教育普及程度。如图 5－15 所示，历年课本印数在图书出版印数中一直占有重要比例，自 2006 年，课本的品种增幅进入平缓期，保持在 20% 左右，印刷册数于 2008 年在图书总册数中的占比跌至 50% 以下，这应当是受到数字出版和线上教育冲击的影响。

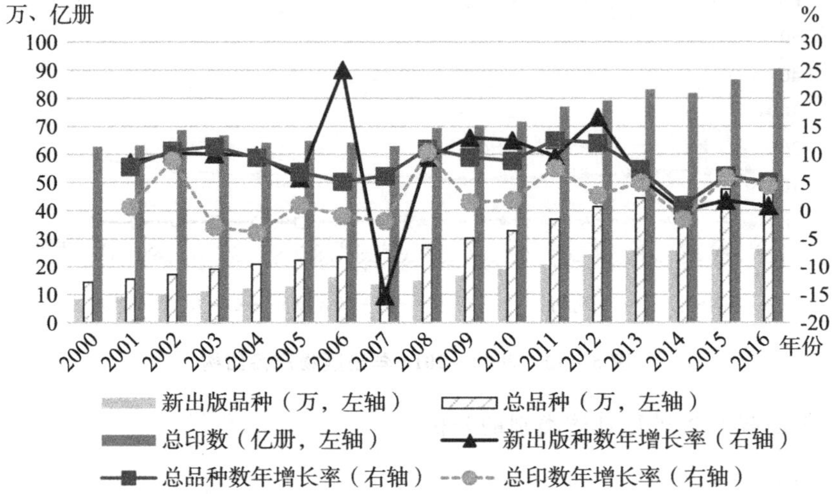

图 5－13　2000～2016 年全国图书出版基本情况

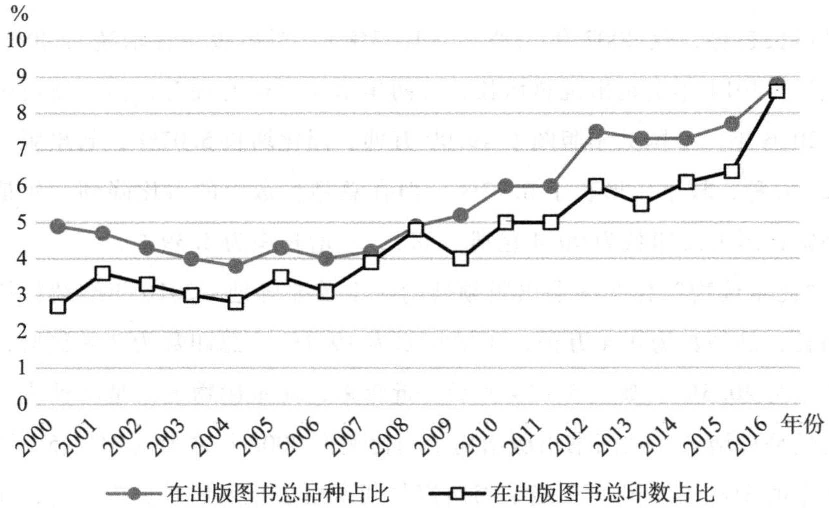

图 5－14　2000～2016 年儿童读物出版基本情况

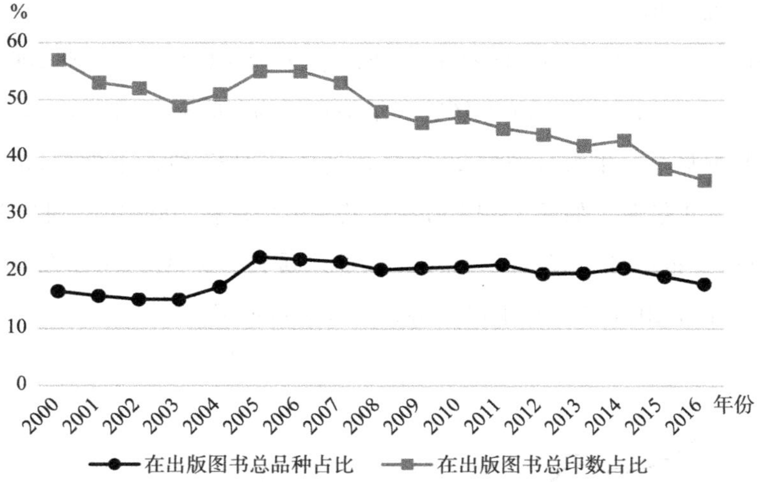

图 5-15　2000~2016 年课本出版基本情况

（2）期刊出版。

2016 年全国共出版期刊 10084 种，为近年来最高值，年增长率为 0.7%，总印数为 27.0 亿册，为近年来最低，年增长率为 -6.3%。如图 5-16 所示，期刊种类除 2005 年、2011 年两年出现小幅下降之外，其余年份大体保持 1% 左右的稳定增速（2004 年和 2009 年两年增速在 4% 左右）；期刊印数出现过两次大幅度下降：一次是 2003~2005 年期间，另一次则是自 2013~2016 年期间，且下降幅度扩大。

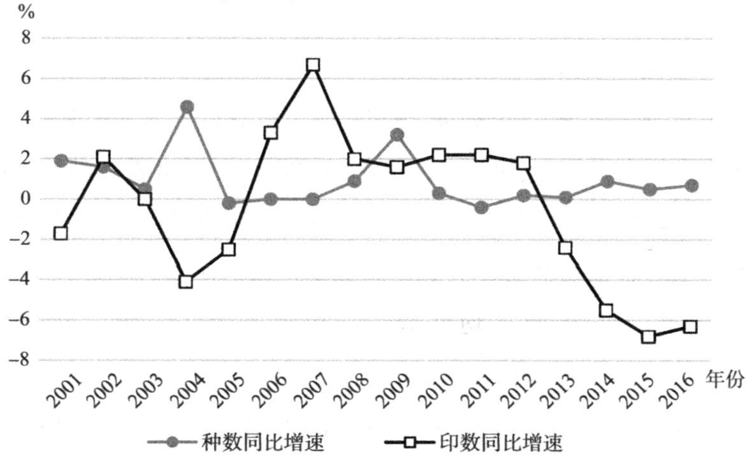

图 5-16　2001~2016 年期刊出版增速图

（3）报纸出版。

2016 年全国报纸出版 1894 种、年增长率为 -0.6%，降至 2000 年以来最低水平，总印数为 390.1 亿册、年增长率为 -9.3%。根据国家统计局的官方数据显示，报纸种类在 2002 年达到顶峰 2137 种，印数在 2013 年达到峰值 482.4 亿册。如图 5-17 所示，其种类增速在 2004 年降到 9.3% 后，直到 2008 年报纸印数基本不变，其后进入缓慢下降期，降幅在 0.5% 左右；报纸印数 2014 年出现下滑趋势，下降幅度明显。

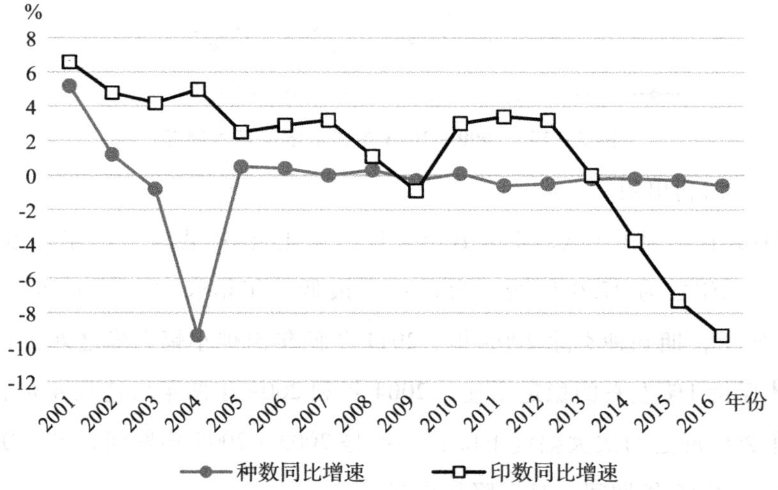

图 5-17　2001～2016 年报纸出版增速图

（4）音像电子出版。

2016 年全国共出版音像制品 14384 种，年增长率为 -6.4%；出版数量为 27584.6 万盒（张），年增长率为 -6.2%；电子出版物品种 9836 种，年增长率为 -2.5%；出版数量为 29064.66 万张，年增长率为 25.6%。如图 5-18 所示，音像制品的种类、出版数量呈现两阶段特征，在 2005 年之前呈上升趋势（五年的平均涨幅：出版种类为 14.7%、出版数量为 26.4%），2005 年至今整体呈下降态势（平均降幅：出版种类为 7.3%、出版数量为 8.2%）；电子出版物种类近六年整体呈平稳下降态势（平均降幅为 2.6%），出版数量并未形成一定规律，波动较大。

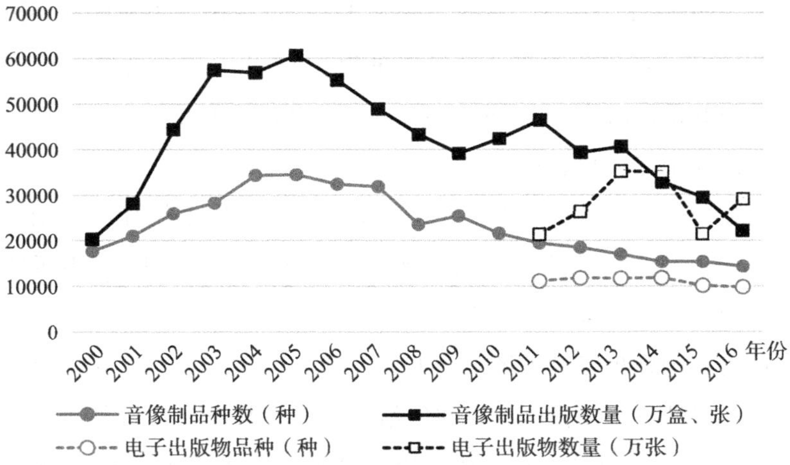

图 5－18　2000～2016 年音像电子制品出版基本情况

（5）图书贸易发展情况。

国际图书贸易品种包括各类出版物、声像磁带和教学影片，版权贸易和各种形式的合作出版。[①] 如图 5－19 所示，全国出版物累计出口数量在 2013～2015 年呈现下滑，2016 年回涨至 1766.9 万项，同比增长 13.7%；

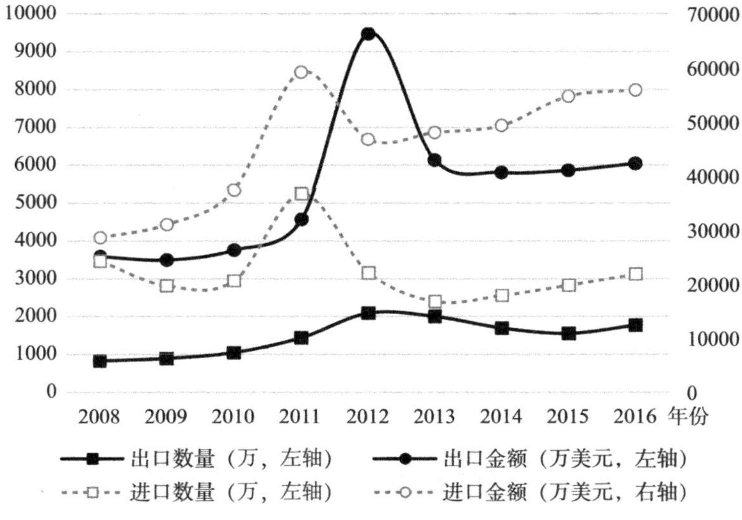

图 5－19　2008～2016 年全国出版物进出口情况

① 徐蓁．我国图书贸易发展及其精准化“走出去”研究［J］．价格月刊，2018（02）：79－82.

出口金额为6043.1万美元，同比增长3.1%。反观国内市场的国外出版物供给，2016年全国出版物累计进口数量为3119.0万项、进口金额为5.59亿美元，与其最高时2011年的5244.5项、5.92亿美元相比，进口出版物单个项目的议价能力显著提升。

我国在国外市场供给方面主要以图书为主，对国家统计局“全国出版物进出口经营单位”的统计数据整理得出，在2008～2016年出版物出口结构中，图书出口数量平均占比79.4%、出口金额平均占比84.9%，由此可见，图书在国外出版物市场供给上一枝独秀，这也表明了我国出版物国际市场的初级性，国外供给能力和供给水平有待提升。而国外出版物的国内市场供给结构则相对丰富，从供给数量来看（见图5－20），图书、期刊、报纸三分市场；从进口金额看（见图5－21），2011年以前，图书、期刊、音像电子出版物占据中坚力量，2012年数字出版物的兴盛挤占了音像电子出版物的市场，在这之后，音像电子出版物仅占出版物进口金额的0.1%～0.2%。

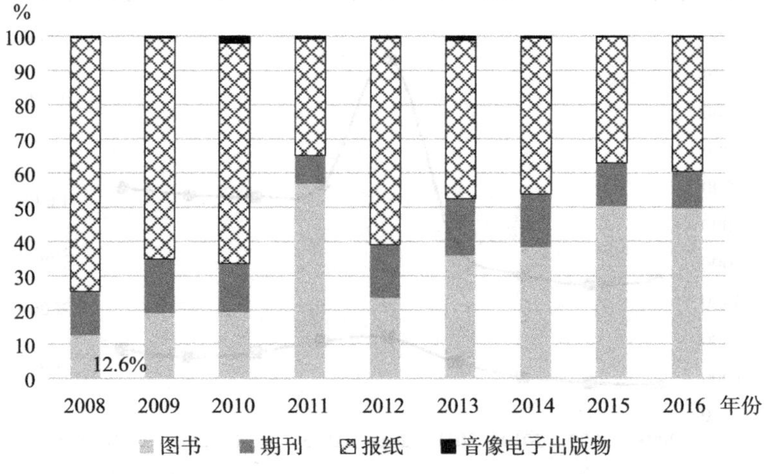

图5－20　2008～2016年进口出版物数量结构

如图5－22和图5－23所示，纵观2010～2016年我国版权贸易市场不难发现，图书版权交易最为活跃，图书的版权输出增长比较稳定；电子出版物的版权输出在数量上有持续的增长，尤其在2013年和2016年两年增

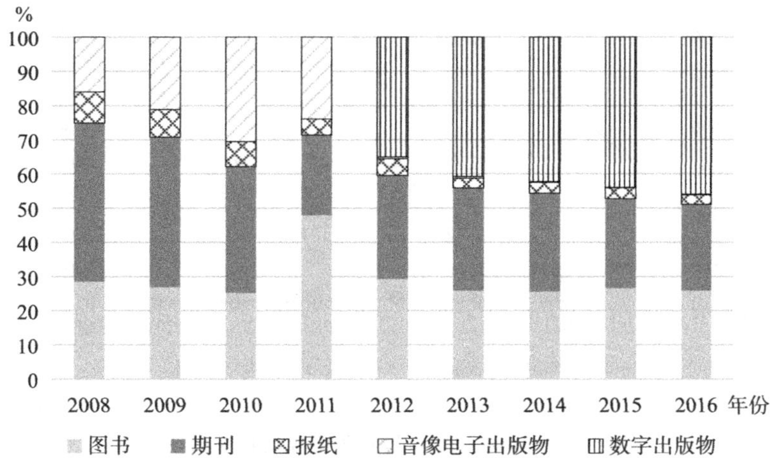

图 5－21　2008～2016 年进口出版物金额结构

长迅猛；音像制品的版权交易在 2013 年最为活跃，之后出现下降，随着我国影视业和音乐产业的快速发展，国内对国外版权引进的热情明显降温；而软件版权交易最为冷清，这说明在其他条件不变的情况下，我国国内的软件开发水平有大幅度提升，但对国际市场的开拓能力还有待提高。

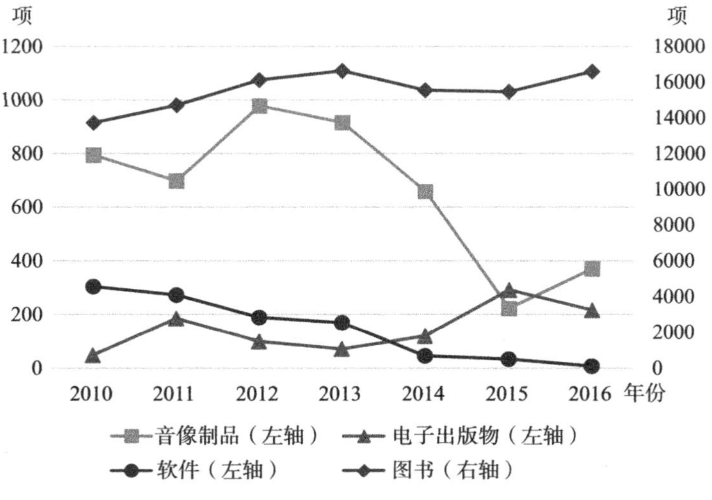

图 5－22　2010～2016 年我国版权项目引进情况

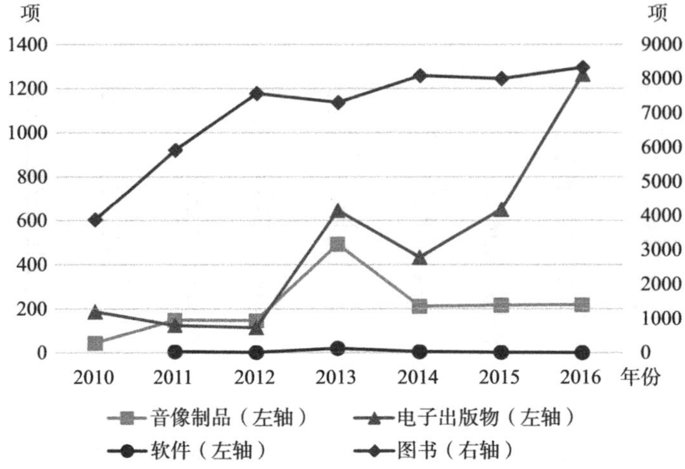

图 5－23　2010～2016 年我国版权项目输出情况

2. 广播电视业

(1) 广播节目。

如图 5－24 所示，全国广播节目发展整体呈增长趋势，近年来因市场饱和增长放缓。到 2016 年，我国广播节目制作总时长为 782 万小时、年增长率 1.3%，播出总时长为 1456.5 万小时、年增长率 2.4%。其中，新闻资讯类节目制作时长为 145.7 万小时（占比 18.6%）、播出时长为 293.4 万小时（占比 20.1%），专题类节目制作时长为 209.6 万小时（占比 26.8%）、播出时长

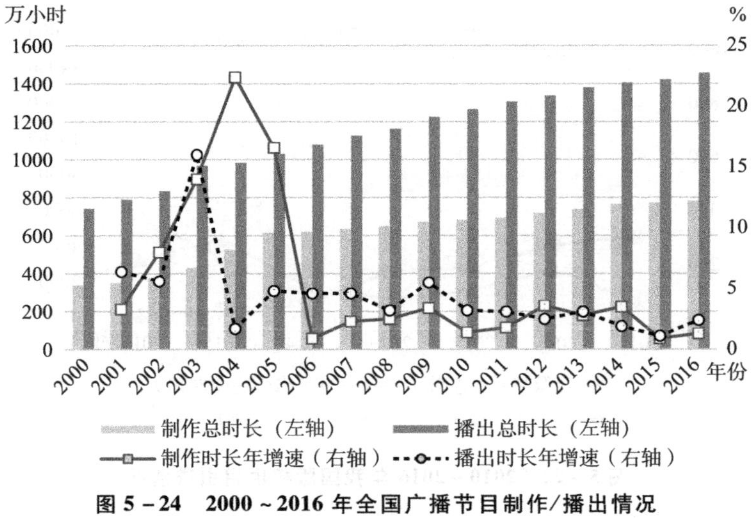

图 5－24　2000～2016 年全国广播节目制作/播出情况

为325.8万小时（占比22.4%），综艺类节目制作时长为210.4万小时（占比26.9%）、播出时长为388.2万小时（占比26.7%），广播剧制作时长为17.3万小时（占比2.2%）、播出时长为83.2万小时（占比5.7%），广告制作时长为76.2万小时（占比9.8%）、播出时长为121.8万小时（占比16.7%）。

如图5－25、图5－26所示，从不同类型的广播节目发展来看，在2000～2016年间各类广播节目制作时长构成中，新闻资讯类由13.3%增至18.6%，专题、综艺类出现下滑，尤其专题类锐减，由45.8%下降到现在的26.8%，在广播节目中的比重下降了五分之二，广告相对稳定，维持在10%左右。广播剧类在节目制作中的占比由1.3%增加到2.2%。通过将各类广播节目的播出时长与制作时长相对比，我们可以发现，新闻资讯、综艺、广告类的供给相对适宜。

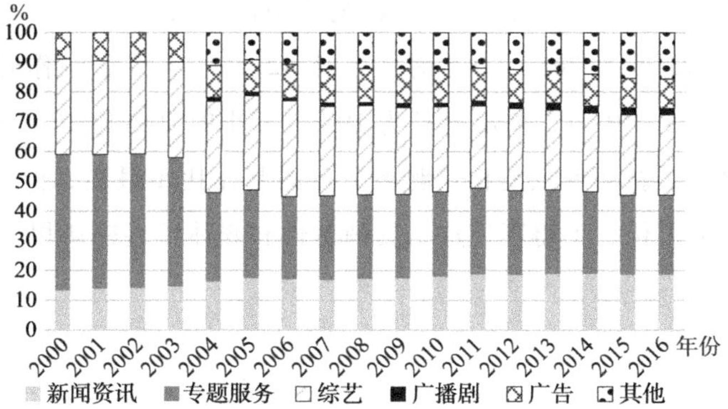

图5－25　2000～2016年不同类型广播节目制作情况

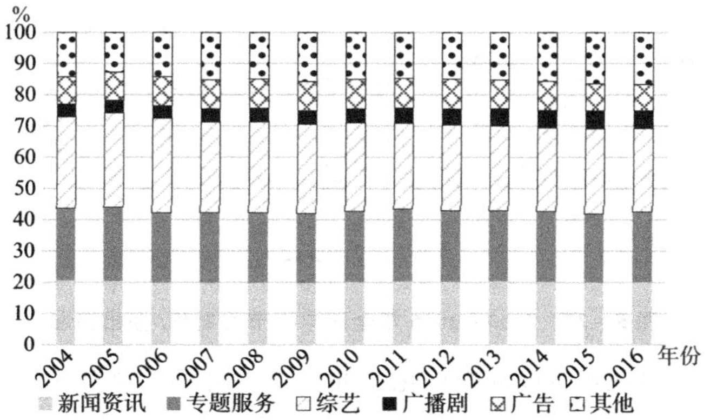

图5－26　2004～2016年不同类型广播节目播出情况

(2) 电视节目。

2016年，我国电视节目制作时长为350.7万小时，有所下降，年增长率为-0.4%，播出总时长为1792.4万小时，年增长率0.7%，与上年基本持平。如图5-27所示，在2004~2016年间，电视节目制作时长出现过两阶段的显著增长：一次在2003~2005年，特别是2004年增幅为78.5%，另一次是2012年增幅为16.4%，其余年份或增或减，幅度在2%~4%；电视节目播出时长除2003年有所下降，其余年份整体维持较稳定的增长，自2010年起播出时长基本不变。其中，新闻资讯类节目制作时长为99万小时（占比28.2%）、播出时长为260.2万小时（占比14.5%），专题类节目制作时长为90万小时（占比25.7%）、播出时长为228.6万小时（占比12.8%），综艺类节目制作时长为48.4万小时（占比13.8%）、播出时长为144.5万小时（占比8.1%），影视剧制作时长为11.9万小时（占比3.4%）、播出时长为765.2万小时（占比42.7%），广告制作时长为48.4万小时（占比13.8%）、播出时长为192.3万小时（占比10.7%）。可见，在电视节目中，新闻资讯类和专题类节目的制作比重最高，但播出时长的比重并未明显占优，不得不说这与其消费性和媒体特性密切相关。

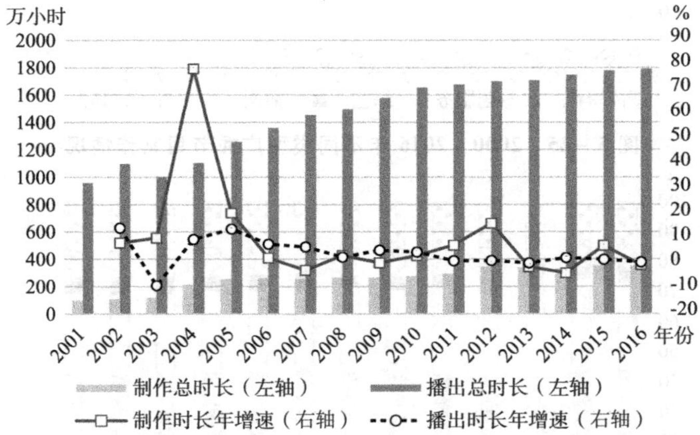

图5-27　2000~2016年全国电视节目制作/播出情况

为了防止电视业过度的娱乐化、低俗化倾向影响观众的消费体验，国家广电总局于2011年10月发布了《关于进一步加强电视上星综合频道节目管理的意见》和《关于进一步加强广播电视广告播出管理的通知》，前者被业界称为“限娱令”，后者被称为“限广令”。意见和通知要求全国各电视台对相应类型的节目播出类型、时段、广告发布等进行严格的调控，例如，不得以任何形式在每集电视剧之间插播广告等。新闻、娱乐和电视剧是电视台的三驾马车，可以想见，“限娱令”“限广令”使得每晚黄金时段内（19：30—22：00）电视娱乐节目的播出总量被严格控制，拉动收视的重任自然移交到电视剧上，在一定程度上对综艺类节目和广告的制作产生影响。如图 5－28、图 5－29 所示，2011 年之前综艺类节目制作占比在 15%～23%、广告占比在 18%～23%，2011 年之后综艺类节目占比 14%、广告占比在 14%～17%。

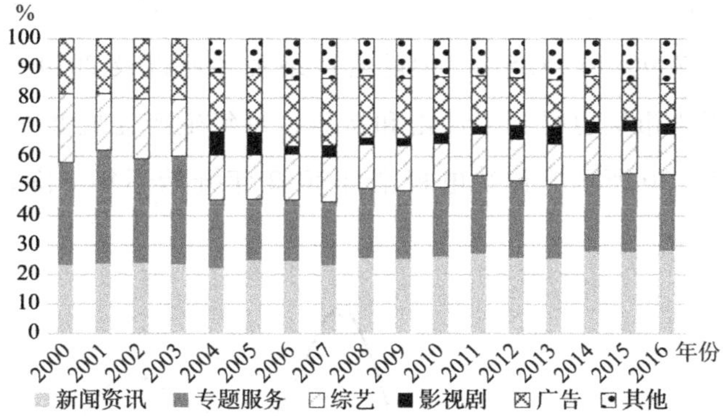

图 5－28　2000～2016 年不同类型电视节目制作情况

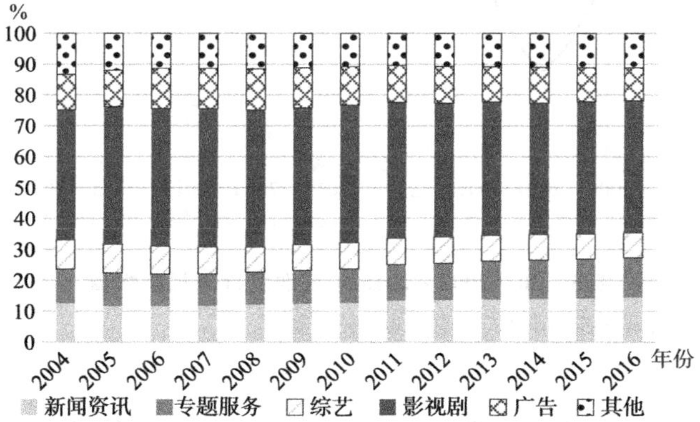

图 5－29　2004～2016 年不同类型电视节目播出情况

（3）电视剧。

我国电视剧产业的发展与政策的变迁相呼应。20 世纪 80 年代初期，我国国产电视剧呈现供不应求的状况，电视台开始引进国外乃至我国港台地区的电视剧；20 世纪 90 年代初期，开始市场化运作，1995 年颁布《电视剧制作许可证管理规定》，删除了“禁止私人制作电视剧”的规定，开始鼓励社会资本进入电视剧产业领域；在 2001 年正式加入世界贸易组织后，我国积极地推进包括电视剧产业在内的行业体制的市场化进程；2004 年国家广电总局颁布《关于促进广播影视产业发展的意见》，允许将影视剧制作经营从体制中剥离，实行产业化经营。[①] 此后一系列政策调整使电视剧产业化取得长足进展，国产电视剧的质量和满意度也不断提高。2012 年国产电视剧制作达到顶峰，生产完成并获发行许可的共计 506 部 17703 集，同比增长 7.9% 和 18.5%。但随着网络视频业以及 2014 年网剧兴起，我国传统电视剧市场也受到了冲击和挤压，每年生产完成并获发行的数量减少。如图 5－30 所示，传统电视剧自 2012 年开始逐年下降，到 2016 年

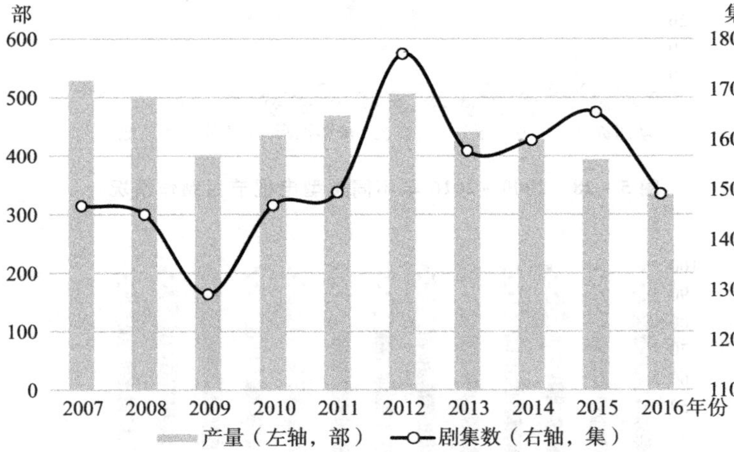

图 5－30　2007～2016 年获准发行电视剧数量

数据来源：根据国家新闻出版广电总局相关公告整理。

① 于晓风．我国电视剧产业的媒介生态与政策调整［J］．南京社会科学，2014（12）：115－120，149.

产量降至十年来最低，2016 年全国制作完成的国产电视剧共 334 部 14912 集，同比分别下降 15.2% 和 9.8%。

从电视剧类型结构来看，广电总局发布的“2016 年全国获准发行电视剧题材统计表”的数据显示，当代都市类题材、近代革命类、近代传记类和古代传奇类这四类电视剧占到全年所有电视剧的 71.56%。可见，传统电视剧题材大多集中在都市生活和历史传记类，传统媒体经济“二八模式”的特征依然显著。具体来看，如图 5-31 所示，2011 年全国制作完成并获准发行的古装题材电视剧 61 部 2322 集，占本年度制作发行电视剧剧集数的 15.6%，为十年来之最。2012 年，古装题材占比相较下降，但制作量达到顶峰（65 部 2494 集）。2013 年 6 月广电总局下发《卫视综合频道电视剧播出调控管理办法》，旨在遏制古装、穿越、武侠剧的无节制霸屏现象，改变卫视电视剧题材格局，本年度古装剧制作完成 37 部 1662 集，剧集数是自 2010 年后首次在 2000 集以下。而历史题材剧作为最具竞争力的类型，依然吸引着平台方通过绕开黄金时段或者借道视频网站等方式生长，自 2014 年起古装剧产量又见回升。

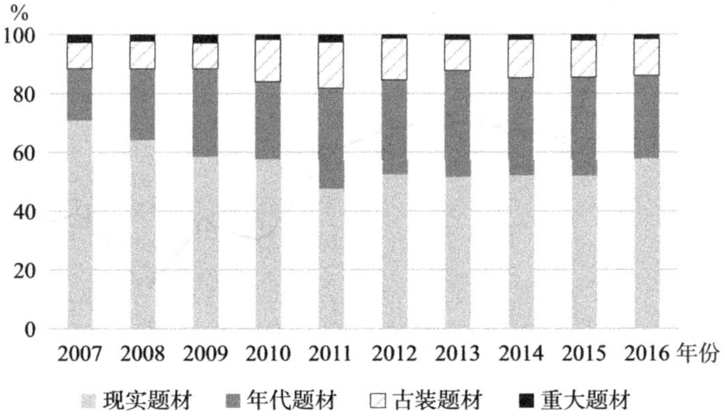

图 5-31　2007～2016 年不同题材电视剧获准发行情况——剧集占比

数据来源：根据国家新闻出版广电总局相关公告整理。

（4）动漫产品。

2004 年出台的《关于发展我国影视动画产业的若干意见》，首次正式提出了我国的动画产业化问题。[①] 章旭清和付少武（2016）梳理了我国十几年的动漫产业政策，将其演变分为三个阶段：2004～2007 年的产业意识觉起阶段、2008～2011 年撒网式扶持阶段和 2012～2014 年的挺进产业发展腹地阶段[②]。如图 5－32 所示，我国电视动画片产量增长基本与上述产业政策变迁的三个阶段相对应：在产业意识觉起阶段，动画片产量呈飞跃式增长，2005 年的增长率达 110% 多，2006 年增长率为 92.2%；在政策扶持期，广电总局下发了《关于进一步加强电视动画片播出管理的通知》等文件，鼓励国产动画产业的发展，动漫产量增长率稳定在 20%～30%。如图 5－33 所示，到 2012 年，各级电视频道的动画片播出时长增至 30 万小时，国产动画片也增至 29 万小时。2015 年，全国各级电视频道动画片播出数量 30.91 万小时、国产片 29.94 万小时，与 2011 年相比，增长率分别为 10.3%、12.8%。2012 年之后产量逐步降低，应当是动画业进入产业布局调整和产业发展优化阶段所致。

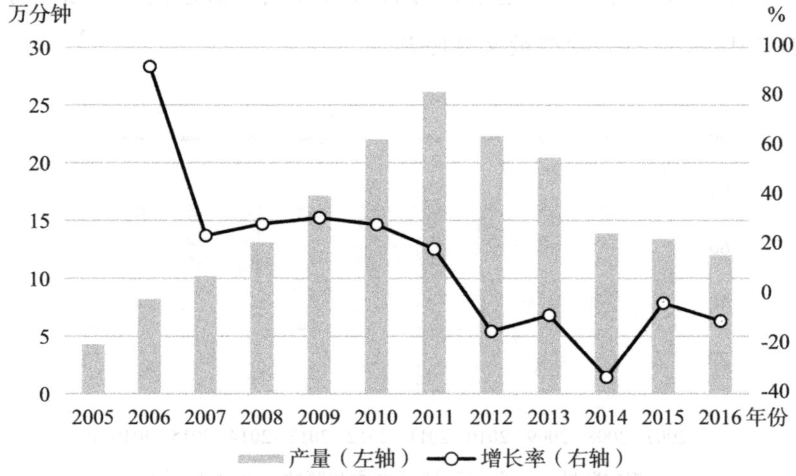

图 5－32　2005～2016 年国产动画片生产数量

① 参见余培侠．中国动画产业迈向新阶段［G］//卢斌，玉明，兴侦．中国动漫产业发展报告（2013）．北京：社会科学文献出版社，2013.

② 详见章旭清，付少武．2004—2014 中国动漫产业发展之政策演进［J］．南京邮电大学学报（社会科学版），2016（2）：27－34.

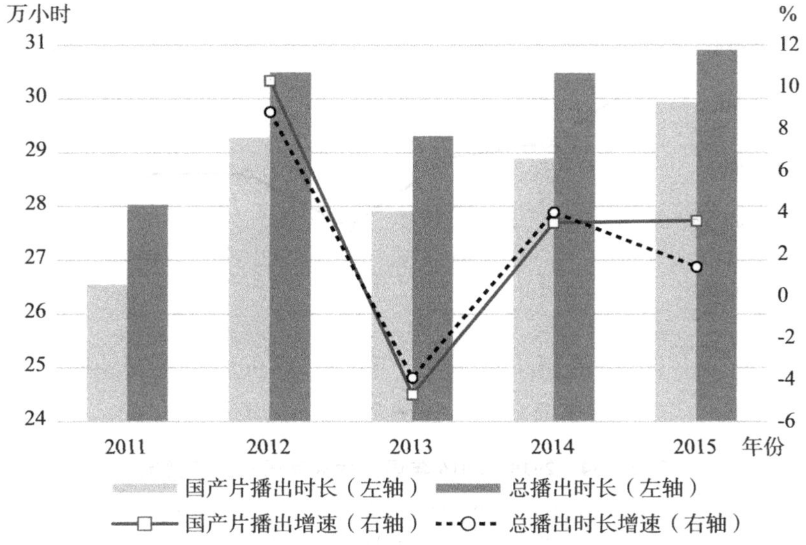

图 5-33 2011～2015 年动画片播出情况

到 2016 年，全国国产电视动画片产量共 261 部、119895 分钟（降幅为 10.5%），为 2009 年来最低点，仅相当于 2011 年最高产量的一半，这也印证了动漫产业在市场主导下发生了从“以量取胜”到“以质取胜”发展模式的转变。

与此同时，我国的动漫产业政策也逐步着力于提升和优化动漫产业的供给质量。我国 2006 年开始建立由文化部牵头包含十个部门在内的扶持动漫产业发展部际联席会议制度，该办公室于 2012 年 6 月下发了《“十二五”时期国家动漫产业发展规划》（以下简称《规划》），《规划》特别关注和强调要保护优秀民族动漫品牌的知识产权，并提出要着力打造 5～10 个具有国际竞争力、影响力的国产动漫品牌和骨干企业；2014 年国家新闻出版广电总局下发《关于 2013 年度全国电视动画片制作发行情况通告》，首次没有按照全国各区域、省市、基地的产量排名，只公布了优秀动画片目录和国产电视动画片发行许可证目录。如图 5-34 所示，2016 年国家新闻出版广电总局共向全国电视播出机构推荐播出 46 部优秀国产动画片，其中有 38 部在本年度完成，共计 17337 分钟，约占全年产量的 14.4%。

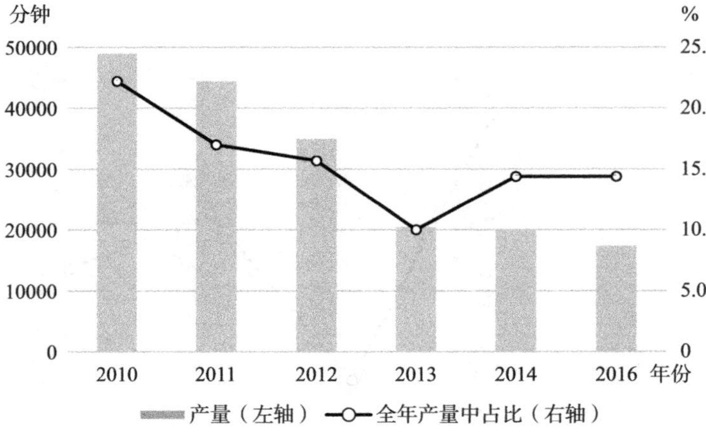

图 5-34　2010~2016 年国产优秀动画片生产情况

注：根据国家新闻出版广电总局 2010~2016 年度《全国电视动画片制作发行情况的通告》进行整理。2015 年度报告中无“推荐播出优秀动画片目录”，故无该年份相关数据。

3. 电影业

首先，近十几年来，持续的票房及其高增长率是我国电影业发展的典型特征之一。2016 年中国电影总票房为 492.83 亿元、增幅为 11.83%，除此之外，我国每年票房增长率基本保持在 30% 左右，如图 5-35 所示。

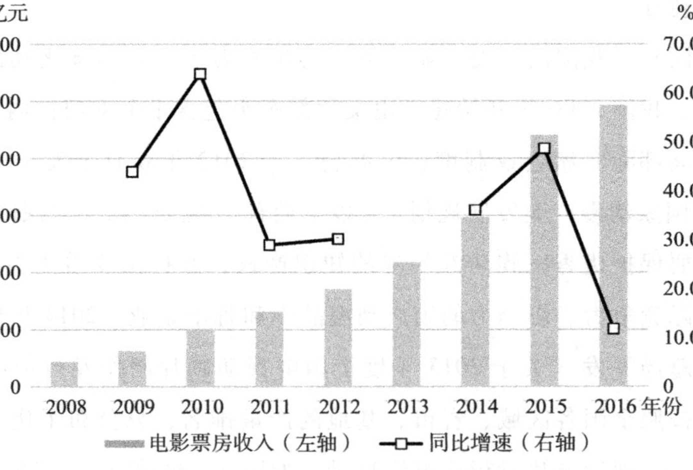

图 5-35　2008~2016 年电影票房及增速

注：按照国家统计局统计标准，2013 年以前的电影票房仅收录了“国内票房”数据，自 2013 年起，才有“进口电影票房收入”和“国产电影票房收入”之分。

电影票房在2015年还呈现了48.69%的高速增长。如图5-36所示，从表面上看，全年观影人次的大幅度增加推高了票房收入，但实际上这一增加并非是以票价不变为前提，而是因为在线票务平台采取了用票补[①]作为扩大市场份额的竞争方式。票补主要体现在8.8元、9.9元、15元的低价票上，这远低于图5-36所示的各年份电影平均票价。据中国产业信息网行业报道，在线票务平台的票补[②]始于2014年（票补0.41亿元），在2015年达到顶点（票补1.75亿元），票补金额与其带来的增量票房比例约1∶1[③]。后因广电总局着力通过多重途径严打票房造假、电影“幽灵场”等问题，票务市场的竞争秩序和竞争格局已趋于稳定，2016年的票补明显减少，电影票房也逐步恢复理性的增长。此外，视频网站和门户平台的迅速发展缩短了影片窗口期有关。当观众接受并习惯了付费观看视频的消费模式后，较低的观看成本（一张电影票价格约为视频平台的三个月会员费

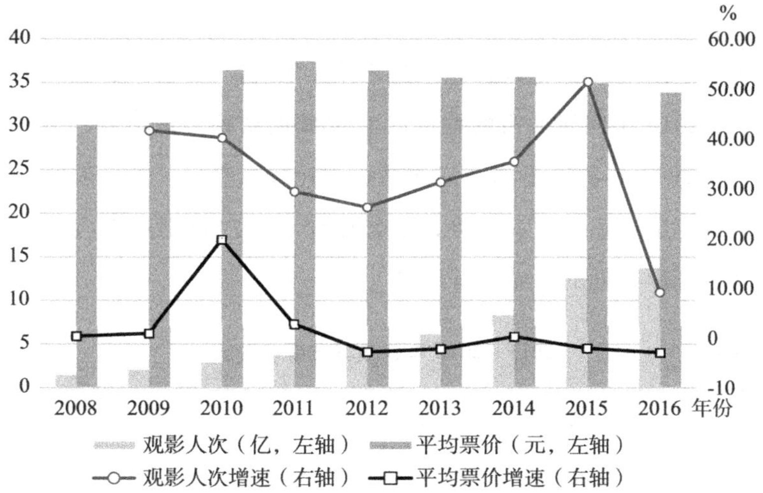

图5-36 2008~2016年全国电影观影人次/平均票价情况

注：图5-36中2016年“平均票价”为该年度上半年电影平均票价。

---

① 票补可能影响片方对影片宣发效果的准确评估，造成观影人次的过度消耗，不利于长期票房。

② 在计算票补时，使用了如下公式：票补=票房收入-（平均票价×观影人次）

③ 2017年中国电影票房收入、观影人次预测．中国产业信息网．2017-01-05. http://www.chyxx.com/industry/201701/484240.html.

用）各视频平台处于竞争期，更会推出一系列价格优惠政策和增值服务）以及良好的观看体验，在一定程度上会影响电影院观影人次的增长。当然，影片质量不佳、电影投资迅速下滑等因素也是导致2016年票房增速放缓的主要原因。

其次，电影业的长期健康发展最终取决于优质电影的供给。为了扩大电影消费，政府一度对电影票价实行管理。例如，广电总局和文化部相关领导在2010年下半年中央外宣办组织的“深化文化体制改革”新闻发布会上表示，将采取一系列措施降低票价，以激励观影人群的消费欲望。如图5-36所示，2012年到2016年上半年，电影平均票价降幅近10%，仅2016年上半年就较2015年下降近了3%，但电影票价下调空间已然有限。再加上上述提到的票补及窗口期缩短等因素，经2016年一整年的消化后，市场格局渐趋稳定，今后我国的票房表现最终还是要依靠出色的内容。

再次，不同城市的观影消费存在差异。如表5-1所示，从不同城市的票房来看，2016年四线城市的票房以1.56%的增幅表现不俗，一二线城市票房占比较2015年有所下降，三线城市占比较为稳定。如此看来，我国未来的票房或将出现区域下沉趋势，电影创作者和内容生产者应当关注三四线以下城市观影人群的消费偏好。

表5-1　2015~2016年各级城市票房占比

年份	一线	二线	三线	四线	五线
2015	22.20%	41.40%	18.20%	11.80%	6.40%
2016	21.60%	40.60%	18.20%	13.40%	6.20%

数据来源：根据中国产业信息网2016年行业年报整理。

最后，国产片成为票房贡献的主力军，题材较为多样，但故事片一枝独秀。

其一，国产票房持续增加，但年度增长速度有所起伏。如图5-37所示，2016年国产片票房累计287.47亿元，占全年总票房的58.33%，国产片仍是票房贡献的主力军。相较2015年67.97%的高涨速，2016年国产电影票房涨速仅为5.94%。如前所述，这是市场渐趋稳定、票房回归理性的正常表现，但同时也为国产票房的内容质量敲响警钟。2016年进口片总票房为205.36亿元。同比增长21.3%，高于2016年全国总票房和国产票房增速，这主要是因为本年度引进片数量的增多，尤其是批片[①]数量的显著提升。据智研咨询公开资料披露，2015年批片内地票房贡献为15.98亿元，而2016年上半年的批片内地票房就达23.57亿元。

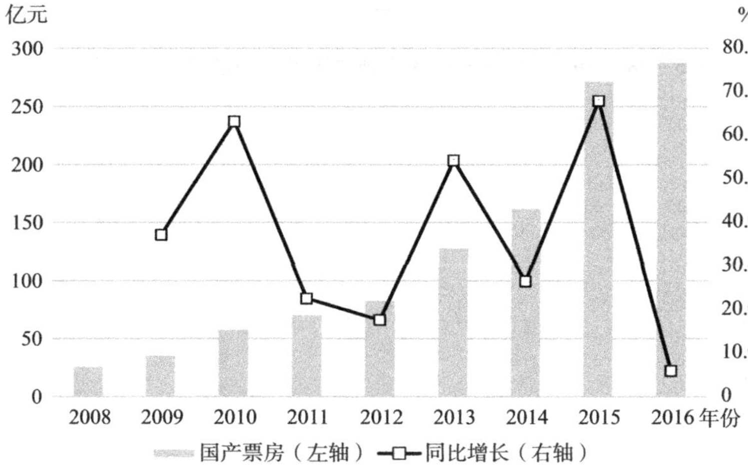

图5-37　2008~2016年全国国产电影票房情况

其二，除个别年份之外，国产票房比例过半。如图5-38和图5-39所示，在国内上映的影片票房中，只有2012年进口片票房占比超过国产片，这主要得益于该年度进口片史无前例的126部上映数量（占全年上映影片数量的35.3%），而这之后，进口片上映数量在全年上映影片数量中的占比只有7%~19%。

① 批片是指国内片商以固定的价格把影片的放映权从国外片商处买断，国外片商不参与中国票房分成的电影，需获得广电总局的公映许可证（有效期1年）方可在影院上映。

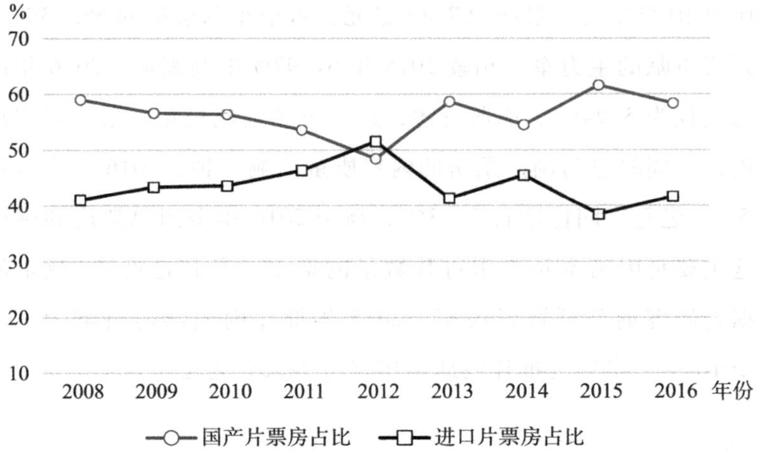

图 5-38　2008～2016 年国内上映的国产片和进口片票房结构

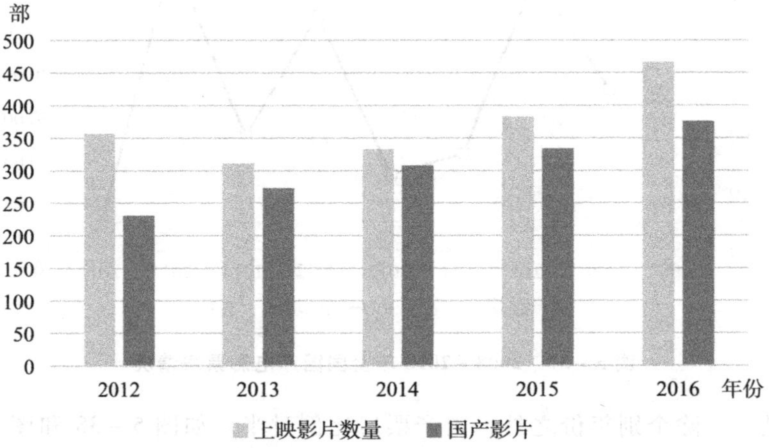

图 5-39　2012～2016 年全国上映影片数量和国产影片上映数量

其三，国产影片的内容题材较为丰富，主要类型影片的数量持续增加。2016 年全国共制作影片 888 部、年增长率 6.31%，较 2015 年的 17.15%有所下降。如图 5-40 所示，故事片一直是最主要的题材类型，年均增幅最大，2016 年全年故事片产量 772 部，达到产出量最高点，2012 年成为产量的拐点，之后开始逐步下降，2015 年又有所回升。相比之下，故事片在影院上映的比例却从 2010 年的 17.3%一直上升到 2015 年的 66%，如图 5 - 41 所示。这说明产量的增加与实际上映量并非成正比，也在一定程度上说明优质国产故事片能够获得观众更多的青睐，优化单片质量应当成为制作方关注的重点。

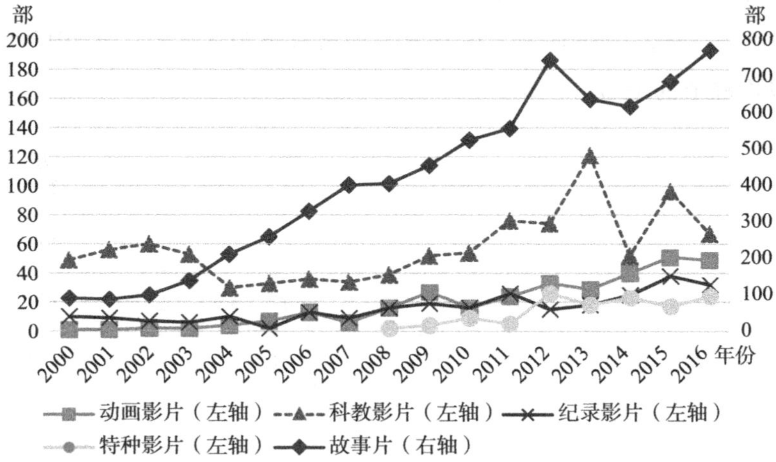

图 5 - 40　2000 ~ 2016 年全国各主要类型影片摄制量

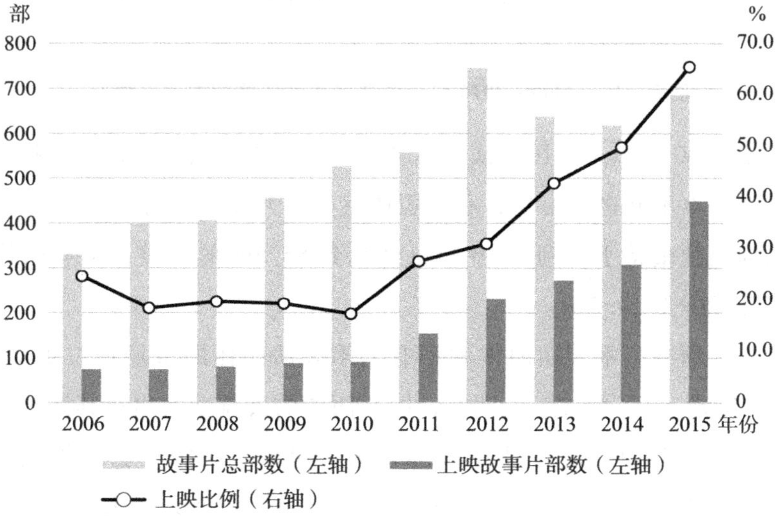

图 5 - 41　2006 ~ 2015 年全国院线国产影片上映情况

注：“故事片总部数”根据国家统计局数据整理，“上映故事片部数”根据艺恩咨询《2015—2016 年中国电影产业研究报告》整理。

4. 艺术表演业

如图 5 -42 所示，从 2000 年到 2016 年，除个别年份外，全国艺术表演团体国内演出场次一路飙升。到 2016 年，全国各艺术表演团体共提供演出场次达 230.6 万场，年增长率为 9.4%。其中，国内演出 229 万场、年增长率为 9.4%，国外演出 1.6 万场，年增长率为 8.1%，为 2012 年国外演出场次峰值的 16%。

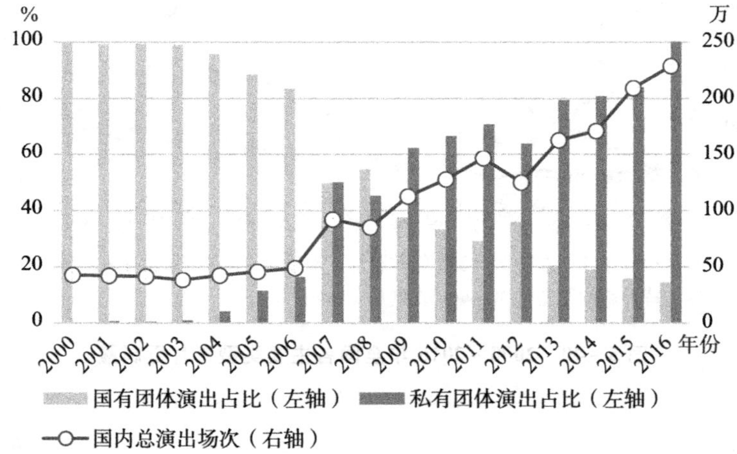

图 5 -42　2000 ~ 2016 年全国艺术表演团体国内演出情况

纵观 2000 年以来的国内演出市场，随着艺术表演产业市场化程度的加深，社会资本不断进入市场，私有团体逐步壮大起来，到 2007 年已与国有团体的演出数量持平，到 2016 年已经达到 85.5% 的比重，国有团体的演出市场比重降至 14.5%。

此外，国有艺术表演团体和私有艺术表演团体的市场定位更加明确，如表 5 -2 所示。"十二五"期间，国有团体的公益性演出在其演出总量中的平均占比为 24.12%，而私有团体仅为 1.68%，2016 年公益性演出在国有团体演出中的比重已经超过了 37%，国有团体的公共文化服务功能显著提高。同时，为了加快文化惠民服务工程建设，国家在"十二五"期间相应加大了对艺术表演团体，特别是国有团体的扶持力度，如图 5 -43 所示，在政府采购的公益演出场次中，国有团体占有绝对优势。

表 5－2　　两类演出团体的公益演出情况

年份	2011	2012	2013	2014	2015	2016
公益演出在国有团体演出中的占比	15.53%	16.35%	23.23%	28.85%	36.64%	37.35%
公益演出在私有团体演出中的占比	1.56%	3.72%	1.10%	1.03%	0.97%	0.92%

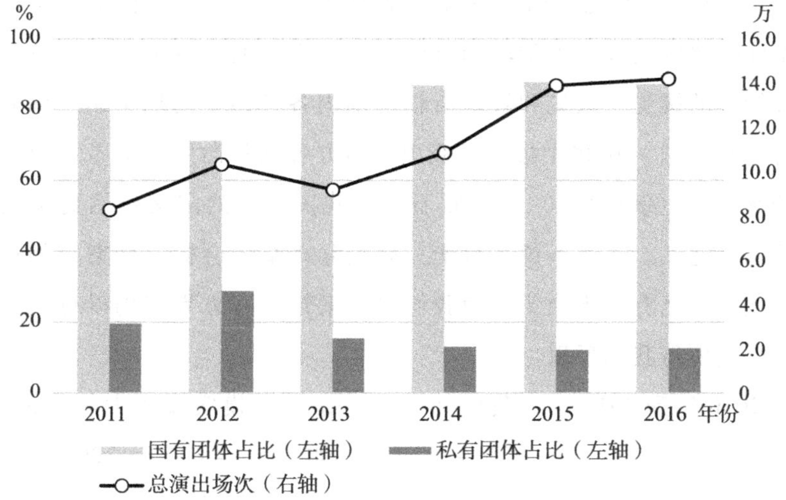

图 5－43　2011～2016 年政府采购的公益演出情况

5. 公共文化服务

(1) 档案馆。

英国档案学者库克曾在第十三届国际档案大会（1996 年）上提出自己对“档案存在及其公众认知转变”的看法，他认为传统的档案存在的合理性在于“司法—行政”这对关系上，但随着档案业的快速发展以及公众信息需求的变化，其“文化—社会”逐步为公众所认可。第十五届国际档案大会（2004 年）又在此基础上将问题进行了拓展，档案的社会记忆的概念被提上议程。这表明档案界和社会公众对档案馆功能的认识已经逐步加深，其社会功能和文化功能的重要性凸显，并开始替代行政管理需要成为现代社会档案馆设置的理论基础[1]。此外，从第十八届国际档案大会（2016年）的主题“档案、和谐和友谊”也不难看出，国际管理领域已经较为认同档案馆的社会教化功能，并将其置于行政管理工具之上。

档案馆的功能究竟是什么？库克从两个层面界定综合性档案馆：其一，强调档案馆的行政服务和管理功能，负责收集、管理国家和政府相关机构在处理全部事务中产生的各种文件；其二，强调档案馆的社会文化功能，负责接受、集中和管理体现一国或地区社会生活方式和生活内容的各种文献。[2] 我国国家统计局在统计年鉴中确立的国家综合档案馆是指按照我国整体行政区划或历史阶段划分的，由中央、地方各级档案行政管理部门直接管理的接受、收集和管理所辖范围内各种档案的档案馆。同时，我国现行《档案法》中将中央和县级以上地方各级各类档案馆界定为“集中管理档案的文化事业机构”。不难看出，我国官方的定义仍然更偏向于库克的第一重定义。不得不说，自十三届国际档案大会提出档案馆的社会记忆功能到现在已有二十余年，而我们对档案馆的官方界定仍以行政功能为主，这的确值得我们反思。

从2000年到2016年，我国档案馆的馆藏规模实现了大幅度的扩张，这与我国的公共文化服务建设密不可分。如图5－44所示，2004年之前，档案馆馆藏的平均增速为6.5%，自第十五届国际档案大会召开后的12年里，馆藏平均增速跃升至11.7%，特别是2014年增速首次突破20%（为26%）。

同时，档案馆的开放资料、利用资料数量呈逐年攀升态势，但整体上馆藏资料的开放率逐年走低，公众对开放资料的利用率逐年攀升，如图5－45所示。当然，利用资料绝对数量和相对数量的同时提升也恰好说明了，档案资料的行政工作查考利用的需求已经扩展到包括党政机关、居民个人、学术研究者和社会组织团体在内的多元化的需求。不过，开放率逐

---

① 任汉中．试论档案馆社会化服务与功能拓展［J］．档案学通讯，2011（1）：74－77．有所改动．

② 参考任汉中．试论档案馆社会化服务与功能拓展［J］．档案学通讯，2011（1）：74－77．

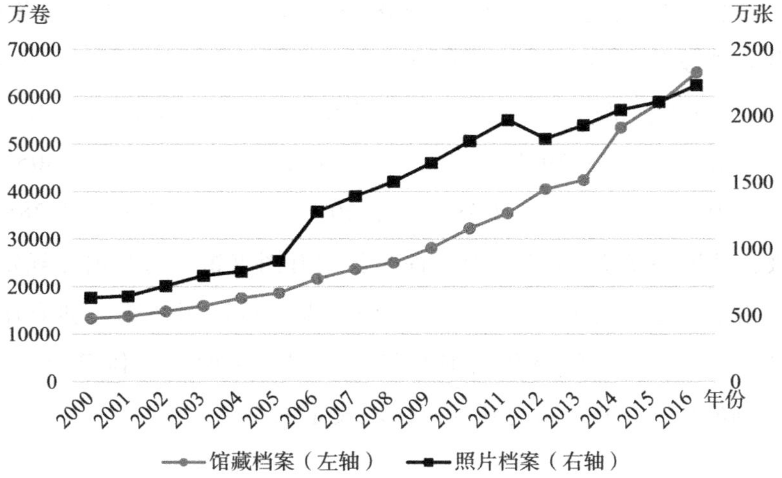

图 5－44　2000～2016 年我国各级综合档案馆馆藏情况

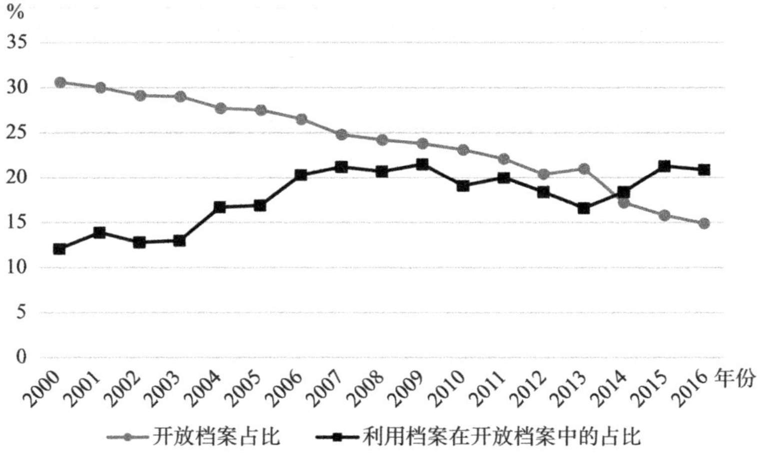

图 5－45　2000～2016 年我国各级综合档案馆馆藏利用情况

渐走低虽然有着在当代信息社会档案资料规模迅速膨胀的原因，但开放率走低依然是事实，到 2016 年已然下降为 14.9%，远低于欧美发达国家 60% 乃至 80% 的水平。

（2）公共图书馆。

首先，公共图书馆数量不足，设施相对落后。

衡量一国公共图书馆事业发展水平的首要因素就是其数量分布情况。

国际图书馆协会联合会（IFLA）在1986年公布的《公共图书馆服务指南》中提出了“每5万人拥有一所图书馆、每所图书馆辐射半径通常标准为4公里”[①] 的基本标准。但有数据显示，2015年我国平均每所县以上公共图书馆覆盖人口为43.79万（见表5-3所示），覆盖面积大约3058平方公里（辐射半径大约为31.2公里）[②]；2016年全国县级区域共2851个，县市级公共图书馆2744所，尚有许多县没有图书馆，这与国际规定的供给标准相距甚远。其次是考察设施丰沛状况，可以用每千人拥有座席数来衡量。近年来，我国公共图书馆每千人拥有座席数整体呈上升趋势，如图5-46所示，但远未达到国际图联规定的每千人拥有2~3席的座席数标准。

表5-3　2005~2016年我国公共图书馆基本情况

年份	2005	2006	2007	2008	2009	2010	2011	2012	2013	2014	2015	2016
全国人口（万人）	130756	131448	132129	132802	133450	134091	134735	135404	136072	136782	137462	138271
图书馆数量（个）	2762	2778	2799	2820	2850	2884	2952	3076	3112	3117	3139	3153
馆均人口数（万人）	47.34	47.32	47.21	47.1	46.82	46.5	45.64	44.02	43.72	43.88	43.79	43.85

注：根据国家统计局《中国统计年鉴》相关数据整理计算得出。

① 国际图书馆协会和机构联合会、联合国教科文组织，祖藻译．公共图书馆服务发展指南[R]．上海：上海科学技术文献出版社，2002.

② 2015全国公共图书馆事业发展总体情况【数据摘录】．新浪博客．2016-10-17. https：//weibo.com/p/2304184fcba36b0102wo1x.

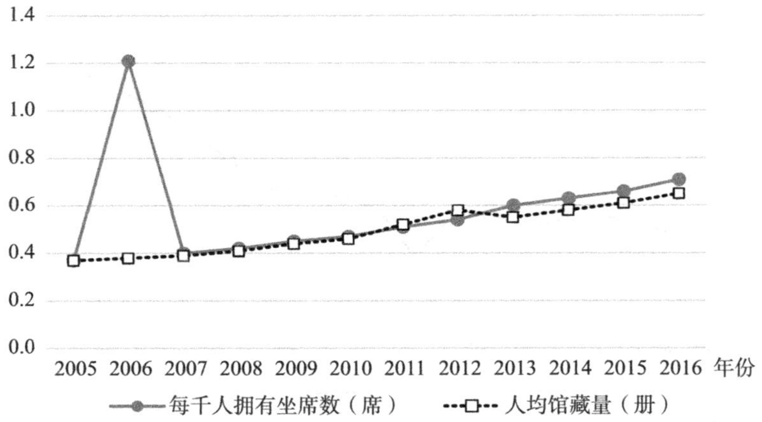

图 5－46　2005～2016 年我国公共图书馆设施状况

其次，公共图书馆文献资源供给不丰裕，使用率不高。

尽管我国图书馆文献资源逐步增加，整体呈现平稳增长趋势，但仍然任重道远。如图 5－47 所示，一方面，2015 年全国公共图书馆馆藏量为 83844 万册、人均拥有藏书量 0.61 万册，不仅并未达到《全国公共图书馆事业发展“十二五”规划》（以下简称《规划》）提出的目标：“人均馆藏量在‘十二五’末达到 0.74 册”[①]，而且与国际标准人均 1.5～2.5 册有着更大的差距。另一方面，从图书馆的利用情况来看，2016 年我国公共图书馆总流通人次为 6.6 亿次，馆藏总流通量为 54725 万册，人均年到馆 0.48 次，人均年借阅馆藏 0.4 册，较 2000 年增长了近 3 倍。但与欧美发达国家的公共图书馆的利用水平[②]相比，我国依然仍处于较低水平。

最后，数字资源建设在图书馆资源建设中逐渐占据主要位置。

政策的引导和支持加快了图书馆数字化的进程。例如，《规划》将“深入开展公共数字文化建设与服务”作为公共图书馆建设的十大战略重点之一，部署了包括文化共享工程、数字推广工程和公共电子阅览室在内

① 申晓娟，胡洁，李丹．关于“十二五”时期我国公共图书馆事业发展的战略思考——《全国公共图书馆事业发展“十二五”规划》解读［J］．中国图书馆学报，2012，38（04）：4－11.

② 详见邓银花．我国公共图书馆的现状分析和发展对策［J］．经济研究参考，2013（29）：77－80．其中提到，美国的公共图书馆年接待到访者约 15 亿人次，人均年到馆 5.1 次；馆藏年总流通量为 227754.9 万册，人均年借阅馆藏 7.7 册。

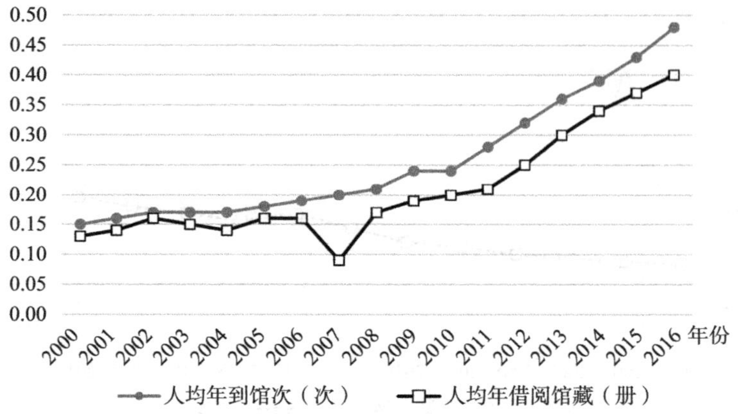

图 5－47　2000～2016 年全国公共图书馆业务活动情况

的三大数字文化惠民工程。如图 5－48 所示，全国公共图书馆的数字化建设逐步推进，尤其是 2013 年，国家对公共图书馆财政拨款 107.06 亿元，占全国年度文化事业经费的 20.18%，达到近几年来的最高水平，公共电子阅览室当年同比增加 14.6%，数字资源馆藏较上年增加了 2.2 倍，之后两年，随着公共图书馆的财政拨款占全国年度文化事业经费投入的比例逐渐下降，其数字化建设进入平缓增长阶段。

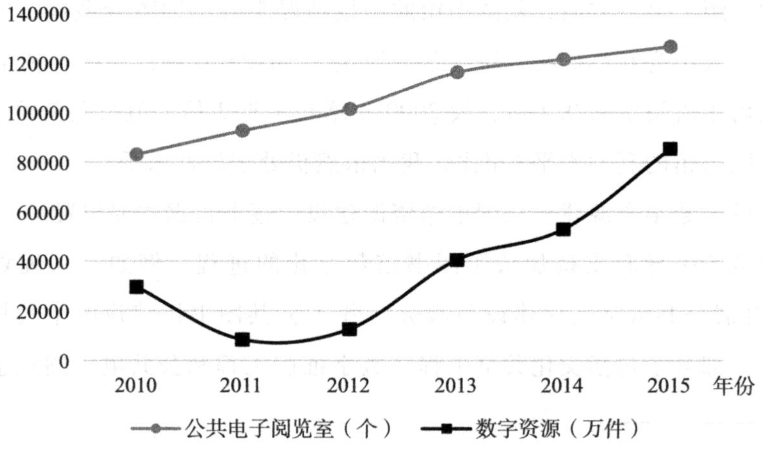

图 5－48　2010～2015 年全国公共图书馆数字化建设情况

注：根据相关年份《中国图书馆年鉴》整理。数字资源数据包括视听文献、缩微制品、电子图书。在 2010 年的数据统计中，尚未纳入“电子图书”目类；2014/2015 年的“数字资源数据”因资料获取原因，只纳入了东、中、西部地区的数据，缺少东北部的数据。

（3）文物业。

2016 年全国文物业共有文物藏品 4455.9 万件，较上年增加了 7.7%。如图 5－49 所示，除文物保护管理机构藏品占比出现阶段性变化（2000～2007 年平均占比 14.16%，2008～2016 年平均占比 5.29%）外，其余各文物机构的藏品结构基本保持稳定，平均构成约为博物馆 72.58%、文物科研机构 4.24%、文物商店 23.29%。其中，如图 5－50 所示，自 2000 年

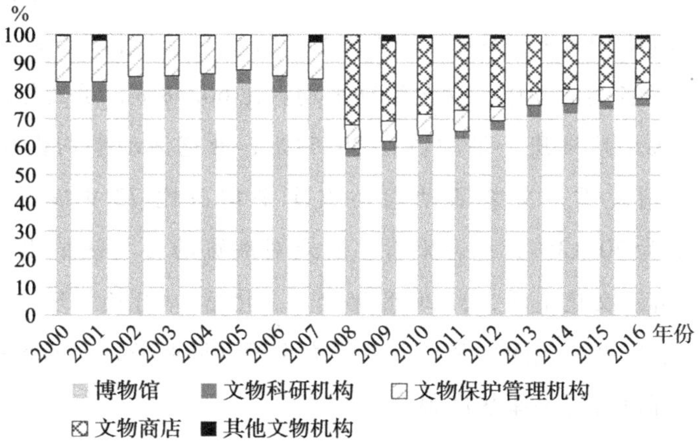

图 5－49　2000～2016 年全国各文物机构藏品情况

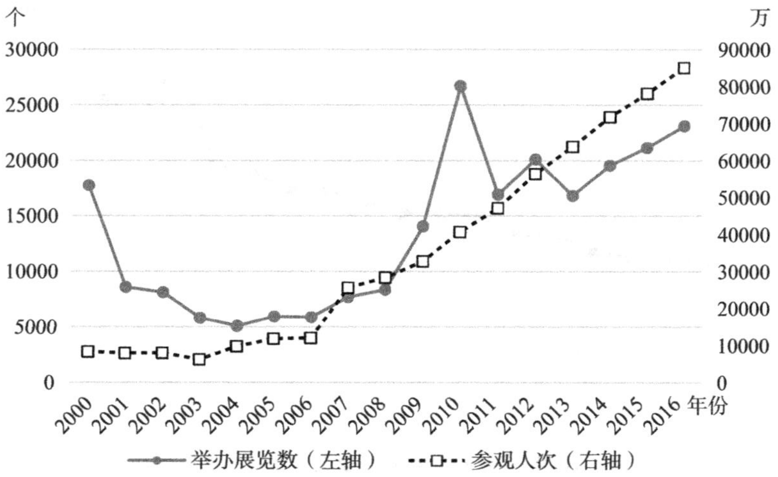

图 5－50　2000～2016 年全国博物馆业务活动情况

来，博物馆接待展览参观者人次显著增长，2007 年增速更是达到 113%。显然，博物馆一直扮演着文物收藏主力军的角色，当然，这也是其吸引广大公众的核心资源。

（4）群众文化服务。

近二十年来，我国的群众文化服务活动日益丰富，文艺演出、讲座、读书活动、老年教育等均有所发展。

如图 5－51 所示，2016 年，全国各级文化馆/站共举办业务活动 180.6 万次，同比增长 10.4%，参加活动人次 5.73 亿，同比增长 5.6%。在 2011～2016 年举办的各类活动中，文艺活动平均占比 60.48%，是文化馆/站的主要项目，其次是培训班，平均占比 30.54%，展览活动平均占比 8.98%。从活动参与情况看，文艺活动参与人次平均占比 72.97%、培训班为 6.9%、展览为 20.13%，综合来看，群众对展览的参与热情更高。此外，为丰富人民群众文化生活，自 2008 年起，文化馆/站开拓了理论研讨讲座、馆办图书馆、馆办文艺团体和馆办老年大学等延伸业务，如图 5－52 所示，藏书和各类理论研讨讲座热度很高。

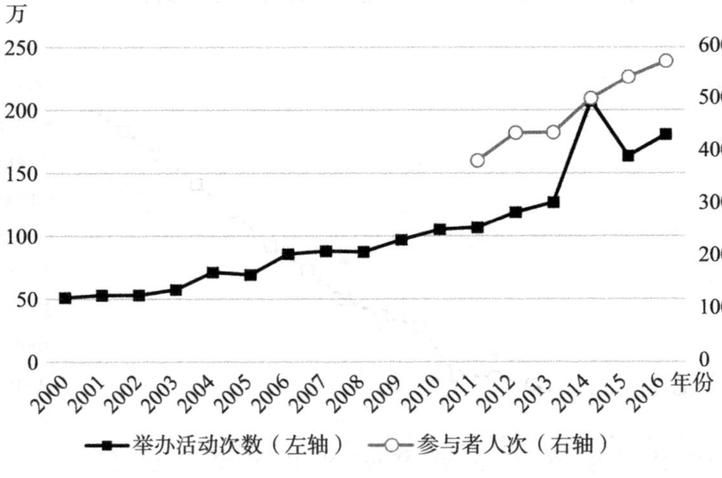

图 5－51　2000～2016 年全国各级文化馆/站业务活动情况

注：上图举办的活动内容包括文艺活动、培训班和展览。

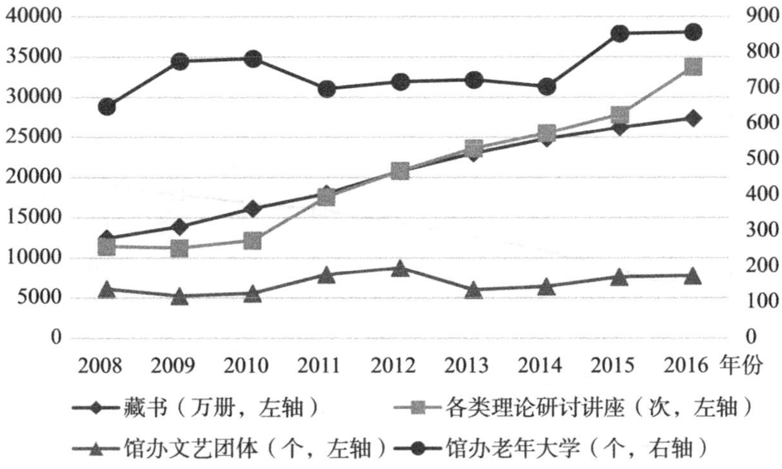

图 5－52　2000～2016 年全国各级文化馆/站延伸业务活动情况

第二节　网络新兴文化产业和文化产品的供给实践

如今，网络搭建已成为一种常态式、基础性的服务，网民规模也在不断增长。截至 2016 年 12 月，中国互联网用户数已达 7.31 亿，互联网普及率为 53.2%，手机网民规模达到 6.95 亿，手机支付用户规模达到 4.69 亿，手机网民支付比例为 67.5%。如图 5－53 所示，我国的互联网普及率越来越高，手机网民增长率增速已经开始下降，趋于平缓的态势，自 2014 年起连续三年维持在 11% 上下。从 4G 市场化应用的成熟到 5G 商业应用的探讨、智能手机及终端的普及、各类 APP 的开发不断更新推动着网络信息获取和文化娱乐产业的蓬勃，激发了文化产业新业态的孵化。如图 5－54 和图 5－55 所示，近年来在与文化产业有关的应用功能中，无论是网络还是手机用户，使用率最高的三个均是视频、新闻和音乐。下面我们以网络自制剧、网络视频直播和短视频行业为例分析网络文化产品的供给状况。

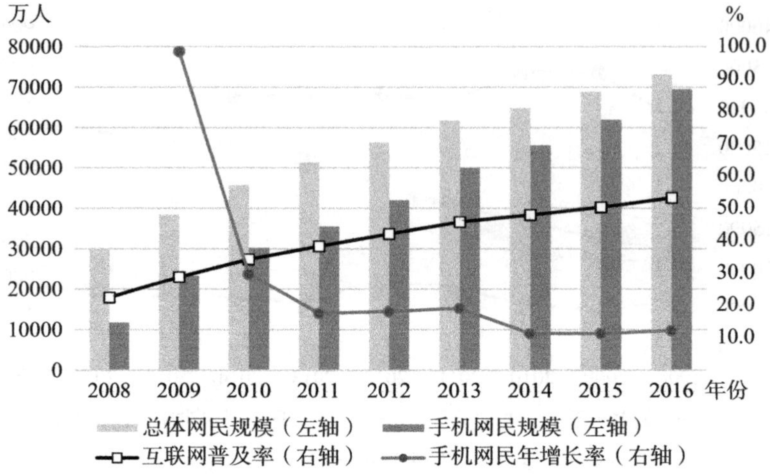

图5－53　2008～2016年全国网民规模情况

数据来源：根据CNNIC《中国互联网络发展状况统计报告》相关数据统计整理。

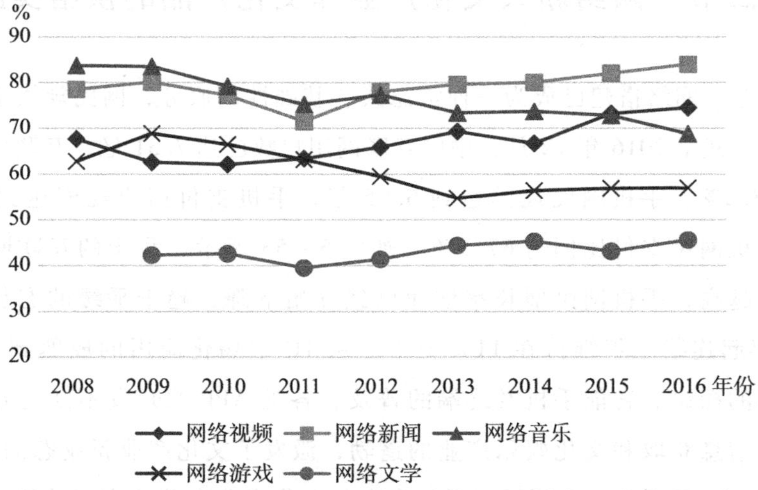

图5－54　2008～2016年与文化产业有关的网络应用使用率

数据来源：根据CNNIC《中国互联网络发展状况统计报告》相关数据统计整理。

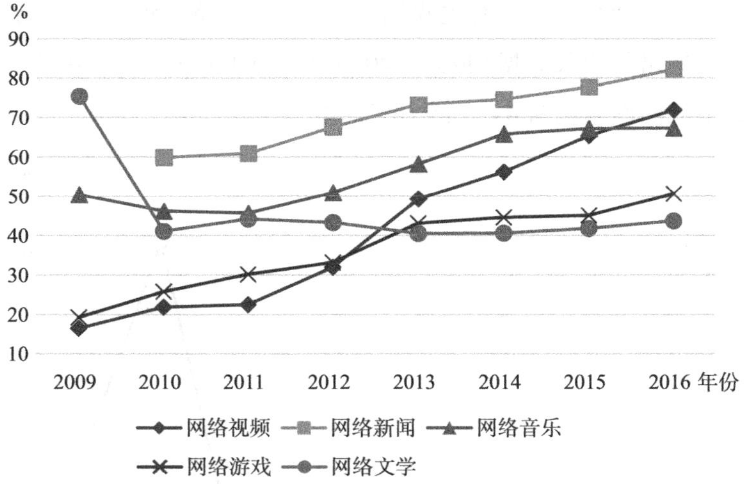

图 5-55　2009～2016 年与文化产业有关的手机网络应用使用率

数据来源：根据 CNNIC《中国互联网络发展状况统计报告》相关数据统计整理。

（一）网络自制剧

2009 年是视频网站作为一种新的媒体表现形式获得认可的一年。在发展初期，对网络媒体渠道特性的认识和关注很自然地使得许多视频网站将自身定位于播出渠道，而且在很大程度上是专业机构（传统电视台、民营制作公司等）制作的影视节目的二次传播渠道。随后几年，国内视频网站开始重视视频内容的制作，纷纷投入和加大了综艺节目和影视剧的生产，甚至 2014 年被称为“网络自制剧元年”。除了受竞争环境加剧、内容版权保护严格的影响之外，国内视频网站网络剧的快速发展主要出于两个因素：一是互联网技术的常态化、4G 商用模式的成熟及设备终端的普及和优化，技术可供性的实现加速了在线视频行业的发展。近十年，网络视频用户规模增长迅猛，尤其是手机网络使用者在 2009 年尚不到 20%，如今已突破 70%，且网民通过移动设备使用微信、微博等 APP 观看短视频的行为日渐普遍，观剧需求更趋多元；二是“一剧两星”“严审海外剧版权”等政策和新媒体消费行为形成造成传统电视剧制作量和播出量下降，为网络剧的发展提供了利好的媒介生态。如图 5-56 所示，2014 年网剧产量同比暴涨 3 倍达 205 部，2015 年仍保持了 129% 的高速增长，并首度超越传统电视剧产量（本年度获准发行电视剧394部，见图5－56）。据国家新闻出版广电总局网络司相关数据[①]披露，2016年1月1日～11月30日，各视频网站备案上线的网络剧为4430部16938集。

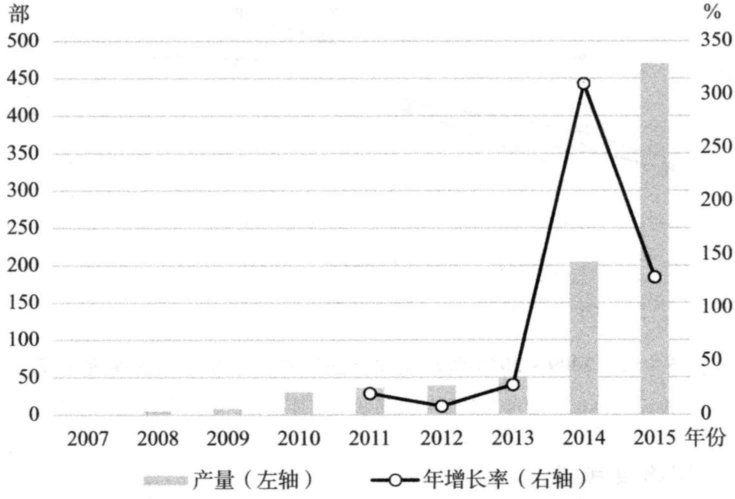

图5－56　2007～2015年网络自制剧产量情况

数据来源：根据中国产业信息网相关资料整理。

网络剧发展初期多以互联网视频企业、工作室自制形式出品，与传统电视剧市场相比，网剧市场内容营销渠道更加丰富，其多元化的盈利模式也吸引了专业影视公司的参与，继而与传统影视媒体由竞争走向合作，视频企业也早已将网剧提升至战略高度。自2016年广电总局对网剧和网络自制节目实行线上线下统一标准管理后，网络文化领域的节目制作标准得以规范，内容精品化成为深耕方向，网剧摆脱了初始的野蛮生长方式，题材类型、内容制作更加丰富化、特色化。如图5－57所示，网剧题材至少包含10类。其中，以段子剧、精品短剧为主打的喜剧是网剧最主要的类型，占比19%，其次是悬疑类和爱情类，占比均达17%。

① 2016年中国网络视频市场规模分析：用户规模增长8.1%．中商情报网，2017－02－16 http://www.askci.com/news/hlw/20170216/17092290754.shtml.

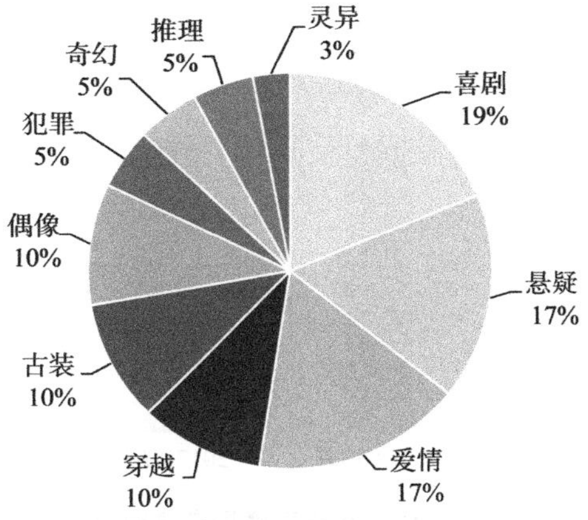

图 5－57　2016 年网剧类型结构

数据来源：根据中国产业信息网相关资料整理。

（二）网络视频直播

行业内普遍将 2016 年定义为“网络直播元年”，该年度提供网络视频直播服务的企业超过 200 家[①]，大量资本的进入使上百家平台成功获得融资。2017 年网络直播平台服务数量超过 500 家，市场营收规模达 304.5 亿元，同比增长 39%。[②] 天鸽互动、欢聚时代等直播平台陆续上市，标志着视频直播业成为网络文化市场的重要组成部分。如图 5－58 所示，直播全平台用户规模持续增长，截至 2017 年 12 月，我国网民数量已达 7.72 亿，网络直播用户规模占总体的 54.66%，而根据中国产业信息网公开资料显示[③]，其月活用户从 2016 年第三季度（达到历史高点 1.53 亿）开始有明显的环比下降趋势。

---

① 2016 年度中国直播行业热度分析报告．中商情报网 2017－02－04. http：//www. askci. com/news/chanye/20170204/11464389519. shtml.

② 中国演出行业协会：2017 中国网络演出（直播）行业发展报告［EB/OL］．中文互联网数据资讯中心．2018－02－06. http：//www. 199it. com/archives/687522. html.

③ 2017 年中国直播行业发展概况及未来发展趋势分析［EB/OL］．中国产业信息网，2018－01－24. http：//www. chyxx. com/industry/201801/607320. html.

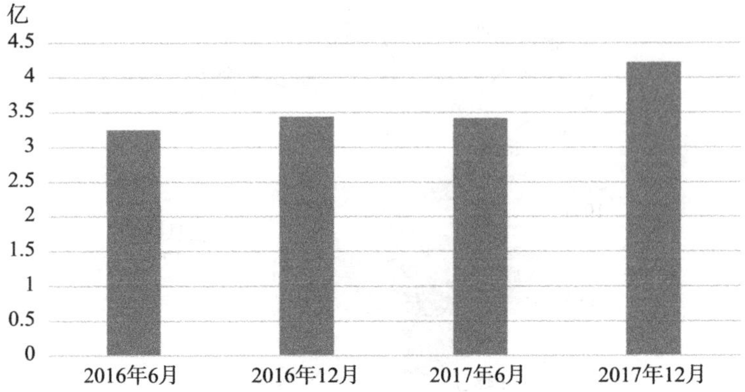

图 5－58　网络直播用户数统计

数据来源：根据 CNNIC 第 38～41 次《中国互联网络发展状况统计报告》整理。

网络的视频直播尽管内容丰富，但在直播形式上可分成秀场直播、泛娱乐直播和游戏直播三大类，如图 5－59 所示。从这些类别入手，我们认为上述月活用户数走低的主要原因在于：（1）秀场直播作为主流的直播形式，不符合用户从 PC 端迁移到移动端后的碎片化观看习惯，因为一次秀场直播往往能持续几个小时。（2）泛娱乐直播①因呈现内容的空洞，对用户长续吸引力不够。（3）游戏、赛事和竞技直播本身就缺乏庞大的用户

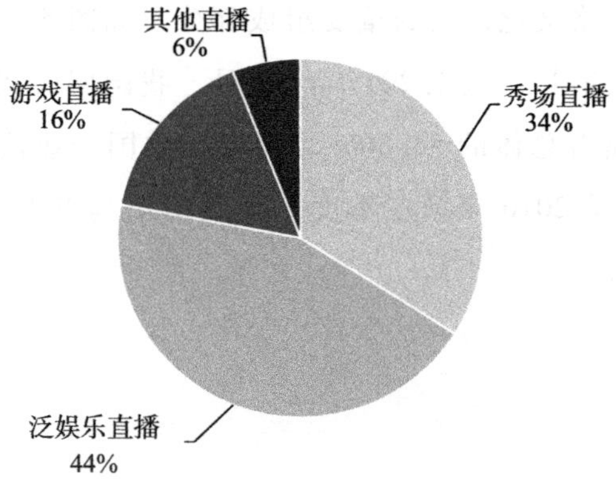

图 5－59　2016 年直播行业市场结构图

数据来源：根据中国产业信息网《2016 年中国网络直播行业深度调研报告》公开资料整理。

---

① 这是移动端初期最主流的直播形式，此种形式基于 UGC 生产方式，直播内容与娱乐产业相关，包括全民直播和垂直领域直播（吃播、体育或某类兴趣爱好等）类别的直播。

基数，又因内容的专业性，主播无法与观众全程互动，只能采取直接付费的变现方式，尽管用户黏性高，却难实现规模扩张。

如今，对网络直播的监管越来越严厉，直播行业早已开始进行专业性和精品化布局。在此形势下，主流直播平台成为市场主力，付费用户成为最有价值的对象。与此同时，很多平台开始积极布局海外市场。如表5－4所示，出海平台大多选择的落脚点都是与我国地缘接近、文化差异小的东南亚国家。

表5－4 出海投资直播平台运营情况

	出海直播平台	主要推广地	团队/主要投资
1	BIGO LIVE	泰国、越南、印尼	YY
2	Kitty Live	中东、东南亚、南美	赤子城
3	Nonolive	东南亚、欧洲	阿里
4	Uplive	中国台湾、中国香港和越南	亚洲创新集团
5	MeMe Live	港澳台、东南亚、南亚	未来趣娱
6	Stager Live	日韩、东南亚、欧洲	SIG 领投
7	Live. me	北美、中国台湾、日本	猎豹移动
8	7Nujoom	中东	裂变科技

数据来源：根据中国演出娱乐行业协会网络表演（直播）分会联合中娱智库发布的《2017中国网络表演（直播）行业发展报告》整理。

（三）短视频行业

与直播视频相比，短视频①因播放时长多在5分钟以内，内容易于分发，较低的流量成本提升了用户消费体验，因此具有更强的传播性。如图5－60所示，短视频应用数自2011年来呈明显上升趋势，2016～2017年呈爆发式增长，截至2018年第一季度，统计到的短视频应用达350款，其中，娱乐类应用占比为40.3%。随着短视频内容生态日渐规范，用户规模

---

① 综合业内实践，本处讨论的短视频采用了艾瑞咨询的定义，认为它是一种依托移动终端进行快速拍摄，经美化编辑后在社交媒体平台实现实时分享、无缝对接的视频形式，时长一般在5分钟内。

也不断扩张。如图 5－61 所示，2017 年短视频 APP 用户规模同比增长 34.4%，2017 年 12 月月活跃用户较上年同期增长 116.5%。

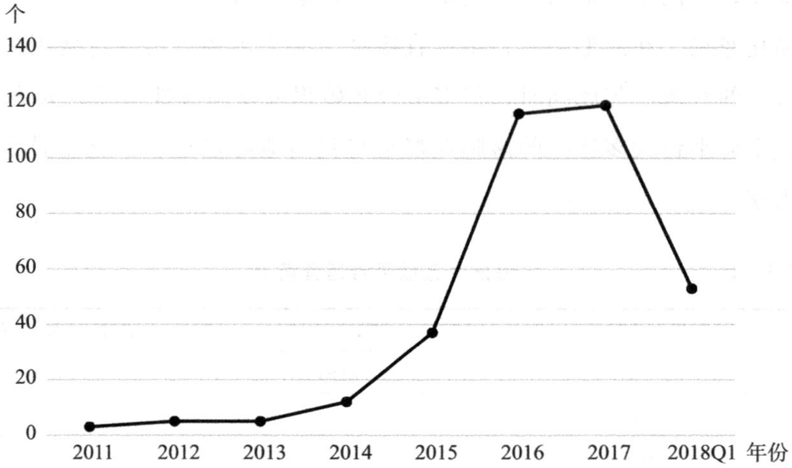

图 5－60　2011～2018Q1 短视频 APP 新上线数量

数据来源：根据七麦研究院《2018 短视频 APP 行业分析报告》公开数据整理。

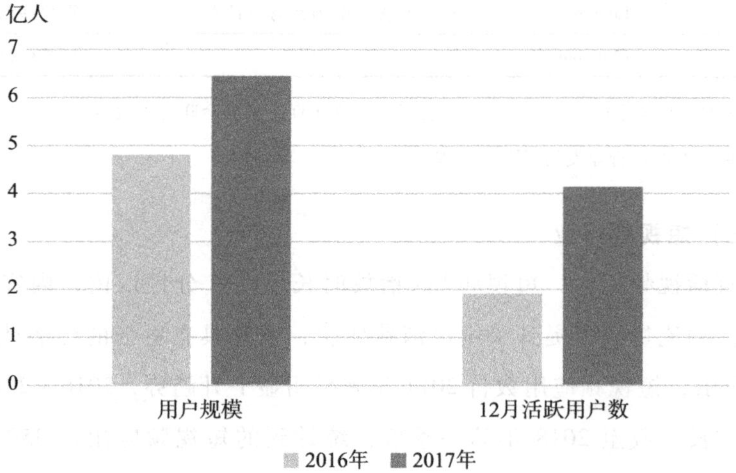

图 5－61　2016～2017 年短视频独立 APP 行业用户/月活跃用户规模

数据来源：根据比达咨询《2018 年第 1 季度中国短视频 APP 产品市场研究报告》和 QuestMobile《2017 中国移动互联网报告》统计数据整理。

短视频的内容供给的类型也不断细化，涉及创意剪辑、网红 IP、草根恶搞、情景短剧、街头采访、技能分享等生活的方方面面，如图 5－62 所示。2015 年短视频流量大多涌入娱乐明星、搞笑和新闻类，其余类型共获得 16% 的播放比重。2016 年流入短视频的流量明显由泛娱乐类偏向垂直类，尤其汽车、旅游类内容表现不俗。这意味着短视频内容覆盖类型将更广泛，生产的内容也将更加专业。

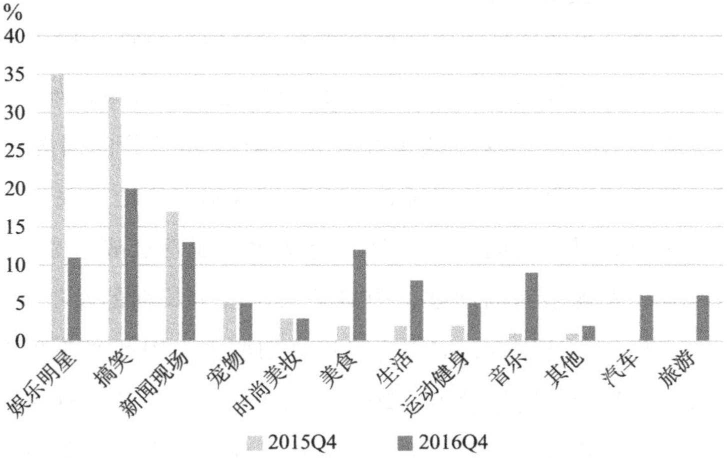

图 5－62 2015～2016 年第四季度短视频播放量分布

数据来源：一下科技《2016 短视频内容生态白皮书》。

从 2011 年至今，短视频商业模式几经变迁。短视频因社交属性，最初多是 UGC 生产方式，资本介入使行业竞争加剧，PGC 生产方式自然被引入，但专业流水线的生产思维又无法充分吸引用户的黏性，MCN 模式[①]就应运而生。MCN 是一种融合生产，通过一个类似联盟的中介，直接对接视频方与内容生产者，提高了短视频行业的能效，获得了主流平台的青睐。2017 年，阿里、腾讯、微博先后启动 MCN 计划，短视频社区美拍更是联合第三方数据机构，发布了业内首份短视频 MCN 发展白皮书，据其统计，

① MCN 模式是起源于国外视频网站 YouTube 的网红经济模式，指联合优质内容生产方，以平台的方式对优质内容进行统一运营和管理，是一种类似于工会的存在。

2017年我国互联网泛内容MCN机构共有2300家，短视频MCN占比达73%，是其重要组成部分。[①] 短视频MCN未来几年仍会有较好的红利。

第三节　现阶段我国文化产品的供给特征

（一）我国文化产业进入了结构性调整期，产品供给从“存量”转型和“增量”扩张转变为整体“优化”和“升级”

从产业政策法规的管理视野和层次来看，政府通过两个层面的产业政策来规制文化产业的发展：一是引入具体的文化产业政策，如税收政策、贸易政策、金融政策等。这些政策往往是针对具体显著的问题做出的规定，能反映其下辖行业当前的特征，用来推动或抑制产业的发展。严格来说，这是属于中观层面的问题；二是制定文化产业发展战略和发展规划。规划和战略隶属宏观层面的问题，为接下来一段中长期的发展指明方向。相比之下，文化产业具体政策应当为发展规划服务，因此产业政策不能偏离规划和战略的目标。周依敏等（2014）认为，“十三五”时期我国在确保转变经济发展方式取得实质性进展的战略目标下，文化产业的发展路径是从“增量扩充”到“存量优化”，具体体现在：一是继续完善增进文化产业体系，对之进行数量和规模填充；二是对既有的文化产品，即存量内容进行扩充和优化。[②] 我们也认同这个说法，但在信息技术迅猛发展的今天，文化产品的供给并不仅限于存量优化，还更有可能产生许多新的业态和产品形式，这也是当前乃至今后我国文化产品供给的最显著的特征之一。

首先，我国文化产品供给规模不断扩张，文化市场经多年的快速发展逐步回归理性。以电影业为例，2009年全国有影院数量1687家，银幕数

---

① 美拍发布短视频MCN白皮书，2018短视频网红成名就靠这个了［EB/OL］. 搜狐网搜狐财经，2018-02-02. http://www.sohu.com/a/220567862_116281.

② 周依敏，刘敏，王海平．“十三五”文化产业规划：从“增量扩充”到“存量优化”［J］. 现代管理科学，2014（12）：15-17.

4723 块、每万人拥有银幕数 0.035 块。“十二五”期间，影院增长规模保持 20%~40% 的增速稳步扩大，如图 5-63 所示，2016 年全国共有影院 8410 家，银幕数 41129 块、每万人拥有银幕数 0.297 块，影院设施规模建设成绩显著。但基于土地供给政策、观影人群市场、网络视频产业发展等因素，未来影院增长规模将进一步放缓。另一方面，2009 年全国电影票房为 62.06 亿元、观影人次为 2.04 亿，“十二五”期间电影市场规模持续增长，如图 5-64 所示，因票补等不正当竞争方式引起的 2015 年电影市场的急剧增长，在 2016 年得到理性回归，本年度全国电影票房为 492.83 亿元、观影人次达 13.72 亿。经过“十二五”的积量及电影市场的发展、影片种类的完善，未来电影市场票房和观影人次的增长将主要依赖影片的内容质量。

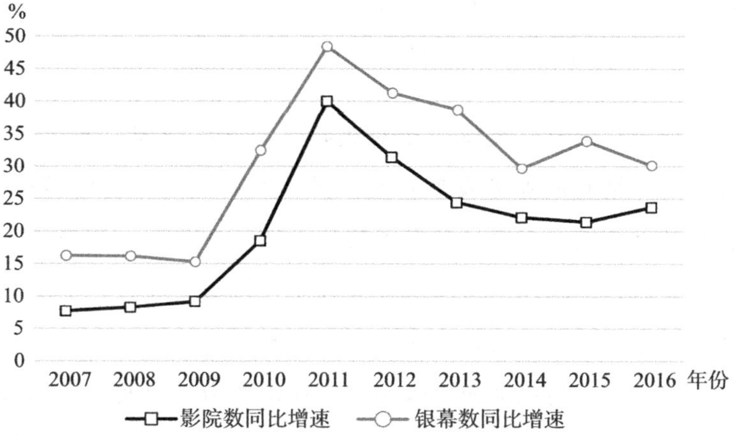

图 5-63　2007~2016 年全国影院增长规模情况

其次，随着我国对文化产业和文化事业认识的深入，随着与先进发达国家合作交流与学习的加深，以政府为主导的公共文化服务建设成绩显著，但结构性矛盾和人均水平相对低也是事实，公共文化服务供给水平和供给能力依然不足。

此外，新媒体催生了新的文化产业业态，以互联网和信息技术为依托的网络文化产业迅速兴起。

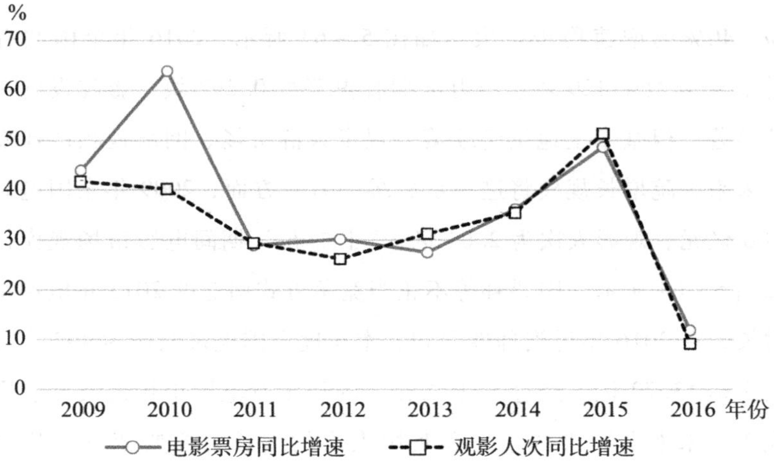

图 5－64　2009～2016 年全国电影市场表现情况

注：按照中国国家统计局统计标准，2013 年以前的电影票房仅收录了“国内票房”数据，自 2013 年起才有“进口电影票房收入”和“国产电影票房收入”之分。

有些网络文化产业已经发展相对成熟，如网络新闻业务、网络剧等。目前，我国的网络新闻业务发展日趋成熟：其一，内容呈现形式新颖化。各新闻机构和互联网平台通过开发可视化新闻、短视频、直播等多样化的表现形式满足公众的新闻消费需求、提升用户体验；其二，逐步探索 UGC 的可利用性和常态化。社交媒体成为新闻素材采集、新闻信息生产和传播的重要平台。这促使传统新闻出版制品以压缩印数、丰富品类的方式维持生存，如图 5－65 所示。另外，我国网络剧从制作、发行到播映的整个产业体系也日臻成熟。2007 年仅有 1 部网剧，但是到被称为“网剧元年”的 2014 年，其制作增速达到 310%，2015 年依然保持了 129% 的高速增长，2016 年国产网络剧达到 755 部、增速为 61%。当然网络剧的兴起也在很大程度上导致了诸如电视剧数量近几年的持续走低，如 2010 年我国获准发行电视剧 436 部，而到 2016 年获准发行电视剧 334 部。同时，图 5－66 所列的文化产品（除电视剧之外）的供给规模整体呈现出在历经转型期高速增长后增速放缓的趋势。

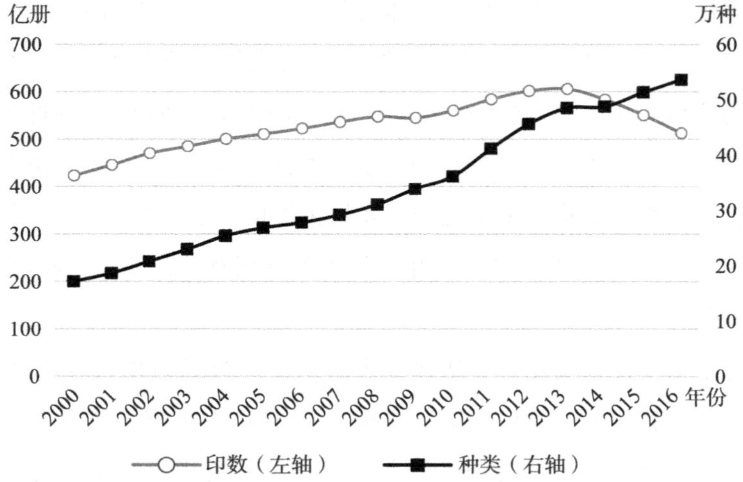

图 5－65　2000～2015 年中国新闻出版制品情况

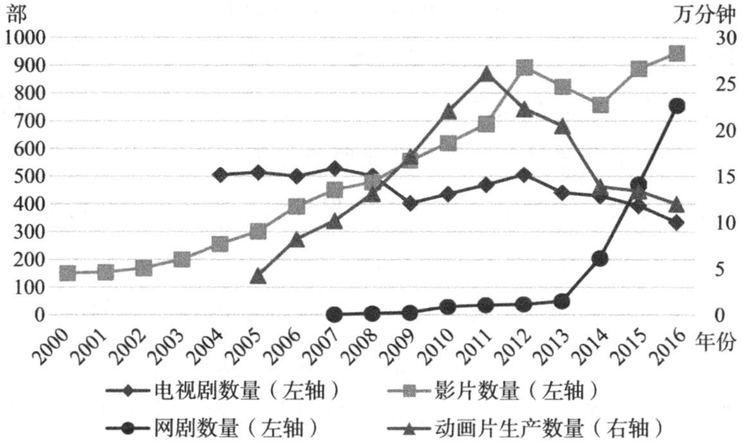

图 5－66　2000～2016 年中国影视节目生产发行情况

然而，许多新型网络文化产业的商业模式还不成熟和完善，尚在不断的探索和变化之中。视频直播、短视频都是近年热度异常高的文化产品形态，倡导全民参与、全民消费，但也几乎是“全民生产”，虽然用户规模在短时间内急剧飙升，但用户流失速度也快，其所产生的社会问题一直备受争议，现有政策法规难以进行良好的规制，盈利模式也不稳定，甚至留下了很多隐患。目前，这些产业的用户规模增长已经放缓，各网络平台的内容同质化问题较为严重，生产主体的可持续性成长面临困境。

从以上分析可知，长期以来，伴随着文化体制改革的推进和文化消费水平的升级，我国文化产业增量扩张的特点非常明显，而近十年来，新媒体平台的快速发展与传统媒体的转型尝试并存。进入 2016 年以来，供给内容和供给质量将成为文化产业发展关注的重点，“版权之争”“粉丝经济”“文化 IP”“付费”“转型升级”等关键词背后的焦点问题就是“内容和权利”。

从这个角度说，文化产业法律法规的供给应当成为推动今后文化产业发展的基石。我国自 2005 年起将知识产权上升到国家发展战略的高度，2008 年国务院下发的《国家知识产权战略纲要》是指导知识产权事业发展的纲领性文件，在《纲要》指导下，网信办、公安部和工信部联合启动“剑网”专项行动，严厉打击网络版权的盗版侵权等问题，该专项行动自 2010 年起持续至今，增强了企业对文化产品的知识产权保护和纠纷规避意识，促进了优质内容的健康发展。许多行业法规也应声而出，例如 2016 年颁行的《电影产业促进法》《公共文化服务保障法》。“十三五”发展规划也提到将在此阶段陆续制定《文化产业促进法》《文化市场综合行政法管理条例》[①] 等法律保障。显然，政府部门政策法规的制定和执行也使得观众在了解到文化消费的真正价值后，越来越挑剔内容的原创度、题材的新颖度和作品的完成度。当我们以传播学“效果研究”的视角关注到文化产业的区域性问题、关注到消费人群的年龄结构问题，接下来要做的，是在此基础上，以“传播仪式观”[②] 的视角，深入理解不同区域当地的文化情境、生活方式，理解各年龄结构人群由童年到成年的社会背景、当下的社会心理与关注，如此才能建构出打动人心的优质内容。以 2017 年现象级电视节目《朗读者》为例，基于对文化类综艺节目小众且高雅的惯有印象，

① 新华社．中共中央办公厅 国务院办公厅印发《国家“十三五”时期文化发展改革规划纲要》[EB/OL]．中国政府网，2017-05-07. http://www.gov.cn/zhengce/2017-05/07/content_5191604.htm.

② 传播仪式观一种将传播隐喻为“分享”“互动”，注重符号意义与建构的研究观念。

《朗读者》创新性地开辟出一条思路，以文化认同为链接激发观众的情感反应，将人性贯穿始终，通过打动人心的故事抵达观众，用“仪式”这种人类文化中极为重要的符号建构一种形而上的精神价值引导观众。

（二）文化产品供给主体迎来融资热潮，资本助力文化产业多元发展

经过近二十来年的发展，不同性质和层次的文化产品供给主体在相应的市场和产品领域各司其职、各放异彩，吸纳了许多来自不同行业不同实体的资金支持。文化部《“十三五”时期文化产业发展规划》强调要充分利用社会资本活力，继续拓展我国社会资本的投资渠道，建立全社会范围内的立体化的文化产业投融资体系。

以电影制片行业为例（如图 5－67 所示），全国十大重点制片机构除两家外，其余均为非国资企业，2015 年全国电影票房收入 440.69 亿元。艺恩咨询《2015—2016 年中国电影产业研究报告》整理的数据显示，十大重点制片机构参与制作的作品票房占比 97.3%，万达影视凭借 67.5 亿元总票房处于领先位置，出身于互联网的腾讯视频与合一影业（其背后是优酷土豆）紧随其后，两者参与制作影片总票房分别达到 62.3 亿元、54.7 亿元。此外，2016 年《中华人民共和国电影产业促进法》开始有条件地允

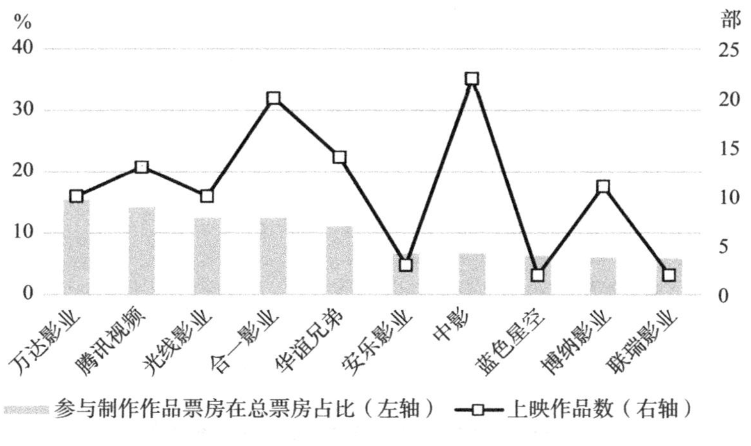

图 5－67　2015 年全国重点制片机构票房占比和上映数量

注：十大重点制片机构中，中影、蓝色星空为国资企业，安乐影业为港资企业，其余均为民营企业。数据根据艺恩咨询 2016 年度产业研究报告整理。

许外资企业进入影视行业，旨在引入更多的主体促进国内影业的竞争，倒逼国内影视企业转型升级，提升国际竞争力。从目前来看，许多有实力的国内电影企业已经围绕自身的优势资源通过前后一体化运作布局产业链，业务涉及影视制作、影院终端放映、网剧、游戏、衍生品等。以华谊兄弟为例，其电影业务就包括了电影的制作、发行及授权，影院的投资、管理和运营，电影票在线业务及数字放映设备的销售等。

再以最接近消费群体的视频平台为例，中国视频行业的格局在2014年就已经基本形成，如图5－68所示：优酷、爱奇艺、腾讯视频的品牌渗透率排名前三，百度视频凭借其搜索优势与版权内容方合作，成为多家视频网站的流量入口，品牌渗透率排第四位。网络视频行业经过激烈的竞争和洗牌，产业生态圈已基本形成并保持稳定，版权保护制度的完善和版权意识的提升使得用户付费业务明显增长，对流量和资本的依赖加深，BAT三家资本领跑局面已然确立。

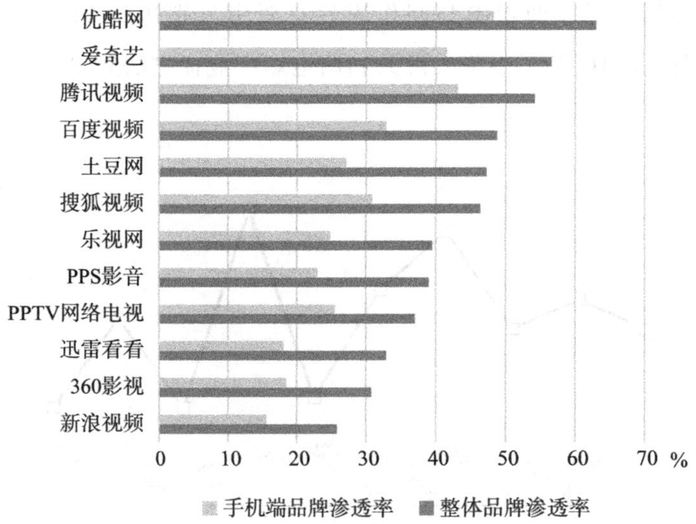

图5－68 2014年主要视频网站品牌渗透率

数据来源：根据《中国互联网络发展状况统计报告（2015）》整理。

短视频行业作为新网络文化产业，近年成为融资的热点区域。如图5－69和图5－70所示，从行业整体融资行为来看，2017年短视频行业资本市场规模逐渐扩大，前三个季度融资事件共发生48起，已经超出了2016年全年的水平。从行业整体融资的轮次分布看，约80%的企业集中在天使轮和A轮，天使轮达到了50%。可见，短视频企业多数处于初创期和成长期。

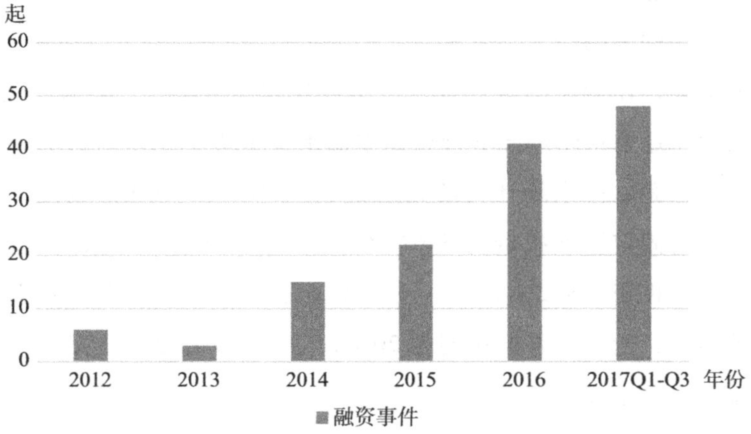

图5－69 2012～2017年短视频行业融资事件

数据来源：艾瑞咨询《2017年中国短视频行业研究报告》。

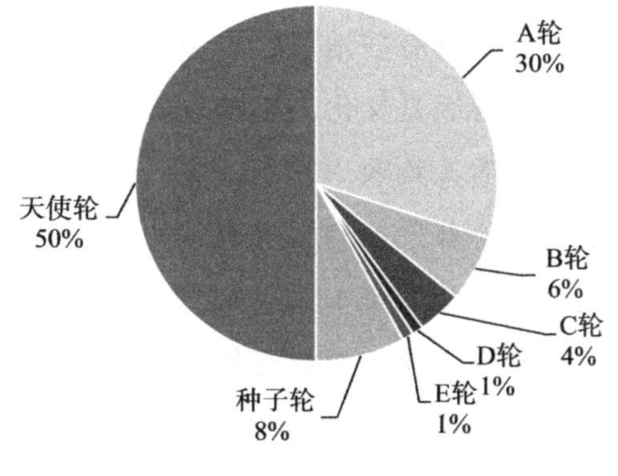

图5－70 短视频融资轮次分布情况

数据来源：艾瑞咨询《2017年中国短视频行业研究报告》。

综合以上分析，从投资结构看，出于市场需求和市场潜力考虑，城市较农村地区更易获得融资，新的文化业态较传统文化产业更易吸引资本进入。在基于互联网技术的新媒体时代，新的文化内容生产机制①较为有效地融合了传播渠道方、内容生产方乃至消费体验方，不仅促进了生产者和消费者间的沟通传播，也方便生产决策者能更准确、更全面地搜集和获取消费者的需求偏好信息，消费者也能通过媒介消费实现消费赋权，大大调动了参与主体的积极性，因而出现了该领域热融资的现象。而今许多“现象级”网络综艺节目、网络自制剧甚至传统电视剧的制作都多少受到新的内容生产制作的影响。②

众所周知，作为民间资本进入意愿最强的领域之一，具有“逆周期”属性的文化产业在这轮经济下行周期中似乎并未遭受非常显著的影响，投资表现依然强劲。国家统计局的数据显示，2016 年 1 ~ 9 月全国文化、体育和娱乐业的固定资产投资为 5462 亿元，同比增长 13. 6%，增速高于全社会固定资产投资（8. 2%）。③ 另有省数据表明，山东省上半年文化产业投资快速增长，七个城市增速超过 20%；④ 广东省文化产业完成民间投资 475. 79 亿元，增长 23. 4%，⑤ ……

但面对整个社会民间投资的“断崖式下滑”，民间文化产业投资也不容过分乐观，需提高警惕。例如，有资料显示，2016 年上半年，政府和社会资本合作（PPP）项目投资在教育和文化领域的增速下滑明显，民间资本多持观望态度。此外，尽管有些地区、省份或行业的民间投资依然增长较快，但其中的一个重要原因是文化产业作为新的经济行业基数较低。

从供给面来看，伴随着人均收入不断提高、文化产业政策支持、文化产品高收益率预期、传统产业发展趋缓等因素的影响，大量的资本开始涌入文化产业领域。这些多元化的资本在丰富文化产品种类和数量、倒逼国有文化企业转型升级、推动文化产业业态创新等方面起到了非常重要的作

① 也即后文我们提出的文化产品的参与式生产框架。

② 赵春光. 媒介融合视阈下网络综艺节目的伦理反思 [J]. 中国电视，2018 (01)：83 – 87.

③ 参见统计局：前三季度全国固定资产投资同比增长 8. 2% [EB/OL]. 中国新闻网，2016 – 10 – 19.

④ 山东上半年文化产业投资快速增长 七城市增速超 20% [EB/OL]. 齐鲁网，2016 – 10 – 10.

⑤ 民间投资广东样本 [EB/OL]. 21 世纪经济报道，2016 – 08 – 11.

用，但不可否认也滋生了许多问题：包括文化产品版权在内的资产价格迅速飙升、概念炒作扰乱市场秩序、文化产品同质化、过度娱乐化等。而从需求面来看，在我国消费升级过程中，文化消费需求进一步地呈现多样化、碎片化和个性化，需求的不确定性愈渐增强，对文化产品品质的要求也不断提升。因此，尽管我国文化产品的产量大幅度增加，但能让消费者获得高满意度的产品却依然稀缺，产生了文化产品的"无效供给"，加之市场竞争程度的增强，许多文化产业也从一路高歌上扬进入波动发展阶段。不得不承认的是，文化产业项目"投资就赚钱"的轻松获利期基本已过。以电影产业为例，2016 年二季度环比下降 43.8%，与上一年度票房最低的第一季度相比，只增加了 2.9 亿。[①] 2016 年单影院票房收入的环比下降幅度高达 6.8%[②]，许多影院面临生存危机。虽然电影"出现拐点"和电影产业资本"进入寒冬"的论断"过于悲观"，但我们必须认识到，我国包括影视产业在内的文化产业规模化扩张的背后隐藏着"似曾相识"的传统产业的粗放式和单一式的经营模式：物质资源和文化资源的大肆争夺，价格竞争策略的频繁运用、叙事方式陈旧、过度追求明星效应、文化内涵缺失等等。

面向未来，AR/VR、元宇宙、大容量的 5G 商用场景是当下业内讨论的热点，而文化产品如何与工业互联网、物联网甚至人工智能勾连，可能是未来文化产业在 5G 商用时代的核心命题。可以预见，今后还会陆续出现比短视频、视频直播、微信微博更为友好便捷的应用和产品，这也为已进入或即将进入该领域的资本提出了战略和战术的要求：既要有战略眼光，争取准确预判出文化产品与技术的结合点，还要理智地找到具体的战术，能够应对未来文化产品和文化业态的创新发展，只有这样，国家和企业才能实现文化产品的有效供给，推动文化产业的可持续发展。

总之，文化产业是民间资本投资的一个新兴领域，民间投资所占比重

---

① 2016 上半年电影市场大数据［EB/OL］. 映像 V 电影，2016－07－05. 有所改动.

② 张晓玲. 票房拐点后，影院并购潮已经开始！影业或将跃升到下一个阶段？［EB/OL］. 文化产业新闻，2016－10－27.

还不高，在如此复杂的新形势下如何引导和优化民间投资文化产业行为，对推动我国文化产业乃至整个经济的可持续发展至关重要。

（三）媒介融合背景下文化产品传播的伦理反思和规范提上日程

20世纪80年代，媒介融合提出的最初构想是借助不同形式媒介间的互联性与互换性达成媒介一体化，实现信息的统一采集、在不同平台的分发、流动和共享。而如今，媒介融合更是一个使用户能参与到各类内容生产制作中去的文化变迁过程，生产决策者通过数据咨询公司为其目标群体提供更具针对性的文化内容消费体验。媒介融合开始是技术的融合，而最终带来的是文化产业（和产品）的融合。首先是文化产业自身或者不同文化产业之间，尤其是传统文化产业与新型网络文化产业的融合，主要体现为新媒体基因向传统文化产业的多元渗透，也包括网络文化产业向传统文化产业的延伸。其次是与文化产业相关产业的融合，最典型的就是“文化+”模式或“互联网+”模式。例如，“文化+科技”[①] 通过与互联网技术、人工智能技术与文化传媒产业的融合，传统的内容产业实现了数字网络化的全产业链运作，如广播电视、报刊出版、音乐、舞台演出、文物遗产等行业也不断实现了数字化和新媒体化，各类短视频、直播等新兴产业方兴未艾，如2017年年末上线的直播答题APP“冲顶大会”“百万英雄”“百万赢家”等，2018年直播答题持续走红，西瓜视频、花椒直播陆续上线该款功能，直播答题将知识与直播深度结合创造了一种新的直播形式，为直播行业带来了很高的流量。

文化产品天然具有各种形式之间的可转化性，不同形式的作品既满足了消费者的不同需求，也放大了原作品的商业价值。比如影视作品，好的电影作品带来的影响力能形成较大规模的消费群体基础，当它被改编成电视剧、游戏、周边衍生商品时，会伴随电影上映产生的影响力，发挥协同效应。随着中国电影产业政策法规的逐步完善、监管部门对版权保护的进一步加强，

---

① 参见许立勇．简析“十三五”文化产业规划的三个趋势［J］．人文天下，2015（19）：36－38.

中国电影行业也像美国成熟电影市场一样，非票房收入占比大幅提升。国内院线公司除了发行和放映业务以外，卖品和广告也成为越来越重要的收入来源。以万达院线为例，"2016 年公司实现非票房收入 39 亿元、同比增长超过 100%，非票房收入占营业收入比重达到 35%，较 2015 年提升 12%"[①] 图 5-71 清晰地呈现了 2014～2016 年万达院线的非票房收入情况。

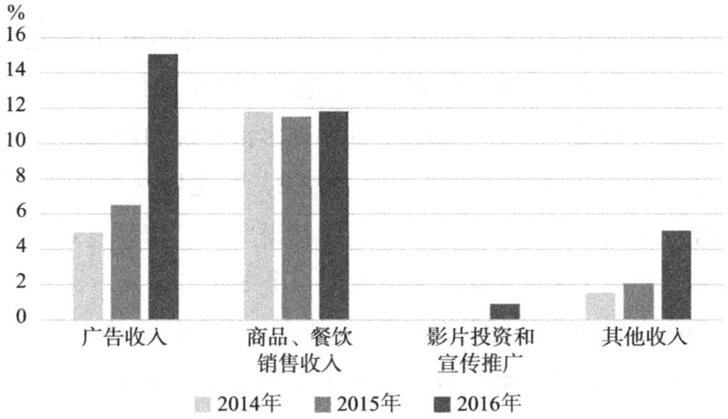

图 5-71　万达院线非票房收入占比

数据来源：根据万达电影院线股份有限公司《2016 年年度报告》整理。

版权环境的利好更推进了文化产业内部不同内容形式之间的转换，以优质内容为基础，产业链上的文学、游戏、动漫、音乐、电视剧、电影各板块深度联动，在更大的文化娱乐平台上互相打通推广，最大限度地促进优质内容的孵化变现。IP 项目运作是近年来网络文娱行业的焦点。有数据显示，2014 年根据网络文学 IP 改编的网络剧共 22 部、占全年播出网络剧的 10.7%，点击量高达 38.18 亿、占 2014 年网络剧总点击量的 31%。2015 年全网剧中有 31 部改编自 IP，占网剧总量的 8.7%，在播放量最高的 10 大网剧中，IP 改编剧占 7 部。[②] 这直接催生出新的电视剧排播模式——

① 万达电影院线股份有限公司 2016 年年度报告全文［EB/OL］. http：//pdf. dfcfw. com/pdf/H2_AN201703300453205990_01. pdf.

② 2016 年中国网络剧市场发展现状及行业发展趋势预测．中国产业信息网，2016-04-15. http：//www. chyxx. com/industry/201604/406130. html.

2015 年网剧《蜀山战纪》开启的“先台后网”，继而重构了电视剧产业的生产关系——从制播分离走向制播联合。“制播联合”不同于十几年前的“制播合一”，是一种平台方通过投资、联合制作并提供播出平台的模式，传统电视台和网络视频网站都可以采用这种模式，这一方面强化了平台方对优质资源的提前竞争，增强了在项目运作中的话语权；另一方面也为制作公司减少了盲目性，化解了发行风险，当然，平台方因其天然的优势地位往往在制播联合模式中起主导作用。音乐同样也能实现 IP 转化，高晓松同名校园民谣歌曲 IP 在 2014 年被改编成电影《同桌的你》，获得不俗的表现，票房收入 4.55 亿元①。紧随其后的是许多由传统和经典音乐歌曲改编的电影，如 2018 年衍生自刘若英歌曲《后来》的电影《后来的我们》。这类电影制作成本低、规模小、受众广、市场潜力大，较常规影视作品更易营造宣发爆点，成为未来电影产业开发的一个方向。

新事物的产生必然伴随新的问题，一是文化产品传播中的审美伦理。媒介融合环境下的内容产制生成的艺术表达仍要遵循审美的核心理念，观众对文化内容的审美接受遵循——“既要与观众的生命体验发生共鸣，又要满足他们求新求异心态的规律”②，以媒介融合为基础的影视内容新形态含纳了生产者与消费者审美的融合，学者赵春光认为这就对文化产品供给方提出了以下要求：在以大数据为内容产制的潮流中，既要衡量媒介消费者、平台之外用户的需求和审美体验，更要秉持身为专业内容生产者的美学素养。③当下由于媒介消费群体对便携手机端的热衷，生产者在内容生产时自然选择了更适合在手机屏幕上传播的视听语言表现技巧，后期剪辑也提升了节奏感，更加深了用户对碎片化传播内容的青睐，使其无法集中于整体内容的认知。

二是文化产品传播中的规范问题。2018 年 6 月，以中央宣传部为首的

---

① 郑荔鲤. 2015 音乐与演艺产业发展报告［A］. 两岸创意经济研究报告（2016）［C］. 社会科学文献出版社，2016：18.

②③ 赵春光. 媒介融合视阈下网络综艺节目的伦理反思［J］. 中国电视，2018（01）：83－87.

五个部门联合印发了旨在整治影视行业乱象的《通知》[①]。《通知》面向线上线下所有文化产业，提到了我国当前影视业中存在的诸多有关片酬、合同、税收等方面的问题，要求影视业及相关部门对其中的不合理问题进行治理。版权纠纷是文化产品传播中的一个核心问题，网络游戏、文学和音乐因其商业属性，知识产权保护在文化行业内走在前列，这点由前文的分析可见一斑。此外，在数字时代，智能技术的应用和社交媒体的广泛使用使得许多文化产品的传播模式已经突破了传统的大众传播时期所形成的制度规定和伦理规则，也因此带来了新的传播问题。重构传播规范、提高文化治理和媒介治理能力已经成为保险文化产业健康发展的基础保障。

（四）文化产品的无效供给问题依然存在

《“十三五”时期文化产业发展规划》强调要扩大文化产品和服务的有效供给，我国虽然已处于改革深化期，文化产品供给有了很大改变，但无效供给依然存在。

其一是存在过剩供给。例如，我国艺术表演团体机构数自2007年起开始迅猛增长，当年年增长率为54.7%，到2016年共有艺术表演机构12884个，“十二五”期间艺术表演场馆的规模、演出场次变动不大，但上座率却不高且有小幅度下降，如表5－5所示。

表5－5　2010～2016年全国表演场馆业务情况

年份	2010	2011	2012	2013	2014	2015	2016
观众人次（万）	13272	10909	18604	7776	6844	10775	12884
演出场次（万）	81.12	104.1	118.7	82.93	78.07	106.5	119.4
坐席数（万）	161.73	153.3	191.6	102.8	118.7	178.7	168.93
场馆数（万）	0.21	0.20	0.24	0.13	0.13	0.21	0.23
上座率（%）	21.24	13.68	19.64	11.86	9.60	11.89	14.69

注：本表采用“相对上座率”，计算公式为：相对上座率＝观众人次/演出场次/坐席数＊场馆数＊100%。

① 多部门联合印发《通知》，治理影视行业天价片酬［EB/OL］. 新浪财经_新浪网.2018－06－28. 有所改动.http：//finance.sina.com.cn/stock/roll/2018－06－28/doc－iheqpwqx8455480.shtml.

其二是有效供给不足。例如，公共图书馆服务就存在供给不足、使用率不高的问题。一是图书馆数量不足。按照国际图书馆协会联合会（IFLA）于1986年发布的《公共图书馆服务指南》的倡议，“每5万人拥有一所图书馆、每所图书馆辐射半径通常标准为4公里”，但截至2016年，我国平均每所县级以上公共图书馆覆盖人口为43.85万（见表5－3），2015年公共图书馆覆盖面积大约3058平方公里（辐射半径大约为31.2公里），与供给标准相差太远。二是设施丰盈状况不佳。我国公共图书馆面积达标率偏低。近年来，虽然我国公共图书馆每千人拥有坐席数整体呈上升趋势（2016年这一数据为0.71），但仍远不及国际图联规定的每千人拥有2～3席的坐席数标准。三是馆藏量匮乏。2015年，全国人均拥有藏书0.61万册（如图5－41所示），既未达到《全国公共图书馆事业发展“十二五”规划》提出的“人均馆藏量0.74册”的量化指标，又与国际标准的1.5～2.5册有很大差距。四是读者使用率不高。2016年，全国公共图书馆总流通人次6.6亿，人均年到馆0.48次、人均年借阅馆藏0.4册，虽然较2000年增长了近3倍（如图5－42所示）。但与美国公共图书馆的年接待到访者约15亿人次、人均年到馆5.1次、人均年借阅馆藏7.7册相比，我国公共图书馆使用程度较低。

其三是存在非法供给。在文化产业的发展过程中，新的产业业态、层出不穷，新的问题也不断涌现。以直播和短视频业为例，在网络主播从业人员规模的不断扩大的同时，一些主播为赚取人气、利益会故意传播一些博眼球的低俗内容，虚假宣传、编造事实卖惨引流等问题也层出不穷。显然，直播平台和短视频的低准入门槛，造成内容良莠不齐，存在许多文明隐患，平台的激烈角逐也加剧了恶性竞争，某些直播平台利用不当营销手段进行恶意炒作。针对以上乱象，2017年4月国家网信办依法关停了18款传播违法违规内容的直播类应用，6月底又有12家网络表演平台被关停。短视频行业同样经历了整治，2018年4月以来，多款短视频产品遭约谈或下架，微信、QQ也暂停了包括微视、今日头条、快手、抖音等APP外链直接播放功能，以上举措足以说明网络直播和短视频平台在内容供给上存在诸多无序问题，亟需有效的社会治理。

（五）我国文化产品出口总额持续增长，但核心产品出口情况依然不容乐观

近年来，我国文化产品的出口总额不断增长。根据商务部相关统计，2017 年我国文化产品出口总额达到 881.9 亿美元、同比增长 12.4%。同时，文化产品的出口状况也不断改善。有数据显示，我国具有较高附加值的游艺器材和娱乐用品、广播电影电视设备出口占比提升到 34.5%，比上一年度增长 19.4%，技术含量呈现较大幅度的提高；文化服务出口总额虽然与上一年度相比有所下降，但是隶属于核心层的三项服务的出口（文化和娱乐服务、研发成果使用费、视听及相关产品许可费等）却比上年增长了 25%，所占比重提升至 24.9%。[①] 从以上数据可以看出，我国文化产品出口结构呈现优化态势，但我们也不能过分乐观，许多核心层的文化娱乐服务产品在贸易中仍处于逆差。再以图书贸易为例，通过之前相关部分的分析会发现，虽然我国图书贸易出口规模扩张速度较快、出版物单个项目的议价能力显著提升，但其总规模在我国文化产品和服务贸易出口总额中所占比例却偏低；传统出版物的出版占比较高（如图 5－20 所示），贸易市场也以英美德法和东南亚等国家为主，贸易结构有待优化。

全球文化产业日益壮大的景况下，我国文化贸易的国际竞争优势并不明显，尽管核心文化产品的出口形势有所改善，但在种类、规模、结构、口碑、稳定性和持续性上都存在诸多问题。造成上述现实的既有宏观层面如地理距离、文化等原因，也有微观层面的因素，如不少文化产品在国际贸易中以“低质竞价”模式立足，但却因出口平台和渠道等障碍难以构建品牌影响力，以致无法维持产品出口持续期。学者杨连星、孙新朋（2018）[②] 通过建构中国文化产品出口二元边际和出口质量指标的实证分析

---

① 数据资料引自王珂．去年我国文化产品出口同比增长 12.4%［N］．人民日报，2018－02－09（011）．

② 杨连星，孙新朋．文化产品出口增长：来自价格还是质量？［J］．世界经济研究，2018（02）：84－97，135－136．

得出，文化产品出口质量、出口价格与出口扩展边际间存在一定的负效应。因此，寻求价格和品质对核心文化产品贸易出口制约性的破解之道，也许能够推动我国文化贸易发展进而增强我国的文化软实力。

以上研究对我们的政策制定有如下启示：第一，适时调整文化贸易政策，提升文化贸易可持续增长能力。例如，可以借助政府提出的“一带一路”倡议，加强我国与沿线相关国家的政府、企业与公众的沟通，降低文化差异造成的负面影响，促进与这些国家或地区的出口贸易；第二，要鼓励、引导文化企业加大产品的内容创新度，创作出具有中华优秀文化代表性、能提升中国形象与理念认知的文化产品和服务，持续加大中华文化与大数字技术在文化产品中的研发与应用，强化版权运营；第三，提升文化贸易出口持续期，鼓励本国企业通过直接投资或合作等方式，结合为企业搭建文化产品出口平台、拓展出口渠道和提供政策法规咨询的引导性或支撑性政策方式，有效解决出口成本过高和风险过大等障碍，提高文化企业产品出口的积极性、主动性和延续性。

第六章　文化产品供给主体分析

实际上，在我国文化产品的供给现状分析中，本书已经分析了文化产品供给主体（包括文化事业单位和文化商业企业）的供给实践，本章不再赘述。正如我们在理论分析中提到的，文化产品的有效供给必须具有经济效率，因此本章的重点在于解释和分析政府的文化产品供给行为和文化企业的供给效率（尤其是微观层面的经营效率）。

第一节　政府与文化产品供给

文化产品的政府供给是指政府作为文化产品的供给者甚至生产者向社会提供一定数量、结构和质量的文化产品的供给行为，相对于政府供给，还有私人供给、社会供给等概念。从文化供给的具体内容来看，政府供给可以分为制度供给与产品供给，制度供给的核心内容就是文化管理体制和文化产业政策，产品供给的主要内容是公共文化产品（服务）的供给，这也可以说是政府职能在文化产品供给中的基本定位。

毫无疑问，政府供给将影响整个社会资源的配置效率和使用效率。那么，政府如何供给更有效率？政府供给的优化机制是什么？制度供给又如何促进产品供给？这些都是本节需要解释的问题。我们将利用执政能力函数将文化产品的政府供给与文化体制改革相互勾连，以寻求提高政府治理能力、优化文化产品的政府供给的路径。

（一）文化产品的政府供给与政府治理

《中共中央关于全面深化改革若干重大问题的决定》指出，“全面深化改革的总目标是完善和发展中国特色社会主义制度，推进国家治理体系和治理能力现代化”，首次将“治理”的概念引入公众视野。“治理”这一专业术语是个舶来品，多见于政治学、制度经济学和管理学研究。治理理论的代表人物罗茨（2000）曾详细列出诸如公司治理、新公共管理、善治、国际的相互依赖、社会控制论的治理、作为新政治经济学的治理和网络治理七种范畴。在现有的文献中，治理被用于许多语境下，例如，公司治理、国际治理、国家治理、政府治理和地方治理等，甚至还有次国家治理。

治理绩效或者衡量标准的研究是一个焦点问题。国外多使用“善治”的提法，这里主要列出三种衡量标准：一是包含六个维度的全球治理指数，即：1）话语权和责任，观察一国公民可以在何种程度上参与到政府的选择之中，以及言论自由、结社自由和媒体自由；2）政治稳定性和不存在暴力/恐怖主义，观察政府被违宪手段或暴力手段动摇或推翻的可能性，包括政治动机的暴力和恐怖主义；3）政府效率，观察公共服务的质量，行政部门的质量及其在政治压力下的独立程度，政策制定和实施的质量，以及政府对此类政策作出承诺的可信度；4）规管质量，观察政府制定与实施稳健政策法规、允许并推动私有部门发展的能力；5）法治，观察执法人员对社会制度的信心和服从程度，重点关注合约执行、财产权、警察、法庭的质量，以及犯罪和暴力行为发生的可能性；6）腐败控制，观察对私利行使公共权力的程度，包括大小形式的腐败，以及精英阶层和私人利益对国家的“占取”。二是联合国亚太经济社会理事会提出的善治的八项特征：参与性、法治、透明性（决策的制定和执行符合规则制度，被影响者能够自由地直接获取信息）、回应性、共识导向、平等包容、有效性和效率以及问责性。三是福山的四个维度的评价标准：1）程序性衡量（政府官员的行为符合既定的规则）；2）能力衡量（汲取社会资源能力角度，尤指税收方面）；3）输出衡量（国家治理显现效果角度）；4）官僚机构的自主性衡量（政府机构在规则范围内，相对独立、灵活变通地执行可操作政策）。我国使用“治理能力现代化”的提法，竹立家（2013）指出，国家治理体系和治理能力现代化的标志是“依法治国”，权力行使程序化、规范化、法治化。李军鹏（2013）认为，从世界上已经实现现代化的国家来看，国家治理体系现代化主要有三个标志：一是实现国家治理的制度化、法治化、规则化与规范化；二是实现以多主体协同共治为特征的善治；三是中央与各级地方政府事权与财权相适应，形成了稳定的国家权力结构。我们认为，“治理能力现代化”是个发展维度的概念，其内涵除了法治化、程序化和参与化之外，还应当能够实现以下目标：能够引导社会构建社会主义核心价值体系，治理的结果更符合公众需求和利益，治理更富有效率，具备有效的监督、质控和协调系统。

从以上的讨论中，我们不难看出，推进国家治理能力现代化需要社会各类各级主体实现协调治理，而政府治理依然是完善国家治理体系的重要和关键内容。在文化经济领域，通过深化文化体制改革优化文化产品的政府供给，有利于建立健全现代文化市场体系，是推动政府治理能力现代化的有效途径。

（二）文化产品的政府供给模型

国外对政府供给行为的研究通常依托于西方现行的政治体制，“社会选择”“公共选择”等理论（lindahl，1919；Arrow，1951；Buchanan，1962；Becker，1983；Goodman、Porter，1988、2004 等）已经成为基本的研究工具，但制度和体制的差异①使得这些理论无法适用于我国的文化经济领域。国内针对政府供给的研究更多的是基于公共产品、财政投入、政府职能等内容的实证分析或经验分析，针对政府供给行为本身（尤其是供给决定、供给差异、供给效率等）的分析并不多见。其中，汤玉刚（2006）修正了 Goodman 和 Porter（2004）的公共产品提供的理论模型并应用到我国的一党执政条件下政府供给偏好决定的问题，左惠（2009）在此基础上对政府的文化产品供给边界的演化机制进行了分析。他们的研究为

---

① 在物质产品中如此，在我国隶属意识形态领域的文化事业和文化体制与西方的差异更是显著。

本书分析文化体制改革进程中的政府供给提供了理论基础，但这些研究的基本模型或以一般产品为分析对象，或单纯用文化产品一词进行替换却并未考虑文化产品供给的特殊性，鉴于本研究的需要，我们又将原模型中的产品分为文化产品和物质产品（非文化产品）进行了修正。与此同时，我们认为推进政府治理能力现代化的隐含前提是社会总福利的提升，而在执政能力函数中，执政能力在很大程度上可以代表与政府治理能力相适应的政府质量，函数也考虑了消费者和纳税人的福利效用，因此，可以继续使用此函数分析社会产品（物质产品和文化产品之间以及文化产品之间）的政府供给与政府治理能力之间的关系，这也隐含了政府治理动机的一种解释。经过修正的模型如下：

1. 假设

1）假定政府向全社会提供两大类产品，供给文化产品的数量为 Q_1，供给物质产品的数量为 Q_2，不存在寻租活动。2）社会中存在消费者集团和纳税人集团，消费者从政府供给产品的消费中获得效用，纳税人集团是政府文化产品供给的资金支持者或税收来源者，通常会出现“净”消费者和“净”纳税人。3）政府通过向社会提供特定数量的两种类别的产品最大限度地获取社会各阶层的政治支持，以提高执政能力或治理能力，从而巩固政治地位、维护社会的稳定和发展。当然，其供给产品的资金来源于税收。

2. 基本模型

$$\mathrm{Max}G(Q_1,Q_2)=\mathrm{Max}G[V(Q_1,Q_2),C(Q_1,Q_2)]$$

其中，G 代表政府的执政能力函数；V 代表消费函数，表示消费者消费政府供给的 Q_1 数量的文化产品和 Q_2 数量的物质产品所获得的效用；C 代表成本函数，表示纳税人承担的政府供给 Q_1 数量的文化产品和 Q_2 数量的物质产品所需的生产成本或资金。各函数都是连续的和二阶可微的。

政府为获得最大政治支持需要在两集团之间权衡得失，选择一个最优供给量组合（Q_1，Q_2）。经过计算，最优化的一阶条件为：

$$\frac{\partial G}{\partial V}\frac{\partial V}{\partial Q_1}+\frac{\partial G}{\partial C}\frac{\partial C}{\partial Q_1}=0$$

$$\frac{\partial G}{\partial V}\frac{\partial V}{\partial Q_2}+\frac{\partial G}{\partial C}\frac{\partial C}{\partial Q_2}=0 \tag{6-1}$$

令$\frac{\partial G}{\partial V}=\lambda_c>0$，$\frac{\partial G}{\partial C}=\lambda_t<0$，$\lambda_c$表示政府供给增加消费者一个单位的效用时消费者对政府支持增加的幅度，是政府获取消费者集团支持的政治价格，λ_t表示政府供给增加纳税人一个单位的税收负效用时纳税人对政府支持减少的幅度，是政府因增加纳税人的税收负担而招致反对的政治价格。则均衡条件可以转换为：

$$\frac{\partial V}{\partial Q_1}\Big/\frac{\partial C}{\partial Q_1}=\frac{\partial V}{\partial Q_2}\Big/\frac{\partial C}{\partial Q_2}=\frac{\lambda_t}{\lambda_c} \tag{6-2}$$

令$\frac{\partial V}{\partial Q_1}=P(Q_1)$，$\frac{\partial V}{\partial Q_2}=P(Q_2)$，$\frac{\partial C}{\partial Q_1}=MC(Q_1)$，$\frac{\partial C}{\partial Q_2}=MC(Q_2)$，则

$$\frac{\partial V}{\partial Q_1}\Big/\frac{\partial C}{\partial Q_1}=\frac{P(Q_1)}{MC(Q_1)}=\frac{\partial V}{\partial Q_2}\Big/\frac{\partial C}{\partial Q_2}=\frac{P(Q_2)}{MC(Q_2)}=\frac{\lambda_t}{\lambda_c} \tag{6-3}$$

3. 政治均衡的解释

公式（6－3）为模型的最终均衡条件，该条件的含义为，无论政府增加最后一个单位的文化产品抑或物质产品的供给，从消费者集团获得的新增政治支持正好等于来自纳税人集团的反对，此时达到“政治均衡”，并进而决定了模型中政府针对物质产品或文化产品的总供给规模。

此时，政府增加最后一个单位的文化产品的供给，从消费者集团和纳税人集团所获的支持价格与反对价格的比值等于增加最后一个单位的物质产品供给所获的相应价格的比值，两种类型产品的政府供给也达到均衡。进一步来讲，当我们加入左惠（2009）等人的分析时，模型递进性的结论是，在文化产品供给中，不同类型的文化产品供给也达到均衡，从而决定了文化产品内部的政府供给规模和结构。

4. 政治均衡与市场均衡的比较

完全竞争市场处于长期均衡状态时，$P=MC$，此时市场是最富有效率的，社会资源配置可以达到最优。上述政治均衡时政府对文化产品的供给如要实现市场最优就要求$\lambda_c=\lambda_t$，但这是非常特殊和偶然的情况，因此，

在一般情况下，政治均衡的资源配置效率通常低于理想中的市场资源配置效率。

（三）文化体制改革进程中的政府供给分析

文化体制改革是政府为了解决文化生产关系与文化生产力之间的矛盾而主导的一场体制性改革，上述政治均衡是以既定的制度安排为分析条件的，而文化体制改革最终会确定文化产品的供给体制和管理体制，这些制度的变革作为影响执政能力函数的主要外部因素之一，将改变 λ_c 和 λ_t，甚至执政能力函数中的政府供给产品的成本因素，打破既有的政治均衡，使政府供给发生动态变化。以下我们将基于执政能力函数的基本模型来分析我国文化体制改革及其过程中的政府供给的决定。

（1）在许多情况下，我国适时对症的文化体制改革促进了原有政治均衡的改善，推动政府优化文化产品的供给，促进帕累托改进的实现。

文化体制改革是20世纪70年代末以来我国改革开放的重要组成部分，一方面，就提高政府执政能力而言，相对于其他领域的制度安排，进行文化体制改革的边际收益不断增大，改革文化体制能够提高生产效率，降低平均成本。长期以来，我国在文化事业上采取的是由国家统包统管的宏观管理体制，随着改革开放的推进以及诸如音乐厅、歌厅、舞厅、录像放映厅、书刊发行第二渠道、演员走穴等体制外现象的出现，现行的文化体制逐渐暴露出弊端，例如，行政机构臃肿、人浮于事、社会资本无法进入等，制约着以政府供给为主导的文化事业的发展，政府供给的低效率显而易见。另一方面，对消费者集团来说，消费者消费文化产品所获得的边际效用逐步增加，文化产品消费的偏向性也显著提高。为了获得更多的政治支持，政府愿意或者说不得不调整文化产品与物质产品之间的供给结构，通过改革文化体制来供给更多的文化产品。当然，这也为各级政府骤然偏好文化产品供给从而导致供给数量激增、供给结构失衡、供给范围过广等问题埋下了隐患，并产生了进一步改革的需要。

（2）从我国文化体制改革的历程和发展阶段来看，文化产品的政府供给与市场供给的范围和结构在政府和市场主体不断试错和修正的过程中不断发生着动态变化。其中，既存在政治均衡的改善，也存在市场均衡对政治均衡的替代。

改革开放之初，经济建设的观念渗透到文化领域，文化事业出现了复苏，涌现了许多优秀的文艺作品，此时的文化产品几乎全部由政府来承担。1979 年以来，国有艺术表演团体以演出承包经营责任制、全员考评聘任、演出补贴、独立核算等为主要形式的改革开始逐步推进；1978 年财政部批准了人民日报社等 8 家在京新闻单位要求试行“事业单位企业化管理”的报告，传媒业也就此展开了以产品扩展、经营多元、集团化、科学管理等内容的探索，这些改革主要是政府通过解决文化事业单位内部的经营机制性障碍，来降低生产成本或管理成本、多元化产品形式、激励人员，以此增强政府对文化产品的有效供给。在体制内改革的演进中，文化机构也在体制内的外延处进行积极尝试，例如报业的子报热、报刊热、厚报热等经济现象，“市场”的力量也愈加凸显，也就是在这个时候，“文化市场”的概念应运而生——文化部、国家工商行政管理局于 1988 年下发了《关于加强文化市场管理工作的通知》，这标志着我国“文化市场”的地位正式得到承认，而同年提出的“双轨制”的具体改革意见已经表明政府试图将某些文化产品的供给交由市场。而自 2003 年起，我国文化体制改革进入深化阶段，在微观领域，公益性文化事业和经营性文化产业的明确划分使得我国把“事业单位转企改制”和产权改革作为改革的重点强力向前推进，在宏观领域，文化体制改革的制度和政策供给触及文化行政管理体制、优化市场环境和公共文化服务体系，标示着政府在将文化事业单位推向市场的同时，也在积极地进行着政府职能转变，通过调整和明确文化产品的供给范围来增强整个社会文化产品的有效供给，用市场的高效率替代政治均衡的低效率。

（3）我国文化体制改革的效果进而政府供给文化产品的有效性取决于市场发育能力、政府政策供给能力和应对能力、消费者集团和纳税人集团的认可态度、消费能力和政治影响力等因素。

我国文化体制改革的核心目标之一是提高政府对文化产品供给的规

模、质量和效率，但改制的最终效果不仅依赖于制度和政策的供给还有赖于包括市场、主体、消费者和纳税人等综合因素的影响。也正因为如此，尽管在改制的过程中，我国的文化事业和文化产业发展迅速，取得了很好的成绩，但是政府的文化产品供给也出现了诸多无效供给，甚至低质供给。例如，在20世纪90年代初期和中期，我国传媒业从事的多种经营95%垮掉了①，而在新时期电视媒体领域推行的制播分离改革，也由于制作市场发育不成熟，中小型的电视制作企业尚难以担负电视节目和电视剧的市场供给，政府对供给范围的调整未见得能够切实提高供给效率。再如，消费者集团内部也不是同质的，可以细分出多元化的利益主体，不同利益集团的边际政治影响力有所不同；与此同时，文化体制改革还会引起政治价格的改变，因而同一利益集团的边际政治影响力也会发生变动。总体而言，针对不同群体、区域或产品的政府供给将呈现差异、分化和动态变化。如果再考虑到市场化程度的差异，那么现实情况很可能又会大不相同。

（四）以文化体制改革优化政府供给推进国家治理能力现代化

文化体制改革是政府在文化经济领域推进治理能力现代化的重要抓手，是提高执政能力和政府供给的重要途径，而提高政府的有效供给不仅会提高整个社会的资源配置效率，还会极大地增进全社会的福利，纳税人的资金得到合理的使用，文化资源得到有效的开发利用，消费者通过消费多样化高品质的文化产品获得更多的满足感。因此，在文化体制改革的过程中，政府应当适度、合理、有序地进行制度安排，以更有效地优化文化产品的政府供给，提升政府治理能力。

（1）明确政府职能转型的核心问题。

文化产品政府供给的优化有两个基本路径，一是将更多的社会资源交由市场，让市场在资源配置中真正起到决定性的作用，从而用市场高效率

---

① 陈力丹．《新闻爱好者》的双重使命．人民网，2005－12－21. http：//media. people. com. cn/GB/22100/28502/28503/3961462. html.

替代政府低效率，在提高社会供给效率的同时扩大供给规模、改善供给结构；二是通过各种机制和制度降低生产成本、改变消费者集团或纳税人集团的边际政治影响力，增强政府体制内供给的有效性。实际上，政府与市场边界的有效确定同时有利于两个路径的推进，这就有赖于政府职能的转型，并积极推进公共文化服务体系构建与实施。因此，政府职能转型的核心应当重在调整政府供给范围和加快市场化进程，让政治均衡收敛于市场均衡。

（2）改革不是要让政府完全让位于市场，文化产品的经济特性决定了政府供给的重要性及其不可替代性。

文化产品具有较强的公共性、外部性和精神性，单纯由市场供给文化产品并不能必然保证有效性，尤其是公共文化产品的市场供给将出现供给过度或者供给不足甚至非法供给和低质供给的现象，必须由政府来补充供给或者规制供给，具有市场无法替代的积极作用。

（3）尽快培育竞争有序成熟的文化市场和良好的产业组织形式。

虽然政府供给的政治均衡不如完全竞争市场上的市场均衡更富有效率，但由于在现实市场中很难存在 $P=MC$ 的情况，因此，文化市场发育不成熟、不健全无疑会影响市场配置资源功能的发挥，而企业绩效的达成也需要以良好的产业组织形式为前提。特别地，对文化产品而言，即使在市场发育程度高的发达国家，许多文化行业的产业组织也往往会存在着垄断或者寡头的情形，从而现实中的政治均衡和市场均衡之间的效率差距可能并没有理想中大。

因此，在文化体制改革过程中，政府一方面要尽快培育健全的文化市场体系和市场结构合理、竞争适度的产业组织形式，科学地构建政府规制和文化市场管理的框架，改变多头管理和决策低效现象；另一方面，政府一定要分阶段、有步骤、适度适时地进行职能转变，如果过快盲目地进行调整，反而得不偿失。

（4）政府有效供给的实现还必须强化多项文化产品供给的配套机制，建立有效的供给体系。

基于执政能力函数的政府文化产品的供给决定模型是以从生产到消费的供给链条通畅为前提的，因此，政府有效供给的实现，还必须有良好的文化产品流通或信息传播机制、消费者偏好显示机制、产品评价机制等作为保障。可见，在文化体制改革中，政府的政策制度安排不能仅仅针对生产或组织生产，还需要担负起引导、规范、管制整个有效供给系统形成和完善的功能。

（5）政府在进行供给管理的同时必须兼顾需求管理。

文化产品具有较高的需求的收入弹性。2011 年我国人均 GDP 达到 5432 美元，按照国际经验，我国已经进入了文化需求的旺盛期。[①] 但是，同年的数据显示，截至 2011 年，全国城乡文化消费总量为 1.0126 万亿元，人均文化消费仅为 753.36 元，根据国际经验估算的我国文化消费支出总量应该在 4 万亿元以上，实际缺口达到 3 万亿元。[②] 这一差距除了供给面的原因之外，口味培养缺失、消费者的平均文化资本存量较低以及包括住房、医疗和养老在内的社会保障制度不健全等问题都是可能导致这一现象的影响因素。因此，建立能够培育、引导和释放消费者需求的良好消费环境也是今后政府进行文化治理的重要任务。

（6）切实保障人民的知情权、参与权、表决权和监督权，建立全社会的文化产品公共治理机制。

尽管有研究指出当前政府职能转变的核心重点不在于公共决策的民主化，但是就文化领域而言，通过科学的政治沟通与传播，让各方利益团体、个人能够方便快捷地了解、参与政府对文化产品的供给决策，甚至对政府的供给行为进行监督，加强生产与消费之间的信息沟通和传播，并且使他们的政治影响力更理性化也是至关重要的。我国的文化体制改革应当在追求提高技术层面的供给效率的同时，关注文化产品的供给品质和供需的匹配度，构建由政府、文化事业单位、社会团体和公民个人之间的公共

---

① 王照重．中国文化消费评价指标体系发布．中国消费网中国消费者报，2012－12－31.

② 百姓人均文化消费何时不太窘？中国政协新闻网．2013－01－15. http：//cppcc. people. com. cn/n/2013/0115/c34948－20197857. html.

治理机制是政府供给不懈努力的目标。

综上所述，政府为了获得最佳的政治支持，努力提高治理能力，向社会提供更好更适合的物质产品和文化产品，而政治均衡决定了政府对全社会物质产品和文化产品的最优供给规模和结构。作为增强政府执政能力和推进国家治理能力现代化的重要途径，文化体制改革将打破既有的政治均衡，文化产品的政府供给与市场供给的范围和结构在政府和市场主体不断试错和修正的过程中不断发生着动态变化，既存在政治均衡的改善，也存在市场均衡对政治均衡的替代。就目前而言，不断地呈现帕累托改进是我们希望看到的结果，政府应当明确其职能转变的核心问题，兼顾供给管理和需求管理，适度合理有序地进行文化体制改革，优化文化产品的政府供给，促进治理能力现代化的实现。

第二节 企业与文化产品供给

（一）文化企业（单位）体制变革与运营方式的演变

文化企业是以文化传媒企业为主导的相关企业的集合。从产业链的角度来看，可以分为内容创作、生产制作、传播渠道、投资运营和综合运营等类别；从行业内容来看，又可以分为新闻出版、广播影视、文化艺术、广告营销、视频直播等类别。文化产业的快速发展在微观层面自然表现为文化企业种类和规模的增加，大企业或文化企业集团不断出现。但与许多发达国家不同的是，在我国，这一过程的转变并非完全取决于市场的作用，而是由政府通过文化体制改革推动形成的。改革开放以来，我国文化传媒机构（或企业）的运营经历了一系列演变过程，尤其是20世纪90年代前后开始，我国的文化单位也顺应文化产业的发展进行转型，这个过程是文化机构发生分化的过程，也是文化企业由存量供给调整转向存量和增量供给快速发展的过程。

1. 从事业属性向事业和产业双重属性转变

以新闻业为例，1979～1982年，我国新闻改革的主旨是“高扬新闻规律”，重新恢复了“新闻纸”的功能。这个阶段重新确立了纸媒尤其是报纸以及电视台是党和人民的喉舌，是以刊登新闻时事为主的大众传播机构。因此，这个阶段恢复了党报的地位，明确了媒体的宣传功能。尽管早在1978年财政部就批准了8家在京新闻单位试行“事业单位、企业化管理”的报告，新闻机构依然是以稳固党报、党台的核心地位为目标。可以说，1983年之前新闻机构几乎清一色的事业属性，是我国“文化产业”的起步阶段。

从1983年开始到1992年，国内外经济和社会环境的影响使得我们不得不反思媒体功能。新闻界对新闻与宣传这对关系进行深入的探讨，使得大家将更多的注意力转移到受众的信息需求上，推动了文化传媒内容和形式的多样化。以报业为例，许多报社开始创办子刊子报，扩版和厚报屡见不鲜。当然，这些都只能算是在体制内外延式的尝试。

1992年，建立社会主义市场经济体制被作为我国经济体制改革的目标在党的十四大上被提出，“社会主义市场经济”的地位也正式获得承认；1993年国家正式承认传媒是生产性组织，隶属第三产业的范围，强化了先前提出的“事业性质、企业化管理”的思路，引入了竞争机制，确立了文化传媒产业同时具备事业和产业双重属性的地位，传媒业开始蓬勃发展，传媒格局也随之改变。

2. 从被动变为主动，从外生推动型向内生增长型转变

自从以传媒业为核心的文化产业的双重属性确立之后，文化传媒机构开始从“事业单位企业化管理”转向大规模和大范围的“企业化”和“产业化”。

在体制和政策上，我国文化部于1998年设立了文化产业司，这标志着我国政府把发展文化产业纳入了政府工作的体系。2000年10月，中国共产党第十五届五中全会通过了《中共中央关于制定国民经济和社会发展第十个五年计划的建议》（以下简称《建设》）。《建议》提出了“文化产业”的概念，这是政府首次在正式文件中公开承认文化产业的地位，为今后大力发展文化产业指明了方向。

党的十六大以后，我国文化体制改革的步伐明显加快，文化企业也迅速发展壮大起来，其运营理念也不断成熟，从以往的由政府推动型发展转向了企业内生增长型发展，文化产业也进入了加速发展阶段：一是文化机构或企业改变了过去只重内容生产、忽视市场经营和沟通营销的理念，即使新闻机构也是如此。二是文化机构或企业从过去的完全依赖财政、满足盈亏均衡的文化事业管理思路转向"自主经营、自负盈亏、自我积累、自我发展"的企业化经营思路。国有文化企业开始做大做强，呈现集团化发展的态势。三是大量的民营文化企业开始成长和发展，促进了市场化的发展和市场机制的形成，成为私人文化产品供给的主力军。

3. 经营方式不断扩展提升，并从经营转向运营

对于文化传媒企业来说，文化传媒产品是其核心产品。纵观他们三十多年的发展历史，企业从最初单一的核心业务不断地延伸和拓展，这些机构或企业的经营方式经历了从系列化经营到一体化经营再到相关产业多元化经营的过程。例如，传媒机构将自身的业务延伸到新闻或电视剧、电视节目等单一业务之外，又继续围绕新闻主业和辅业以及文化产业进行多元化经营，广告公司、印务中心、动漫产业、影视业、文化产业投资基金公司等。当然，许多传媒机构还将多元化经营延伸至更广范围，例如，房地产、商场、计算机公司、网络设计、AI 技术等。从目前我国传媒机构的经营状况来看，传媒业多元化经营向文化产业回归将是大势所趋，而在传媒领域，一体化经营也将不断完善。

资产运营是文化传媒机构或企业在产品生产经营基础上的一次提升，而资本运营更是一次突破，这两次转变在某种程度上是由传媒体制改革和文化传媒体企业的尝试性实践双向推动的。与产品生产运营方式相比，资产运营不仅要考虑产品本身的投入与产出，还要将机构所有资产的投入产出、周转速度等作为运营的核心，讲求资产使用效率和资产收益率，重视投融资管理。

与此同时，文化产业的投资主体也呈现多元化趋势，文化产业的规模和范围都在不断扩展。传统媒体机构加快了媒介融合的步伐，积极建设

“三微一端”的媒介矩阵，媒体机构、电子商务平台运营方和网络服务提供方等主体（例如，百度、阿里巴巴、中国移动等）也开始向文化产业进军；新媒体业态层出不穷，从网络电视、网络广播、网络视频逐步发展到网络直播、短视频，等等。

整体而言，随着文化企业市场化主体地位的明朗，文化产业环境的优化（政府从“办文化”向“管文化”转变，产业政策体系逐步完善），文化产业投融资机制、市场退出机制等的建立和完善，民营和外资企业的加入，这些在促进他们自身发展壮大的同时，也倒逼国有文化企业自我改革，提高文化产品供给效率，而网络文化产业也已经成为新时代新的增长点。

综上所述，从文化产业化发展以来，我国文化体制改革的主要对象首先是文化事业单位，通过分类推进的方式，指导文化事业单位根据不同文化功能的定位向相应性质的供给主体转变；其次是鼓励、引导和规范民营文化企业或其他类型的社会资本参与我国的文化建设。就目前而言，我国已经形成了文化事业单位、国有文化企业、民营文化企业、外资或合资文化企业共同发展的供给主体格局，支撑了整个社会的文化产品供给。

（二）文化企业的供给效率研究

如前所述，文化企业是专业生产文化产品的组织形式，其生产、流通和传播效率的提升是增强有效供给的主要路径之一，是本节重点考察的内容。作为微观组织，企业内部的治理结构、股权结构、债务结构、资产规模、产品结构以及组织制度等因素都会影响文化企业的经营绩效，而经营绩效又是经营效率或者供给效率的有效呈现。本节将重点以文化传媒上市公司的股权结构、债务结构等为核心实证分析文化企业的经营效率，用以反映文化企业的供给效率。

1. 我国传媒上市公司股权结构与经营绩效实证研究

股权结构是股份经济和股份公司的基本要素之一，其不同的属性和比例构成对公司的经营绩效有重要甚至决定性的影响。发达国家从 20 世纪

30 年代就开始研究股权结构与经营业绩的关系，Berle & Means (1932)[①]在《现代公司和私有产权》中提出，所有权与经营权分离情况下存在的委托代理成本问题难以让公司绩效达到最优状态，这是因为在股权分散的状态下，无股权的经理层与小股东之间并非利益一致，经理层极有可能利用公司资源最大化自身利益，而不是股东利益。Jensen & Meckling (1976)[②]将公司股东分为内部股东和外部股东，认为经理人员存在机会主义行为，因此，公司价值随经理人员持股比例的提高而增加。之后，国外学者主要以发达国家上市公司为研究对象，从股权集中度、股权属性、机构投资者[③]、经理人持股与公司绩效间关系的角度进行研究（例如，Demsetz, 1983; Demsetz & Lehn, 1985; Morcketal, 1988; McConnell & Servaes, 1990; Cho, 1998 等）。

国内学者对两者关系的关注从 20 世纪 80 年代初进行的国有企业股份制改革开始[④]，而正式的较为集中的研究则始于 90 年代中后期。这些研究（孙永祥等，1999；张红军，2000；吴敬琏，2001；吴淑琨，2002 等）在借鉴国外理论和模型的基础上，对我国上市公司的股权性质（尤其是国家股）、股权集中度与企业绩效方面的关系都有所涉及。近几年来，行业性的实证研究逐渐增多，例如，安烨和钟廷勇（2011）[⑤]考察了中国制造业上市公司的股权集中度和股权制衡度对公司经营绩效的影响，唐霞（2006）[⑥]、唐健雄和李柏（2011）[⑦]等分析了中国旅游上市公司股权结构

① Berle A. & Means G., The Modern Corporation and Private Property, New York: Macmillian, 1932.

② Jesen, M. C., Meckling, W. H., "Theory of Firm: Managerial Behavior, Agency Costs and Ownership Structure." Journalof Financial Economics, Vol. 3, No. 4, 1976, pp. 5 – 20.

③ 英、德、法等欧洲国家的上市企业中，机构投资者持股规模较大，这也就使得机构投资者与绩效间关系的研究比较多。

④ 任海云．股权结构与绩效关系研究现状综述［J］．商业研究，2006（12）：108 – 112.

⑤ 安烨、钟廷勇．股权集中度、股权制衡与公司绩效关联性研究——基于中国制造业上市公司的实证分析［J］．东北师大学报（哲学社会科学版），2011（6）：46 – 52.

⑥ 唐霞．我国旅游上市公司股权结构与经营绩效的实证分析［J］．旅游科学，2006（4）：47 – 53.

⑦ 唐健雄、李柏．我国旅游上市公司股权集中度与经营绩效实证研究［J］．湖南财政经济学院学报，2011（1）：60 – 63.

与经营绩效的关系，崔坤（2009）[①] 分析了钢铁行业的股权结构对绩效的影响。

党的十七届五中全会更是把该产业提到了前所未有的高度，“推动文化产业成为国民经济支柱性产业”意味着要使其成为国家在经济转型期优先扶持发展的重点行业之一。文化部在2012年先后出台了17项文化产业相关政策，鼓励和引导民间资本进入文化领域，制定了《文化部“十二五”时期文化产业倍增计划》。证监会更是明确提出要支持符合条件的文化企业发行上市。有数据显示，截至2012年9月底，排队上市的企业涉及23个行业、共计758家，相较于同年该行业境内IPO企业数量的比重，娱乐传媒行业的排队企业数量占比增加了135.9%。[②] 不难预见，在政策的大力扶植下，我国将在未来几年内迎来传媒企业的上市热潮。

相比之下，现有研究一是缺乏专门以传媒上市公司为研究对象的分析，从期刊网文献搜索来看，仅有郑小强（2012）[③] 等少数研究分析了传媒上市公司股权集中度与经营绩效的关系；二是仅用股权集中度代表股权结构进行研究过于片面，应当从股权结构的多个角度系统分析已上市传媒公司的股权结构与经营绩效的相关性；三是样本数据稍显陈旧，样本量有待扩充；四是描述性统计分析不够具体和深入。此外，我国的传媒业与欧美国家乃至一般性物质行业不同，绝大多数公司都存在很大比例的不可流通的国有股和法人股，文化和意识形态属性也使我国传媒上市公司的股权结构和治理机制体现出突出的特点与问题。因此，在传媒业大发展的今天，研究公司股权结构与治理机制、经营绩效等问题，为其改造和优化股权结构，从而真正建立起现代公司治理机制、确保资产保值增值以及股东价值的最大化提供可参考的建议，就显得非常必要和迫切。与此同时，这

---

① 崔坤．上市公司股权结构对经营绩效的影响——基于我国钢铁行业上市公司的研究［D］．西北大学硕士毕业论文，2009：29－30.

② 赵晓琳．758家企业排队上市 农业文化产业潜力大［N］．上海证券报，2012－10－23．有所改动．http：//finance. eastmoney. com/news/1344，20121023255705453_3. html.

③ 郑小强．传媒上市公司股权集中度与经营绩效关系实证研究［J］．重庆科技学院学报（社会科学版），2012（9）：73－74.

也能为我们窥察微观层面的文化产品供给效率提供依据。

(1) 理论分析和研究假设。

在股份制公司出现以前,公司的所有者即为经营者,他们直接参与经营,在谋求自身利益最大化的同时实现着公司价值的最大化。股份制公司出现之后,公司的所有权与经营权发生分离,股东与经理人之间形成了基于公司契约的委托—代理关系。同样作为“经济人”的经理人追求的是自身利益的最大化,信息不对称和机会主义的存在使得经理人更倾向于增加在职消费,获取更多的非金钱收益。公司运作不再单纯围绕着公司利益和股东利益最大化展开,导致了代理成本的出现。

为了减少和控制代理成本,多种现代公司治理机制,如决策机制、激励机制、监督机制,以及代理权竞争机制和外部市场接管机制纷纷被提上日程。其中,公司股权结构就是这些机制发挥作用的基础,进而决定企业代理成本的大小,影响企业经营绩效的好坏。那么,究竟什么样的股权结构最有利于公司治理取决于股权结构与经营绩效相关性的考察和分析?迄今为止,基于不同国家和不同行业的实证研究依然没有达成一致的结论,更何况相比之下,针对文化传媒业的研究并不多,这就更有必要对我国传媒上市公司的股权结构与其经营绩效的关系进行更为深入系统的研究,以便为我国传媒企业的股份制改造、公司治理和经营做出可供借鉴的理论指导和数据支持。

股权结构主要涉及三个方面[①]:一是股权集中状况,即企业股东根据各自的持股比例所呈现的组合结构和形式是集中还是分散,用股权集中度进行衡量[②];二是股权制衡状况,即公司前几家大股东相互之间的制衡、监督,以防止大股东为自身利益而从事关联交易等损害公司和中小股东利益的行为,用股权制衡度来衡量;三是股权属性状况,指股权构成的不同

---

① 股权结构还可以分析管理股权和股权流通性,本书重点对股权集中、股权制衡和股权属性进行分析。

② 苏武康.中国上市公司股权集中度与公司绩效实证研究[J].经济体制改革,2003(3):111-114.

性质，我国上市公司的股权属性较为复杂，有国家股、法人股、流通股等。本书基于以上三个层面分析我国传媒上市公司的股权结构对组织经营绩效的影响。

①股权集中度与公司经营绩效。

关于股权集中度类型的划分有很多种，最常见的是按照第一大股东的持股比例划分为绝对控股和相对控股两类，很多传媒上市公司就属于国家绝对控股或相对控股的类型，但这种分类方法过于单一。我们采用第一大股东股权比重指标（CR_1），将股权集中度划分为股权高度分散（$CR_1 \leqslant 20\%$）、股权相对集中（$20\% < CR_1 \leqslant 50\%$）和股权高度集中（$CR_1 > 50\%$）三个类别。从基本理论来看，不同的股权集中度对监督机制、并购机制和代理权竞争机制，以及对大股东"隧道挖掘行为"的影响方向和发挥作用的程度不同，我们根据三种股权集中度下各类机制发挥正作用、无明显作用或发挥负作用分别赋予 -1 分到 1 分的分值，然后按总分高低作为评价哪种股权结构最有利于降低代理成本，争取给出合理的理论假设，如表 6-1 所示。

表 6-1　　不同股权集中度下三种治理机制作用评分

股权集中度	监督机制得分	并购机制得分	代理权竞争机制得分	总分
股权高度集中	0	-1	-1	-2
股权相对集中	1	0	1	2
股权高度分散	-1	1	0	0

通过表 6-1 得分情况可以看到，相对集中的股权集中度最有利于各类治理机制作用的发挥。据此本书做出第一个假设：

假设 1（H1）：相对集中的股权结构最有利于经营绩效的发挥。或者说，在股权结构由相对集中向高度集中变化的过程中，其与经营绩效负相关。

②股权制衡度与公司绩效。

很多研究者（例如，Grossman & Hart，1988；Jurgen Weigand & Erik Lehmann，2000；唐宗明和蒋位，2002；徐莉萍、辛宇和陈工孟，2006 等）

发现，在欧洲、日本、东南亚、中国、俄罗斯等国家和地区，公司股权大多较为集中，而代理问题也更多体现为大股东与小股东间的利益不一致，会出现大股东与经理层合谋侵害中小股东利益的情形，这种现象被称为“隧道效应”。股权制衡是由少数几个大股东分享控制权，相互牵制、相互监督、减少和控制由于大股东追求自身利益而罔顾中小投资者利益产生的代理成本的股权安排模式。Z 值常被用来作为衡量股权制衡度水平，指的是第 2 家大股东与第 1 家大股东持股比例的比值，或者是第 2 到第 n 家股东持股比例之和与第 1 家大股东持股比例的比值。Z 值越接近 1，说明公司两大股东之间持股比例相当，可以很好地相互制衡，避免了一股独大情形的出现。因此，相比于高度集中或过于分散的股权结构，股权相对集中更有利于克制大股东的隧道挖掘行为，同时加强对经理层的监管。据此，本书提出第二个假设：

假设 2（H2）：传媒上市公司的股权制衡度与公司绩效正相关。

③股权属性与公司绩效。

在我国证券市场发展初期，由于存在大量不能上市流通的国有股和法人股，上市公司的股权通常被划分为国家股、法人股和流通股三类。但在股权分置改革后，一部分国有股和法人股已经解禁上市流通，成为流通股，而且 QFII、证券公司、基金等一些具备证券自营业务资格的机构投资者通过二级市场购进持有的流通股也可以归入法人股范畴。因此，这种分类方法就不尽合理了，为了更为准确地进行研究，我们将传媒上市公司的股权划分为国有股、社会法人股和社会公众股，以更符合当下股票市场现状。

国有股包括国家股和国家法人股，由于文化产品具有明显的意识形态特征，国有股的大量存在使得传媒公司在追求经济效益的同时，更要保证舆论导向和社会效益，因此经济效益最大化的目标往往难以实现。此外，国有股通过多重委托代理关系体现其全民所有的性质，代理层级多、成本高，容易导致监督缺失和内部人控制问题。

法人股是指企业法人以其依法可支配的资产向公司投资形成的股权，或具有法人资格的事业单位和社会团体以国家允许用于经营的资产向公司投资形成的股权。根据投资者的不同，可以将法人股划分为国有法人股和社会法人股两种，其中国有法人股属于国有股讨论范畴，这里不再赘述。社会法人持有的股票不论是否解禁，能否流通，与个人投资者相比，更倾向于长期投资，关注长期股息、红利收入，而不倾向于追求短期的资本利得收入。因此与众多个人股东采取"用脚投票"不同，法人股股东一般更倾向于"用手投票"，寻求积极参与公司治理和监督。因此，众多学者普遍认为（例如，施东晖，2000；Qian & Sun，2003；宋敏和张俊喜，2004等），法人股的存在有利于加强对公司经营管理层的监督，降低代理成本，提升企业绩效。而且，具有证券自营业务资格的证券公司、保险机构、养老基金、QFII等专业机构投资者也有能力参与公司的运营和监管。

社会公众股是指个人投资者持有的上市公司股份。一般而言，社会公众股股东可以通过参加股东大会参与公司治理和决策，也可以通过二级市场抛售股票间接对公司经营起到纠正和调节作用。对于第一种方式，在国有大股东控股的情况下，单小股东通过参加股东大会的方式参与企业决策，所获得的收益甚至不能弥补成本，这时，个人股东就不会采取这种"用手投票"的方式，转而采取"用脚投票"。在英美等公司股权高度分散的证券市场上，众多小股东可以通过二级市场操作间接影响公司运营。因为在股份高度分散的情况下，如果公司经理层未尽勤勉义务，导致公司绩效下降，就会引起二级市场上公司股票的抛售和价格下跌，这时候公司就可能成为被兼并收购的对象，进而撤换管理层，重组公司。但在我国普遍存在国有股股东控股的情况，想通过二级市场并购公司难度很大。而且对于一些敏感、支柱行业的上市公司，并购还需经相关部门审批，非市场影响因素较多。因此，对中国的中小投资者来说，在"用手投票""用脚投票"都不能实现的时候，股票投资就变成了一种短期行为，成为一种投机活动。[①] 在目前情况下，小股东很难对公司的治理进行有效的监督。

据此，本书提出以下三个假设：

---

① 李思平．中国上市公司股权结构与经营绩效相关性的实证研究［D］．暨南大学，2003.

假设 3（H3）：国有股持股比例与公司经营绩效负相关。

假设 4（H4）：社会法人股持股比例与公司经营绩效正相关。

假设 5（H5）：社会公众持股比例与公司经营绩效无明显相关性。

（2）实证分析。

①变量选取与界定。

其一，被解释变量。

公司经营效益的评价指标通常包含财务指标和非财务指标两类，考虑到定量分析的需要，本书对公司绩效的考察以财务指标为主。鉴于传媒上市公司普遍存在大量不可流通的国家股和法人股，以及以权益资产为基数衡量由权益和债务资产共同创造的净利润会导致对公司经营绩效水平的高估，我们选取总资产收益率（ROA）作为被解释变量。

其二，解释变量。

股权结构是我们所要分析的核心解释变量，由于本书所指的股权结构包括股权集中、股权制衡和股权属性结构，因此，需要从三个方面选取显示股权结构的变量。

一是股权集中度。本书选用第一大股东持股比例（CR_1），以及前 5 家股东持股比例的平方和 H_5 指标作为股权集中度变量。

二是股权制衡度。本书选取 Z_{2-5} 作为衡量股权制衡情况的指标，该变量表示公司第二至第五大股东所持股份总和与第一大股东所持股份之比，取值范围在（0，4）之间。该值越接近 0，表明股权制衡度越低，第一大股东受到的牵制越小，容易导致"一股独大"，引起关联交易、违规担保、低价配股等不利于公司发展的问题；该值越接近 4，表明股权制衡度越高，第一大股东在参与公司治理时受到来自其他四家股东的制衡程度就越高，限制了其对中小股东可能的掠夺，使得第一大股东只能通过提高企业绩效的方式来谋求自身利益最大化。[①]

---

① 崔坤．上市公司股权结构对经营绩效的影响——基于我国钢铁行业上市公司的研究［D］．西北大学，2009.

三是股权属性。本书分别选取国有股（GYG）、社会法人股（FRG）和社会公众股（GZG），即三种性质的股东所持有的公司股份作为反映股权属性的指标。

其三，控制变量。实际上，除股权结构外，影响上市公司绩效的因素还有很多，例如，公司规模、财务杠杆、上市年限、产业政策，甚至经营管理者的能力素质等都会对公司绩效产生影响。为了保证实证分析的科学性，这些影响因素将被作为控制变量或者随机误差项纳入模型中。考虑到传媒行业的特殊性和上述因素在数据上的可得性以及对公司绩效的影响程度，本书选定公司资产规模（SIZE）和财务杠杆（DAR）作为控制变量，其中，由于上市公司总资产规模数值较大，我们需要将SIZE转化为总资产的自然对数，而财务杠杆选取资产负债率作为评价指标。

②数据样本的来源与选择。

本书实证研究的样本均来自在沪、深证券交易所上市发行A股的传媒企业，截至2013年12月31日，根据证监会2012年发布的《上市公司行业分类指引（2012年修订版）》和证监会披露的2013年四季度上市公司行业分类，目前在沪深两市A股市场上市的传媒与文化产业类公司主要有32家。其中，沪市主板16家，深交所主板8家，创业板8家。按其所属大类划分，新闻出版类企业14家，广电影视内容制作类企业8家，互联网传媒企业3家，广电传输服务企业7家①。目前，不论是从上市企业数量上，还是市值规模上，传媒上市公司的占比都较小。而已经上市的公司主要为传统出版和广播电视类公司，游戏、演艺等新兴文化产业上市公司较少，在此不多作分析。

为了进一步提升研究的准确性，我们需要剔除一些不适用的样本：一是剔除经营和盈利状况出现重大问题的ST类上市公司；二是剔除在2013

① 出版类企业：ST传媒、大地传媒、华闻传媒、天舟文化、中文传媒、时代出版、浙报传媒、长江传媒、新华传媒、博瑞传播、中南传媒、皖新传媒、凤凰传媒、出版传媒；互联网传媒业：东方财富、乐视网、人民网；广播、电视、电影和影视录音制作业：华数传媒、湖北广电、华谊兄弟、华策影视、光线传媒、华录百纳、新文化、中视传媒；广播电视传输服务业：电广传媒、天威视讯、百视通、歌华有线、广电网络、吉视传媒、中信国安。

年 1 月 1 日之后上市的传媒类企业，这主要是考虑到之后上市的传媒企业，经济效益中含有未上市时期的经营成果，而且有不少企业在上市之前可能存在过度操纵利润的情况。按上述标准筛选后，共有 31 家上市公司符合条件。

③样本变量的描述性统计分析。

表 6－2 和表 6－3 是 2013 年末 31 家传媒上市公司股权结构和公司绩效各变量的描述性统计结果。需要说明的是，由于上市公司股权信息公布的有限性，本书得出的国有股（GYG）、社会法人股（FRG）、社会公众股（GZG）持股比例仅汇总了各公司的前十大股东。据统计，32 家公司前十大股东持股比例之和的均值为 64.01%。而各公司第十大股东持股比例均值仅为 0.61%，由此可见，传媒上市公司股权集中度偏高，各公司第十名大股东持股比例已远低于 1%，其他中小股东参与公司治理的能力和欲望已经很弱。因此，仅考察前十大股东股权属性对绩效的影响，也相对合理。

表 6－2　　　　各变量的描述性统计结果（1）

	ROA	CR_1(%)	CR_5(%)	H_5(%)	Z_{2-5}	GYG(%)	FRG(%)	GZG(%)	Ln SIZE	DAR(%)
平均	0.09	45.16	59.31	0.25	0.44	41.37	15.34	7.30	22.10	0.35
中位数	0.07	45.77	61.49	0.21	0.28	50.58	6.66	0.86	22.34	0.31
标准差	0.06	17.68	14.46	0.16	0.44	29.93	19.34	14.73	1.01	0.19
峰度	0.01	-1.02	-0.80	-0.47	2.56	-1.47	1.12	5.07	3.18	2.46
偏度	0.53	0.03	-0.31	0.60	1.55	-0.39	1.50	2.35	-1.37	1.29
最小值	-0.02	14.47	29.67	0.03	0.02	0.00	0.00	0.00	18.65	0.09
最大值	0.23	75.78	83.39	0.58	1.88	82.88	66.06	60.22	23.55	0.97
观测数	31.00	31.00	31.00	31.00	31.00	31.00	31.00	31.00	31.00	31.00

表 6－3　　　　各变量的描述性统计结果（2）

	ROA	CR_1（%）	Z_{2-5}	GYG（%）	FRG（%）	GZG（%）	DAR（%）
深市主板（7 家）	0.08	40.10	0.71	41.89	21.22	0.47	0.39
深创业板（8 家）	0.11	39.30	0.57	3.75	32.68	26.65	0.26
沪市主板（16 家）	0.07	51.53	0.24	59.81	5.01	0.81	0.34

其一，目前盈利性较好，且创业板公司盈利能力要高于主板公司。

由表 6－2 可知，31 家传媒上市公司总资产收益率（以下简称收益率）均值为 9%，盈利能力较强。据《证券日报》报道，截至 2014 年 4 月 14 日，1640 家公布年报的上市公司，除去金融和传媒类上市公司外，其余 1527 家公司净资产收益率均值为 8.47%。[①] 对单个公司而言，总资产收益率通常要低于净资产收益率，而前文 31 家传媒上市公司总资产收益率均值却高于其他行业公司净资产收益率均值，表明 2013 年传媒上市公司盈利能力还是较为理想的，符合文化传媒企业"轻资产、高技术、高产出"的经济特性。其次，收益率标准差为 0.06，说明各家传媒上市公司的收益率差别不是很大，ROA 样本分布偏度为 0.53，表明高收益率公司比低收益率公司占比更多。另外，由表 6－3 可知，8 家创业板上市公司 ROA 为 11%，而沪深两市主板上市公司 ROA 分别为 7% 和 8%，表明创业板公司较主板公司具有更强的盈利能力和成长性，这一方面是由于主板上市公司主要以传统的新闻出版类和广电类上市企业为主，而创业板以新兴网络媒体及影视传媒类公司为主，成长性更高。另外，更为根本的是创业板上市公司股权结构更为合理，更有利于各类公司治理机制作用的发挥。

其二，普遍存在"一股独大"现象，股权制衡水平很低。

31 家公司第一大股东平均持股比例（CR_1）为 45.16%，中位数为 45.77%，几乎全部都在 20% 以上。其中，第一大股东绝对控股的有 13 家，占 31 家公司样本总数的 41.94%。公司第二到第五大股东持股比例之和的均值为 14.15%，远低于第一大股东的平均持股水平，因此股权制衡指标 Z 值均值仅为 0.44，远小于 4。此外，31 家公司 CR_1 的标准差为 17.68，说明第一大股东持股比例差别较大。由表 6－3 可知，16 家沪市主板公司 CR_1 均值高达 51.53%，超过绝对控股水平，而深市主板和创业板上市公司 CR_1 均值在 40% 左右。相应地，深市主板和创业板上市公司 Z 值

---

① 张颖、莫迟．逾四成公司净资产收益率超均值 三行业最赚钱［N/OL］．证券日报，2014－04－15．http：//zqrb．ccstock．cn/html/2014－04/15/content_413136．htm．

分别为0.71和0.57，稍高于沪市主板上市公司的0.24。这说明，多数传媒上市公司的第一大股东持股比例达到较高水平，普遍存在“一股独大”现象，股东制衡机制的作用较难发挥。

其三，不同性质股东持股各有特点，创业板与主板上市公司差别较大。

虽然，主板与创业板上市公司大股东持股比例都非常高，但大股东的股权属性有所不同。由表6－3可知，主板上市公司国有股持股比例非常高，而创业板上市公司却以法人股和公众股为主。这可能是创业板上市公司能够取得更高收益率的主要原因之一。

首先，在国有股持股比例方面，由表6－3可知，沪市主板16家上市公司国有股占比均值高达59.81%，这主要是因为现有的沪市传媒上市公司多数都是新闻出版类企业，上市前多为国有企事业单位，且其中6家还是通过借壳实现上市的，公众股和法人股占比较低。同时，深市主板7家上市公司国有股比例均值也高达41.89%。但8家创业板上市公司国有股比例均值仅为3.75%，远远低于主板上市公司，这是因为东方财富、乐视网、华谊兄弟、华策影视等创业板上市公司上市前多为民营企业，国有股持股比例较低。

其次，法人股股权份额的平均水平较低，只有15.34%，但标准差却高达19.144，这表明各公司间的法人股持股水平差别较大。具体来看，深交所上市公司法人股持股比例要高于沪市上市公司，在公司前十大股东中，创业板上市公司法人股持股比例均值高达32.68%，而沪市16家上市公司法人股比例均值仅为5.01%。这表明与创业板上市公司相比，现有的沪市传媒上市公司股东结构相对单一，国有股持股比例占有绝对的优势，社会法人参与公司治理的能力较差。

最后，在31家公司前十大股东中，社会公众持股比例平均水平只有7.30%，中位数也仅为0.86%，标准差却高达14.73。据表6－3可知，在创业板上市的8家公司公众持股比例均值（26.65%）显著高于深市主板公司（0.47%）和沪市主板公司（0.81%）。这是由于创业板公司的单个自然人持股比例较高。比如乐视网大股东贾跃亭持股比例高达 46.57%，华策影视傅梅城持股比例 35.38%，华谊兄弟王中军、王中磊持股比例 23.9%。

其四，公司的资产负债率水平普遍不高。

31 家公司的平均资产负债率为 35%，处于较低水平，资产负债率最高的华数传媒（000917）负债水平为 64.33%，仍符合商业银行担保抵押贷款条件[①]。此外，公司资产负债率标准差为 0.19，数值较小，说明公司间的资产负债水平差异不大。

综上所述，从股权属性角度来说，创业板上市公司股权结构更趋合理，而且私人大股东的存在也比国有大股东更有利于企业绩效的提升。

④回归模型及估计结果。

根据前面所做的研究假设，本书分别就自变量 CR_1、H_5、Z_{2-5}、GYG、FRG、GZG 与公司绩效指标 ROA 之间建立回归模型进行分析：

模型一：

$$ROA = \beta_0 + \beta_1 CR_1 + \beta_2 Z_{2-5} + \beta_3 GYG + \beta_4 FRG + \beta_5 GZG + \beta_6 SIZE + \beta_7 DAR + \varepsilon$$

模型二：

$$ROA = \beta_0 + \beta_1 CR_1 + \beta_2 GYG + \beta_3 FRG + \beta_4 GZG + \beta_5 SIZE + \beta_6 DAR + \varepsilon$$

模型三：

$$ROA = \beta_0 + \beta_1 H_5 + \beta_2 Z_{2-5} + \beta_3 FRG + \beta_4 GZG + \beta_5 SIZE + \beta_6 DAR + \varepsilon$$

其中，ε 是随机扰动项。由于本书采用的是横截面数据，容易出现异方差问题进而影响回归结果的有效性，因此，在模型的回归过程中我们先采用普通最小二乘法求出模型的残差序列，然后以残差序列绝对值的倒数构造的权矩阵对原模型加权后重新进行回归，以消除异方差性问题。模型的回归结果如表 6-4 所示。

---

① 商业银行贷款评价标准：企业资产负债率在 50% 以下符合信用贷款条件之一，70% 以下符合担保抵押贷款条件之一。对银行来说，当资产负债率高于 70% 时，该企业属于高风险拒贷企业。

表 6－4　　股权结构与公司绩效相关性回归结果

变量	β_0	Prob.	CR_1	Prob.	H_5	Prob.	Z	Prob.
模型一	－0.333476	0.0002	－0.000709	0.1784			0.015880	0.4055
模型二	－0.315462	0.0002	－0.001085	0.0006				
模型三	－0.365962	0.0000			－0.042528	0.2645	0.027297	0.0535
变量	GYG	Prob.	FRG	Prob.	GZG	Prob.	SIZE	Prob.
模型一	0.001146	0.0111	0.001889	0.0006	0.002153	0.0000	0.018464	0.0001
模型二	0.001403	0.0000	0.002208	0.0000	0.002381	0.0000	0.17821	0.0001
模型三	0.000957	0.0098	0.001730	0.0005	0.001985	0.0000	0.019342	0.0001
变量	DAR	Prob.	Adjusted R^2	D－W		F－statistic	Prob（F－statistic）	
模型一	－0.169394	0.0000	0.994414	2.245888		763.8895	0.000000	
模型二	－0.162574	0.0000	0.997573	2.199086		2056.253	0.000000	
模型三	－0.175639	0.0000	0.975020	2.271006		168.2788	0.000000	

从回归结果来看，三组模型的总体显著性 F 检验都能在 99% 的置信度水平下通过检验，说明自变量与因变量间存在显著的线性相关关系，模型本身总体线性关系显著成立；三模型经调整后的 R^2 取值在 0.975～1，拟合程度很高；另外，三模型的 D－W 检验值表明模型残差项不存在序列相关问题①。在各解释变量显著性方面，在模型一加入了股权制衡因素 Z_{2-5} 值，回归结果表明，该变量与经营绩效呈正相关关系，但该变量 t 检验 P 值高达 0.4055，显著性水平不高。因此，本书在模型二中剔除了该变量，模型二经回归后，得到了较为合理、可靠的回归结果，各变量显著性水平上都在 95% 以上。模型三各解释变量显著性水平也都比较高。可以说，整组模型的总体估计效果还是不错的。据此，我们能够得出以下结论：

结论 1：股权集中度与公司经营绩效呈负相关关系。

模型一、二回归结果均表明，第一大股东持股比例 CR_1 均与总资产收

① 经查表，在 5% 的显著性水平及 31 个样本条件下，9 个和 8 个解释变量的 DW 检验上下限值分别为 dl：0.810，du：2.226；dl：0.879，du：2.120，经计算，上述三模型残差项均不存在一阶自相关问题。

益率 ROA 呈现负相关关系，而模型三回归结果也显示，前五大股东持股比例的平方和 H_5 也与 ROA 呈负相关关系，与第一个理论假设一致。

结论 2：股权制衡与公司经营绩效呈正相关关系。

股权制衡度指标 Z_{2-5} 与总资产收益率呈正相关关系。在模型一中，由于 Z_{2-5} 作为解释变量未能通过显著性检验，因而我们以模型三所得到的回归结果进行分析。由模型三回归结果可知，股权制衡度每提升 1 个百分点，公司总资产收益率会提升 2.7 个百分点，这与第二个理论假设相符。

结论 3：公司经营绩效与国有股、社会法人股和社会公众股比例均呈正相关关系。

三个模型中，国有股、社会法人股与社会公众股比例与总资产收益率的回归系数均为正数。这与第四个假设相一致，但与第三个和第五个假设不相符。其中，社会公众股对公司绩效的贡献率最大，社会法人股次之，国有股与绩效的正相关性最低。有关国有股的实证结果表明，虽然国有大股东的存在容易引发多重委托代理等问题，但我国传媒上市公司的国有股东仍然与经营绩效呈正相关关系。这可能是由于国有大股东在一定程度上加强了对经理层的监管，但也更可能是因为我国政府为国有传媒上市公司提供了更多的政策支持和经营便利条件带来的政策红利效应。由上文的描述性统计数据可知，社会公众股与绩效呈正相关关系可能更多的源自创业板上市公司的个人大股东的持股现实，例如，贾跃亭、傅梅城、王中军等，而自然人持有较高的股权比例有利于降低因股权过度分散而导致的经理层对股东利益最大化原则的偏离，能够加强对经理层的监管，更有可能通过用“手投票”的方式参与公司运营，降低企业代理成本，从而对公司绩效发挥了正面的影响。

结论 4：公司经营绩效与资产规模正相关，与财务杠杆水平负相关。

在控制变量中，资产规模与总资产收益率呈正相关关系，整组模型求得的回归系数在 0.16 ~ 0.19，公司规模的扩大对公司绩效有正的边际贡献率，符合规模经济特性。而资产负债率与总资产收益率呈负相关关系，整组模型的相关系数都在 −0.16 ~ −0.18，这与传统的理论分析不符。因为一般而言，债务融资能够引入债务人监督机制，并具有税盾效应。财务杠杆对总资产收益率的边际贡献率为负可能出于以下几个原因：1）债权人独立性不强，作为公司长期债务融资主渠道的各大银行，他们与政府和企业之间的关系难以厘清，从而导致了银行参与公司治理的积极性不高，在很大程度上，这些公司反而因为可以依赖国家和政府资金而经营怠惰，产生短视行为。2）我国银企关系的制度设计重在防范金融风险，难以有效激励债权人积极参与公司治理。3）19 家公司平均资产负债率仅为 35%，处于较低水平，不会产生较大财务风险，公司经管层缺乏负债经营的压力和动力。4）公司的资金使用效率较低。一方面，基于文化产业的意识形态属性和传媒公司舆论引导的重要作用，政府管理相对严格，公司跨地区、跨行业发展和资本运作受政策限制较大，许多文化企业上市融资之后，处于有钱花不出去的尴尬境地，上市时的投资承诺很难兑现；另一方面，某些上市公司自身的经营能力较差。因此，公司举债越多，交易成本和利息成本越多，而资金利用率却不高，拉低了经营绩效。

（3）小结与建议。

本章从股权集中、股权制衡和股权属性三个层面考察了中国传媒上市公司的股权结构与公司经营绩效的相关性，与此同时，考察了公司规模和资产负债率对公司绩效的影响。利用沪深两市 A 股主板、创业板和中小板上市的 31 家传媒公司的数据，通过构建计量经济多元回归模型以及应用数据进行估计检验，我们分别得到了与以往整体性或其他行业性研究相一致或背离的结论。

我国绝大多数传媒上市公司处于股权相对集中或高度集中状态，与经营绩效呈现负相关性意味着股权集中度的提高将对公司绩效产生负面影响，但影响程度并未有我们想象中大。由于“一股独大”较为普遍地存在，股权制衡水平偏低，但与经营绩效正相关。国有股、法人股和公众股比例对公司经营绩效均有积极的影响，其中，公众股的正面影响程度最大。综上所述，在我国证券市场尚未成熟和完善的情况下，保持股权的相对集中，从而加强内部监督治理对公司的经营绩效提升更为有利。因此，提高少数股权分散公司的股权集中度，适度减持国有股，保持第一大股东（或前五大股东）的适度集中，应当是我国传媒公司未来的股权改造方向。与此同时，传媒公司应当加强自身修炼，尽快地把政策红利转化为真实的绩效提升的契机。

首先，逐步放松传媒规制，改善过度集中的“一股独大”现象。在具体实施方面，对于在上交所上市的国有控股传媒公司来说，要推进国有股减持，灵活采取股权转债权、股权拍卖、回购、配股等方式，适度地降低国有持股比例。而对于在深交所创业板、中小板上市的一些传媒公司而言，第一大股东构成比较复杂，在股权高度集中的公司中，国有大股东仍需坚持逐步减持，而个人大股东和其他社会法人大股东，只能在限售期届满之后，依靠证券市场自身慢慢消化。

其次，在适当降低第一大股东持股比例的同时，要根据公司股权集中情况，提升社会法人股和公众股东持股比例，适度增加其他大股东的持股比例，使我国的传媒公司朝着存在相对控股、大股东相互制衡的方向发展。在实际操作方面，可以尝试引进战略投资者的方式，因为战略投资者的持股比例一般都在10%以上，而且具备参与公司治理的欲望和能力。另外，随着我国机构投资者的不断发展，今后各类基金、证券公司等专业投资机构在参与公司治理方面也将会发挥更大的积极作用。

此外，科学规范地设计和优化公司治理结构和制度安排才是一项更为关键和基础的任务。根据实证研究中变量间的相关性修正各个变量的比例有助于提高传媒公司的经营绩效，但其发挥作用的有效性和强度归根结底取决于各项治理机制的良性运作。已上市的传媒公司以出版业和广播电视业企业为主，这类企业多为事业单位转制而来。改制之后，企业中存在大量不可流通的国有股、法人股；与此同时，由于传媒公司有其自身特性，许多公司治理制度都有待探索和创新，例如，基于传媒的事业法人和企业法人关系以及新三会与老三会关系的处理，出资人制度、董事会、管理层激励约束机制的构建等，这些问题能否良好地解决将直接决定传媒上市公司治理机制的有效性。

最后，加大政策支持力度，让企业不断提高自身经营能力，借助资本市场真正做大做强。从控制变量的分析中我们可以看到企业资产规模扩大的积极作用，也看到本该起到正面作用的财务杠杆适得其反。尽管传媒业多存在融资难的问题，但许多目前已上市的传媒公司却存在大量的闲置资金。本书选取的传媒上市公司的货币资金占资产总额的比重达到40.18%，这说明这些公司近乎一半的资金存放于银行，处于闲置状态。这一方面说明，传媒公司整体上的资金利用率低，不能有效地利用财务杠杆效应，无法充分发挥上市融资带来的资金优势和规模成本优势，其自身经营能力还有待大幅度的提高；另一方面，传媒业的多元化业务拓展及各方面投资还面临很多限制，产业集中度低也已成为制约文化产业快速发展的障碍。因此，未来一段时间内，还需要政府给予更大的政策支持，在打破行业壁垒和地方保护主义的基础上，让文化企业根据自身情况进行跨地区、跨行业、跨所有制经营，让市场真正起到资源配置的决定性作用，引导各类生产要素适度集中，尽快推动文化企业做强做大。

2. 文化传媒上市公司债务结构与经营绩效间关系的实证研究

债务融资作为企业资金来源的重要渠道，在满足企业资金需求的同时，其不同的资金来源及比例构成还会通过对公司财务及治理机制的影响，最终影响企业经营绩效。国外对债务融资的研究最早始于莫迪利安尼（Modigliani）和米勒（Miler）在1958年提出的MM理论。该理论假定在无所得税、无破产成本、信息对称、资本市场充分有效等严格条件下，得出企业价值与资本结构无关论，但该理论严格的前提假设一直备受争议。1963年，莫迪利安尼和米勒又将企业所得税纳入其理论体系中，得出由于债务利息费用在税前偿还，企业举借债务越多，缴纳的所得税就会越少，企业价值越大的结论。[①] 之后，国外学者在逐步放松MM理论假设前提下，先后将个人所得税、代理成本、破产成本、信息不对称等因素纳入债务融

---

① 国家发展和改革委员会培训中心企业理财丛书教材编写组．企业融资筹划［M］．北京：经济科学出版社，2011：21－37．

资结构研究中，提出了米勒模型（Miler，1977年）、权衡理论（Robichek，1967；Stiglitz，1969；Scott，Jensen & Meekling，1976）、信号传递理论（Ross，Leland & Pyle，1977年）以及融资优序理论（Myers & Majluf，1984）等。

国内学者对公司债务结构与公司价值的研究基本上仍处在国外研究框架内，尤以分行业实证研究最多。比如，朱乃平、孔玉生（2006），陈肇兴、宋刚（2008），姜涛、汤颖梅（2009）等先后对高科技企业、农业、医药类上市公司债务结构与经营绩效间关系进行分析。另外，肖永梅（2009）、陈正良和孔兵（2010）分析了债务融资所涉及的公司治理机制，杨帆（2007）分析了债务融资对公司投资的影响。就文化传媒行业而言，周君（2008）只选取了11家传媒上市公司作为样本，利用较为简单的统计方法分析了传媒企业的资产负债率，认为我国的传媒上市公司偏好外源股权融资，该研究并没有从公司治理机制层面分析融资结构对经营绩效的影响；陈晓霞（2008）重点考察了资产负债率、短期借款率、股权集中度对经营绩效的影响，但我们认为上述三个变量不足以代表公司债务结构，现有的研究还很不充分。在我国产业结构转型与升级、大力发展文化传媒产业的大背景下，研究文化传媒上市公司债务融资结构现状及其对经营绩效的影响和机制，对于充分了解该类公司债务融资现状，改善公司经营绩效、提高微观层面文化产品的供给效率具有重要意义。

（1）理论分析与研究假设。

①负债经营、债务水平与经营绩效。

在现代股份制公司发展阶段，债务融资主要从两个方面影响企业。首先，公司融入债务时，债权人要求还本付息，参与企业利润分配，企业形成财务成本，在承担财务风险的同时，享受“税盾效应”带来的节税效果及财务杠杆效应。其次，公司融入债务的同时，也引入了债权人监督机制，为保证债务的到期偿付，债权人积极要求参与公司治理和运营监督，有利于提高企业资金的使用效率。下面，本书将从财务和治理机制两方面对企业债务融资的经营效果进行分析。

其一，负债与“税盾效应”。

《中华人民共和国企业所得税法》规定：企业在生产经营活动中发生的合理的不需要资本化的借款费用及利息支出，准予在税前扣除。[①] 这是债务融资“税盾效应”的法律依据。相比于股利而言，借款利息费用在税前偿还，不计入应税收入。因此总资产规模相同的企业，相比于无负债企业而言，只要负债企业的税前收益为正，税盾效应就会发生作用，降低企业的应缴所得税，增加企业现金流。[②]

其二，负债与“财务杠杆效应”。

当公司的总资产收益率高于债务利息率时，由债务资金创造的多于债务利息的部分利润会提高股东权益资本收益率。反之，企业将不得不动用权益资金偿还债务利息，会拉低权益资本收益率。因此，引进债务资金后，不仅债权人会对公司经营进行监督，股东也会加强对公司经理层的监管。这也隐含了债务融资的第三个优势，即可以降低股权代理成本。

其三，负债会降低股权代理成本。

债务融资具有缓和或降低股权代理成本的作用。首先，在企业需要再融资时，与增发股票相比，引进债务资金不增加股本总额，克服了因增发股票使经理层持股比例下降、进而股权代理成本增加的风险。其次，债务融资引进了债权人监督机制，使经理层勤勉尽责，从而降低股权代理成本。债权人监督主要通过三种方式实现。第一，引进债务需要定期偿还利息，这部分利息费用会减少企业在满足投资需求和纳税后的自由现金流量[③]，降低经理层在职消费或过度投资的能力。第二，债务合同会对借入资金的使用进行约束，防止经理人滥用资金或投向高风险项目。第三，在企业不能偿还到期债务时，债权人可申请公司破产，掌握公司的实际控制

---

① 中华人民共和国企业所得税法实施条例．中华人民共和国国务院第512号令，2007－12－06.

② 廖孝生．债务融资的税盾及财务杠杆效应［J］．珠江经济，2004（11）：62－66.

③ 彭路漫．我国上市公司债务融资对股权代理成本影响的研究［D］．西南大学，2010.

权和剩余索取权，破产清算机制也会激励经理层勤勉尽责，维护好公司利益。

其四，负债会产生债务代理成本。

但债务融资也会导致债务代理成本的产生，影响经营绩效的提升。债务代理成本源于债权人和股东间的利益冲突。我国的文化传媒类上市公司普遍存在一股独大问题，容易导致“资产替代”和“投资不足”问题。资产替代指大股东将低成本债务资金投资于高风险项目。如果盈利，股东将获取债务本息之后的所有剩余收益；如果项目失败，股东也只承担有限责任，而债权人则以所有债务资金承担全部风险。[①] 所以，大股东具有以低成本债务资金投资高风险项目的冲动。投资不足指虽然投资项目未来的收益率为正，但却等于或小于债务利息率，也就是说赚的钱只够偿还债务利息，股东就会放弃投资，导致投资不足，造成资金闲置，影响企业价值增长。

综上所述，适度的负债利大于弊，可以起到节税、财务杠杆效应以及引进债权人监督等优势。据此，提出本书第一个假设（H1）：样本公司资产负债率水平与经营绩效正相关，且本研究选取的 19 家样本公司平均负债率 35.27%，在很大程度上并不会导致太大的财务风险。

②债务结构与公司经营绩效。

从不同渠道筹集的债务资金因债权人参与公司治理能力、方式的差异，对经营绩效的影响也不同。本书将从债务期限结构（流动负债、非流动负债）和债务类型结构（商业信用、银行贷款、公司债券）[②] 两个层面，分别探讨债务结构影响经营绩效的方向和程度。

其一，债务期限结构与公司经营绩效。

一般认为，短期负债相比长期负债而言更有利于加强债权人对经理层和股东的监督以及企业经营绩效的提高。

---

① 江伟、沈艺峰．大股东控制、资产替代与债权人保护［J］．财经研究，2005（12）：95－97.

② 陈耿．上市公司融资结构：理论与实证研究［D］．西南财经大学博士论文，2004：18.

首先，短期负债有利于抑制经理层的过度投资和股东的资产替代行为。短期债务需要经常偿付债务本息，减少了企业资金的流动性。控制了经理层试图建立企业帝国，盲目投资的能力和冲动。也使得股东不敢随意将债务资金投资于高风险项目，以免使企业偿债困难导致破产。其次，短期负债有利于克服股东的“投资不足”行为。长期债务成本比短期负债要高。如果借入长期债务，投资收益的很大一部分将被用来偿付债务本息，属于股东的息税后剩余利润就会较低，此时，股东更容易放弃投资机会，导致投资不足。[①]

本书把非流动负债与流动负债的比值（DMS）作为衡量债务期限结构的指标，以此提出第二个假设（H2）：债务期限结构（DMS）与经营绩效负相关，DMS 值越小，越利于经营绩效提升。

其二，债务类型结构与经营绩效。

企业的债务类型可根据债务的融资渠道划分为商业信用、银行贷款和公司债券三类。

一是商业信用与经营绩效。商业信用指企业日常经营活动中由于延期付款或预收账款所形成的债务关系，主要有应付票据、应付账款、预收款项三种形式。商业信用具有经常性、短期性、灵活性的特点。这种短期、小额债务资金只在企业的生产、销售过程中流转，大多不会投资于新的项目。所以，一般不存在资产替代、投资不足问题。而且，借贷企业间多为上下游长期合作伙伴关系，存在一种“好借好还，再借不难”的软性约束关系。利用商业信用有利于加快企业资金流转，提升经营绩效。

据此，提出第三个假设（H3）：企业商业信用债务比率与经营绩效正相关。

二是银行贷款与经营绩效。银行贷款是目前多数上市公司最常采用的债务融资方式。商业银行作为专业贷款机构，对企业贷款具有严格的监管

---

① 王莉．我国上市公司债务期限结构对公司经营业绩影响的实证分析［D］．江西财经大学，2010.

流程。不仅具有事前审查、期间监管措施，还会通过贷款合同对贷款投资项目进行限制，具有抵押、质押担保措施。这些措施可以有效实现银行对公司贷款资金使用的监督。

因此，提出本书第四个假设（H4）：企业银行贷款债务比率与经营绩效正相关。

三是公司债券与经营绩效。与银行贷款和商业信用相比，公开发行债券是债权人监管程度最低的一种债务融资方式。因为此时的债权人是分散的投资者，每个债券投资者持有的债券数量都不多，没有对公司进行监管的能力和诉求。① 所以，公司经理层或大股东很容易将这笔资金投资于高风险项目，引发代理成本，降低公司价值。

据此，提出第五个假设（H5）：公司债券债务比率与经营绩效负相关。

（2）实证分析。

①变量选取与界定。

其一，被解释变量。

净资产收益率常被用作评价经营绩效的指标，但对本研究却不适用。因为净资产收益率仅反映了股东的权益资本收益率，不包含债务资本对公司经营绩效的影响。因此，本书选取总资产收益率（ROA）作为被解释变量。

其二，解释变量。

一是总负债指标变量。本书以资产负债率（DAR）作为衡量企业总体负债程度的指标。

二是债务期限结构变量。本书采用非流动负债与流动负债比值（DMS）作为债务期限结构的解释变量。

三是债务类型结构变量。本书将商业信用、银行贷款、公司债券与负债总额的比值，即商业信用债务比率（CC）、银行贷款债务比率（BL）、

---

① 陈耿、周君．企业债务融资结构研究——一个基于代理成本的理论分析［J］．财政研究，2004（2）：58－65.

公司债券债务比率（EB）作为债务类型结构的解释变量。

其三，控制变量。

除了债务结构变量之外，本书选取公司第一大股东持股比例（CR_1）、公司规模（Size）两个要素作为控制变量。由于上市公司总资产规模太大，本书以总资产的自然对数（LnSize）替代公司规模（Size）作为控制变量。

②样本数据的选择及描述性统计。

截至2012年12月31日，在沪深两市A股上市的传播与文化产业类公司共34家。为提升样本公司代表性，本书按下述标准对公司进行筛选：（1）剔除经营状况出现重大问题的ST类公司；（2）剔除在2012年1月1日之后上市的公司，以使经营绩效数据完整反映一个会计年度的经营状况，保证业绩数据的真实性和完整性。按上述标准筛选后，得到19家符合标准的样本公司。表6-5是对19家样本公司各变量的描述性统计结果。

表6-5　　各变量的描述性统计结果

变量	平均数	中位数	标准差	方差	最小值	最大值
ROA	0.038168	0.0523	0.056194	0.003158	-0.1179	0.1103
DAR	0.352689	0.3068	0.168972	0.028552	0.0853	0.6618
DMS	0.238706189	0.010373966	0.614419963	0.377511891	0	2.346765714
CC	0.503426316	0.4396	0.283756353	0.080517668	0.1511	0.9954
BL	0.150841579	0.0343	0.191031739	0.036493125	0	0.5562
EB	0.007326316	0	0.03193467	0.001019823	0	0.1392
CR1	0.418213	0.3792	0.191886	0.03682	0.0979	0.754
LnSize	21.64164133	21.62495342	1.031848671	1.06471168	19.43762237	23.14166653

其一，总资产收益率水平普遍较低①。

19家样本公司的总资产收益率平均水平为3.8%，而同年银行一年期整存整取利率最高为3.5%，6个月到1年短期贷款基准利率最低为

① 与前一节的分析相比，本章的样本量不仅数量少，而且时间跨度也短，因此总资产收益率水平与之有较大差异，但在某种程度上也很有可能表明，我国文化传媒企业的总资产收益率水平有所提升。

6.06%。样本公司收益率仅比同期存款利率高出0.3个百分点，且远低于贷款利率水平。19家公司中总资产收益率低于一年期银行存款利率的有7家，收益率为负的有3家，最低的赛迪传媒（000504）收益率仅为-11.79%。较小的标准差说明样本公司收益率水平差别不大，普遍较低。这表明目前的文化传媒类上市公司运营和盈利能力较差，资金使用效率不高。

其二，平均负债水平不高，但差别较大。

19家样本公司平均负债率为35.27%，水平较低，总体不会产生太大财务风险。但各公司间负债水平差别较大，负债率最高的是电广传媒（66.18%）。通过观察可以发现，有两类公司负债率水平较低。一类是刚上市不久的公司，比如2010年上市的华谊嘉信、蓝色光标等，这类公司刚刚上市融得资金，不存在资金短缺问题，无需举借债务。另一类是以传统出版业务为主的上市公司，比如皖新传媒、出版传媒、时代出版等，这类公司主营业务单一，新业务和新项目开拓较少。而负债率较高的企业主要是电广传媒、歌华有线、华谊兄弟等广播电视及有线网络公司，这类公司成长性好，项目投资额大，因此具有较强的债务融资需求。

其三，债务以商业信用为主，银行信贷为辅。

从表6-5可知，各样本公司商业信用占其公司负债总额的平均比例为50.34%，而各公司银行贷款占其负债总额的平均比例仅为15.08%。从净值上看，19家公司平均贷款额为3.65亿元，而平均商业信用额为6.20亿元。同时，有8家上市公司银行贷款额为零，这可能是由于文化企业普遍存在的轻资产特征使得企业从银行贷款较为困难。另外，19家上市公司中，通过发行债券融资的只有新华传媒一家，债券融资远没有成为上市公司主要的融资方式。

其四，短期债务比例高，长期债务占比少。

债务期限结构DMS平均值为0.24。就是说，非流动负债只占流动负债的24%。这也能从债务类型结构中得到印证，由此可见，多数文化传媒类上市公司以融入短期债务为主。

其五，“一股独大”现象较为普遍。

19 家公司第一大股东平均持股比例（CR_1）为 41.82%，中位数为 37.92%。其中，第一大股东绝对控股的有 7 家，说明多数公司存在“一股独大”现象。这主要是因为文化传媒类上市公司多为国有事业单位改制上市，具有国有绝对控股特征。此外，19 家公司 CR_1 的标准差较大，这主要归因于创业板公司和主板上市公司间股权结构的差别。

③回归模型及估计结果。

根据上文理论分析与假设，本书建立以下回归模型：

$$ROA = \beta_0 + \beta_1 DAR + \beta_2 DMS + \beta_3 BL + \beta_4 CC + \beta_5 LnSize + \beta_6 CR_1 + \varepsilon \quad (6-4)$$

模型（6-4）用于检测总资产收益率（*ROA*）平均变动受资产负债率（*DAR*）、债务期限结构（*DMS*）、债务类型结构（*CC*、*BL*、*EB*）影响的程度。其中，由于 19 家上市公司中采用公开发行债券方式（*EB*）融资的仅一家，无法得到可靠的回归结果，因此将其从模型解释变量中剔除，以保证模型合理性。鉴于本书采用的是横截面数据，采用普通最小二乘法容易导致异方差问题，因此本书采用加权最小二乘法通过 Eviews7.0 版本对数据进行回归处理。结果如表 6-6 所示。

表 6-6　模型回归结果

Variable	Coefficient	Std. Error	t - Statistic	Prob.
C	-0.460771	0.092904	-4.959651	0.0003
DAR	-0.289239	0.048222	-5.998134	0.0001
DMS	-0.021200	0.010656	-1.989435	0.0699
BL	0.111672	0.035465	3.148804	0.0084
CC	0.086877	0.019882	4.369606	0.0009
LNSIZE	0.027722	0.004430	6.257803	0.0000
CR_1	-0.132531	0.022362	-5.926658	0.0001
Weighted Statistics				
Adjusted R^2	0.820661	Durbin - Watson stat		1.189163
Prob（F - statistic）	0.000066	F - statistic		14.72807

由表6-6可知，F值说明模型整体在1%的显著性水平下显著，两类变量之间存在显著的线性关系。模型调整后的R^2取值为0.82，说明模型对样本数据拟合程度较好，解释变量可以对被解释变量的平均变动做出比较完整的解释。另外，除债务期限结构变量DMS的t检验值在10%的显著性水平上显著之外，其余各变量的t检验值都能在1%的显著性水平下显著。而且，对比D.W.检验上下界表之后发现，模型并不存在异方差性问题①。因此，可以说模型本身比较合理。据此，得出以下结论：

结论5：债务期限结构与经营绩效负相关。

由表6-6可知，债务期限结构DMS与经营绩效负相关，回归参数为-0.0212。即其他因变量不变的情况下，公司长期债务与短期债务比值每提升1%，公司总资产收益率就下降2.12%。这与上文第二个假设一致。说明短期债务相比于长期债务而言，更有利于发挥债权人监督机制的作用，防止公司股东进行资产替代和投资不足行为，降低代理成本。

结论6：债务类型结构与经营绩效正相关。

回归结果显示，商业信用和银行贷款的债务比率与公司总资产收益率均呈正相关关系，回归参数分别为0.086877、0.111672。说明在其他因变量保持不变时，商业信用、银行信贷每增加1%，总资产收益率提升8.69%或11.17%。这与本书第三、四个假设一致，商业信用多产生于日常经营活动，具有交易属性，需短期内偿付，不会导致过度投资，几乎没有代理成本，还能加快企业资金流转，缩短经营周期，提升资金使用效率。银行贷款具有严格的前期审贷流程和后期担保机制，且银行作为专业金融机构有能力在合同签订及资金使用过程中，对企业股东及管理层进行有效监督，所以，其与绩效正相关是较为符合实际的。

结论7：资产负债率与经营绩效负相关。

模型资产负债率的回归参数为-0.289239，说明资产负债率与经营绩

---

① 在样本量19个、解释变量7个和1%的显著性水平下，D.W检验上下限临界值分别为d_l：0.396；d_u：2.169.而模型一D.W值为1.189163，经查表处于不能确定是否存在自相关区间。

效负相关。这与本书的第一个假设不一致，原因可能有三点：

首先，多数样本公司的总资产收益率低于债务利息率，导致财务杠杆作用为负。2011 年央行三次调整银行贷款利率，其中六个月到一年的短期贷款利率最低为 6.06%，最高为 6.56%，而 2011 年各样本公司总资产收益率平均水平仅为 3.81%，远低于同期银行贷款利率，且总资产收益率高于 6% 只有六家。而公司债券利率通常还要高于同期银行贷款利率。由此可知，债务资金进入企业之后，每年只能带来 3.81% 的收益率，依靠债务资金获取的收益还不足以用来偿还债务利息，企业还要拿出一部分留存收益或公积金偿还债务利息，股东不仅没有达到"借鸡生蛋"的目的，还要自掏腰包偿还利息。因此，在总资产收益率低于债务利息率的时候借入的债务越多，企业债务负担就越重，股东权益资本收益率也就越低。

其次，由于举借债务不能起到正的财务杠杆作用，那理性的股东就会选择放弃投资，由此导致"投资不足"问题，产生债务代理成本，进一步拉低经营绩效。

最后，样本公司债务类型结构以商业信用为主，银行信贷为辅，发行公司债券的仅一家。商业信用是典型的短期债务，利息费用较低，导致商业信用的"税盾效应"节税效果不明显，债务偿付风险对经理层激励效应有限。

综上所述，可知资产负债率与总资产收益率负相关的根源在于上市公司自身没有很好地使用资金，投资项目收益率低。

结论 8：公司规模与经营绩效正相关，第一大股东持股比例与绩效负相关。

模型回归结果表明，经营绩效与公司规模正相关，而与股权集中度指标 CR_1 负相关。这表明目前的文化传媒类上市公司继续扩大公司规模，可以起到"规模经济"效应，利于降低产品成本，获得规模竞争优势。而较为集中的股权更易导致大股东隧道行为，发生关联交易等侵害中小股东利益的行为，我国的文化传媒类上市公司多为国有控股，存在多重委托代理问题，参与公司治理的效率不高。

（3）小结与建议。

通过上述分析可知，我国文化传媒类上市公司资产负债率普遍较低，但却与经营绩效负相关。在债务结构方面，样本公司以举借短期债务为主，商业信用和银行贷款是债务融资的主要渠道，且与经营绩效正相关。这表明，债务融资的确可以通过引进债权人监督，改善公司治理，提升经营绩效。负债率与绩效负相关的原因不能归结于债权人监管缺位，而主要归结于样本公司较低的总资产收益率。而导致收益率较低的可能原因，一方面来自企业内部治理机制缺陷，如国有股一股独大，内部人控制问题严重导致股权代理成本过高等；另一方面则源于我国文化传媒产业特殊的意识形态属性所导致的文化传媒市场发育滞后，企业和市场发展受政策限制明显等。建议上市公司和政府相关部门从以下几个方面改善上市公司的债务结构，进而提高公司的经营绩效和文化产品的供给效率。

①控制债务总规模，提升资金使用效率。

在总资产收益率低于债务利息率的时候，不宜继续扩大债务规模，而应更加注意提升资金使用效率。这一方面需要公司加强会计预算管理，减少资金浪费，更重要的是想方设法提高业务收入，将资金投到前景好、收益率高的项目上，逐步改善业务结构。

②适当增加银行贷款。

在短期债务结构调整方面，公司在控制债务总规模的同时，可以通过票据贴现、借入短期银行贷款等方式，减少部分商业信用的使用。因为根据回归结果，银行贷款和商业信用对经营绩效的边际贡献率分别为11.17%和8.69%，这说明银行信贷更有利于引进成熟的债权人监督机制，利于绩效提升。以华谊兄弟《集结号》为例，影片总投资1亿元，从招商银行贷款5000万元，根据贷款协议，只有在华谊兄弟自身投资的5000万元用完之后才能使用贷款资金，而且银行采取“控制现金流，循环报账”方式分批支付贷款[①]，这使得债权人监督得到最大程度的发挥，避免了资

① 高宇．影视贷款，谁的戏？［J］新财经，2012（4）：80－81.

金的浪费和滥用。

当然，目前我国文化传媒上市公司的银行信贷融资量少在很大程度上是源于其“轻资产”和难以评估的特征导致其在获取银行贷款方面存在障碍。以华谊兄弟为例，在为影片贷款时，由于剧组缺乏有效抵押资产，甚至连版权也没有，银行贷款就比较谨慎。因此，通过适当增加银行贷款提高文化产品的供给效率还需要包括政府和银行金融机构在内的主体大力创新文化产业的融资方式，设计出符合文化企业特点的信贷产品，拓宽企业的债务融资渠道，改善目前文化企业融资难的问题。

③以定向增发新股代替长期债务融资。

实证结果表明，长期债务融资更容易产生债务代理成本，导致资产替代和投资不足问题。在公司需要长期资金时，可以选择定向增发新股，引进战略投资者。这至少有三点好处。1）通过定向增发提升公司规模。回归结果已证明，公司规模与经营绩效正相关。2）上市公司增发成本比 IPO 要低，更容易获得审批，而且融入的权益资金不需偿还。3）通过定向增发，引进战略投资者，有利于稀释原有大股东的股权，降低股权集中度，同时提升股权制衡度，在防止大股东隧道行为的同时，加强对经理层的监管和约束。

④政府应进一步放宽市场准入，推进政企分开。

通过上文分析可知，文化传媒类上市公司总资产收益率低是导致许多问题的根源。要解决这一问题，仅靠企业自身是不够的，需要政府针对文化产业的发展特性，打破和改革分行业、分地域、分层次的文化传媒管理体制，放松政策管制和市场准入制度，在全国建立起完整、统一的文化市场，鼓励竞争，改变文化传媒类上市公司“有钱没地儿花”的尴尬境地。同时，进一步推进政企分开，适度降低政府持股比例，解决多重委托代理问题，这对于文化传媒上市公司改善公司治理机制，激发经营活力至关重要，只有这样才能真正提升文化传媒类上市公司的经营业绩。

3. 小结

综上所述，从以总资产收益率来衡量的经营绩效来看，我国文化企业的供给能力和供给效率虽有所增强，但尚有很大的提升空间，有些文化企业的总资产收益还很低，相对比之下，主板公司的盈利能力也稍弱。

此外，政府文化治理能力和文化企业的治理水平都需要进一步提高。例如，在文化企业中普遍存在一股独大现象，股权制衡水平很低；从实证分析中，我们也可以看到国有股持股比例高的文化企业的相对低效率，当然这可能与文化企业的传媒特性相互关联。再如，文化企业一方面存在着融资难的问题，但与此同时却存在着大量的闲置资金，资金使用效率普遍较低，资本运营能力有待继续提高。因此，政府需要逐步放松传媒规制和市场准入制度，进一步厘清政府职能，推进政企分开，改善文化企业的股权结构，同时，适时地通过文化产业政策法规，引导各类文化要素向有担当、有实力、有影响、有效益的企业适度集中，推动文化企业做大做强。而文化企业也应当让自己更快更好地适应市场规则，科学规范地设计和优化公司治理结构和制度安排，尽快摆脱政策红利的路径依赖，提高自身的运营能力和供给效率。

第七章　文化产品有效供给系统创新

校正文化产品的有效供给不足是一个系统工程，这需要我们从消费者、企业和政府三者之间构建一种良性互动的有机生态系统。而该系统的建构和优化有赖于一国或地区文化创意产业发展模式的整个系统的发育状况。首先，我们需要构建文化创意产业发展模式的生态系统模型。

第一节　文化创意产业发展模式的生态系统模型

从现有对文化创意产业发展模式的研究来看，无论是地区层面还是国家层面多数研究都是从某个影响要素的单一维度去考虑其发展特征，并未纳入综合因素形成系统的文化产业发展模式的理论体系。而从国家层面来看，绝大多数研究都是基于政府和市场在文化创意产业发展过程中的作用及其参与程度或干预方式的视角对该国文化创意产业发展的特征做出提炼性分析，例如，英国的“一臂之距”管理模式（Arms' Length Principle）和美国的“自由市场”模式。这种研究范式虽然抓住了文化创意产业发展中的一些关键性依赖条件，但却忽视了文化创意产业的许多特殊性，并将不同文化语境下的政府、企业、公众等所有参与主体及其与其他发展要素的相互作用和影响视作一个黑箱。而实际上，这个基于不同文化类型和文化结构下的黑箱却是最终形成一个国家文化创意产业发展模式的核心部分，需要重点加以关注。本章试图综合多维度的产业发展要素，不仅关注要素数量也关注要素结构，不仅关注政府和市场的较量，也关注在互联网时代政府、市场、公众乃至第三方组织等之间的变化和互动，不仅关注文化创意的产业化路径，也关注文化与经济的对抗，进而构建一个有益于探索文化创意产业发展模式的生态系统理论模型。

如图7-1所示，文化创意产业的发展模式并不是一蹴而就的，它的形成源于一个庞杂互动的开放式生态系统。

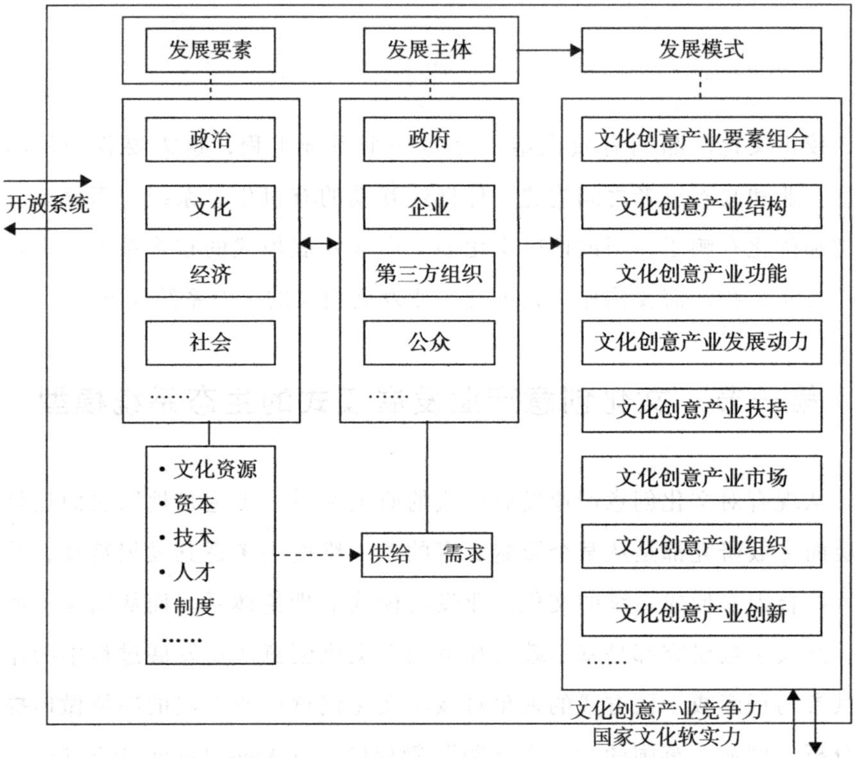

图7-1 文化创意产业发展模式的生态系统模型

英国生态学家坦斯利在1935年提出了生态系统（Ecosystem）的概念，其原意是指在自然界的空间内，生物群落与无机环境通过能量流动和物质循环成为统一的整体，彼此影响和制约，并在一定时期内达到并保持相对稳定的动态均衡状态。随着对生态系统认识的不断深入，该范畴被引入社会科学领域，例如“商业生态系统”，主要指商业经济中互相关联的有机体形成的经济群落。本书所指的文化创意产业发展模式的生态系统是文化创意相关领域的政府、企业、公众等主体在由政治、经济、文化、社会等因素构成的生存环境中相互依赖相互作用并在一定阶段保持相对稳定的状态，与此同时，形成多维交织的网状生态群落。

在这个生态系统中，发展要素是一个国家或地区赖以发展文化创意产业的各种条件、资源或因素环境，主要指一国或地区的政治、经济、文化和社会等环境和要素条件。政治在词典中的释义是“政治是政府、政党、社会团体和个人在内政及国际关系方面的活动”。G·A·阿尔蒙德认为，政治生活自成系统，任何政治系统都包括体系、过程和政策三个层次的政治结构。[①] 政权体系、权力结构、政治过程等变量无疑会影响文化创意产业发展的方向和轨迹。经济是一国国民经济的总称，通常用GDP表示一国经济实力的强弱，但除了经济总量之外，经济结构、经济发展阶段、经济体制等都是文化创意产业赖以发展的条件和基础，对该产业的发展模式产生重要影响。虽然至今为止并没有对文化的统一明确的定义，但历史传统、文化多样性、文化集中度、文化开放性等构筑的文化环境既为文化创意产业的发展提供了核心的要素资源和人文环境，也对处于生态系统中的各类主体施加了潜移默化的影响。根据现代汉语词典中的释义，社会是指由一定的经济基础和上层建筑构成的整体，也泛指由于共同物质条件而相互联系起来的人群。[②] 但作为整体的社会又不能仅从总量的意义上去理解，特别是在开放状态下，更需要从结构、关联、层级、更替、发展等角度去解构。例如，社会流动性就是一个很重要的因素，尤其在文化创意产业领域其作用性更为明显。社会流动性包括民众在地域上的迁徙情况，即社会的水平流动性，以及人们在社会阶层结构上的升迁情况，即社会的纵向流动性。而就纵向流动而言，又分为代内流动和代间流动，既表现为社会地位的变化，也表现为社会角色的转换。经济学中用来衡量社会流动性的指标是两代人的相关系数，例如，收入的相关系数、教育水平的相关系数，

① 转引自蔡益群．和谐社会建设中安定有序的要素体系探析［J］．探索．2007（5）：174－178.

② 参见刘保群．社会建设为中心是防止社会断裂的关键所在［J］．中国商界．2010（12）：342－342.

相关系数越高就说明社会流动性越低，社会越固化。健康合理的社会流动性是社会活力的保证，也是文化创意人才积累的保证，因此也是文化创意产业增长和发展的保证。实际上，文化、经济、政治、社会等这些发展要素和发展条件相互交织、相互牵连乃至相互作用，形成了文化创意产业赖以生存和发展的基础环境和基础要素。

发展主体是参与文化创意产业发展的公众、企业、政府、第三方机构等个人、群体或组织，他们在由发展要素构成的产业环境中依赖和利用要素资源进行规划、引导、创意、组织、生产乃至传播和消费，同类别主体以及不同主体之间相互影响、相互作用、相互博弈、相互制衡，并自然地参与对发展要素或社会环境的建构，不断着力于文化创意产品的供给与需求的总量和结构，最终形成了一国或地区特有的文化创意产业发展的路径、样式和风格，即文化创意产业发展模式。

文化创意发展模式具有多维度特性，包括产业要素组合模式、产业结构模式、产业功能模式、产业发展动力模式、产业扶持模式、产业市场模式、产业组织模式和产业创新模式等。整体而言，一国的文化创意发展模式可以是单一结构的，也可以是多元结构的，它们可能顺次形成，也可能相互交织，在受制于一国的政治、文化、社会、经济等方面的资源、制度和习俗的同时，接受来自开放系统（鉴于文化创意产业存在特殊性，各国产业基础也存在不同，世界各国的文化保护政策也不尽相同，开放度也有所差异）中外来力量的跨文化挑战。在互联网时代，文化创意产业发展模式无疑是推动文化创意产业创新、价值链构建和实现可持续发展的关键问题。

文化创意产业发展模式的生态系统是一个动态平衡系统，虽然在某一个时期能够保持相对的稳定，但政策、外来文化、社会阶层等因素的变化会扰动系统内主体与要素之间、要素与要素之间、主体之间的平衡，继而进行调整达到新的平衡状态。正是这个系统本身所有的要素、条件和参与主体共同决定了应用这些要素的时机和方式，用以迎合整个国家的真实需求。诚然，在这个生态系统中，文化创意产业也存在产业共生。“产业共生”最早是经济地理领域的术语（出现于1947年），用来描述不同企业间的“有机关系”。石磊等人曾综合国内外研究将产业共生界定为“产业系统内部及产业系统与自然系统或社会系统之间所发生的物理交换过程或现象，这种交换能够给参与主体和整个系统带来环境与经济双赢的效果”①。在这里，我们认为文化创意产业的产业共生包括产业系统内部、产业系统与发展要素系统之间以及核心产业系统与外围产业系统之间发生的交换过程、互动往来和渗透嵌入。其共生关系不仅仅指不同文化创意企业之间的关联关系，也不仅仅指文化创意核心产业自身的关联关系，也包括关乎文化创意产业可持续发展的灵魂关系即“文化与经济或产业的共生关系”。文化创意产业的共生关系是本来就存在的，但这种共生关系如何被系统中的参与主体转化为特种的有效存在则是存在差异的，其共生状态在演进的过程中也是不同的，进而影响到文化创意产业的发展模式和竞争力。

然而，文化创意产业发展模式的生态系统并非天生就是和谐的，与物质产业相比，该系统更具有复杂性和冲突性。

首当其冲的是文化与经济的对抗性。从某种程度上说，文化与经济生来就是具有对抗性的。然而，文化创意产业化发展必然要求文化产品或者服务实现批量化和标准化的过程，但文化本身又是不同质的，也是不愿意被批量化和标准化的工业化进程所控制的力量和要素。不难看到，文化研究学者推崇文化的独立性，许多精英阶层人士批评和抵触大众文化产业对受众和社会的负面影响。随着工业化主义的出现和不断发展，“一方面，我们已经见证了新兴的新社会与其所代表的‘普世’价值间的持续冲突；另一方面，也见证了多元化社会生活与他们受到现代化威胁的价值间的持续冲突”②。这些持续的冲突不能不说是文化与经济或文化与产业之间内在

① 石磊、刘果果、郭思平．中国产业共生发展模式的国际比较及对策［J］．生态学报，2012(12)．

② A critical analysis of the enlightenment model of industrial development (technological imperialism) [EB/OL]. Available at: http://archive.unu.edu/unupress/unupbooks/uu08ie/uu08ie05.htm.

对抗性的表现。当然，随着消费结构的升级，即使是崇尚精英文化和精英社会的国家也意识到文化消费存在的必然性及其对经济发展的推动作用，并开始允许和接受文化“放低身段”加入文化创意产业发展的进程中。同样，在技术方面，追逐经济效益而忽略技术发展和应用的社会文化传统的现象也比比皆是。要知道，选择技术、利用技术和受益于技术的毕竟还是处于文化社会系统中的人。

其次是文化作为生产要素和作为消费元素的对抗性。文化资源或者文化要素是文化创意产业的核心生产要素，也是文化创意产品区别于其他物质产品的关键标志。而作为产业化发展的生产要素，文化资源必须能够符合生产流程的要求，能够融入产品设计，能够进行市场需求估算，能够核算成本和产出，能够借助物质载体或介质得以呈现、形成产品转化。但由于文化产品的消费具有非物质性或精神性，文化需求本身存在事后评价性和不确定性。特别地，在具有文化多样性的开放性系统中，文化差异一方面带来精神消费的吸引力和文化认同，另一方面也会产生文化间的壁垒，形成文化折扣和文化抵制。可以说，该对抗从本质来说依然源于文化与经济的对抗。

此外，物质产业绿色生态的维护是在优化有限资源使用的同时保护环境，而与物质产业的产业生态不同，文化创意产业生态更多情况下面临的是无限非物质性的文化资源的使用，维护绿色有效的生态系统不仅仅需要我们保护自然环境，更要保护文化生态、民族生态和社会生态等。如果忽视文化的特质、将文化资源过度产业化和商业化，文化经济是很难获得可持续发展的；同时，文化产品具有很强的外部性和公共性，不处理好政府与市场的关系，同样会导致过度供给和供给不足的问题。在这个过程中，文化创意产业无疑会面对社会效益与经济效益、政府与市场、公平与效率、文化利用与文化保护和文化发展、民族文化与外来文化、国内市场与国际市场、文化企业与文化事业、公共文化服务与私人文化服务等关系的冲突与调和。无论如何，具有社会效益、富有经济效率、满足公众文化消费需求、保护和提升民族文化价值都是应当融入该生态系统中的理念和原则。

第二节　双维度的文化创意产业发展模式模型

为了更好地分析包括政府和企业在内的供给主体的行为及其作用机制，我们需要引入以 Charles Landry 为首的 Comedia 研究团队的文化产业价值链模型。

价值链分析方法最早是在 1985 年由迈克尔·波特提出的，他认为每个企业都是在设计、生产、销售、发送和辅助其产品的过程中进行种种活动的集合体，这些活动都可以用价值链来表示。而产业价值链是从整个产业的角度对企业价值链的扩展，是一个中观层面的价值系统。英国的柯梅迪亚（Comedia）研究组认为文化产业与其他产业不同，其结构相对松散和不稳定，进而改良了波特的产业价值链模型，将文化产业价值链调整为以下五个阶段或者要素的过程模型：（1）开始（Beginnings）；（2）生产（Production）；（3）流通或分销（Circulation/Distribution）；（4）传送机制（Delivery mechanisms）；（5）观众与接受（Audience andreception）。

当我们文化产业价值链的维度嵌入文化创意产业发展的生态系统中，就形成了文化创意产业发展模式的双维度视野。从图 7－2 中可以看出，文化创意产业的发展是一个非常复杂的过程。首先，文化是一个复合体，文化的形成、利用、传播乃至消费等都有赖于整个社会的软件和硬件基础，在文化创意产业发展的生态系统中，既是关键性和核心性要素资源，又是各主体参与创意产业的基础性条件；既需要消费或享用，也需要传承和建构；既在一定阶段具备可以描述和运用的特点，又具有随时的易变性和不稳定性。其次，发展要素和发展主体可以投放和映射到文化创意产业价值链的各个环节，因而，文化创意产业的发展模式体现为不同主体、不同环节、不同产业在其发展中的组合方式和路径。

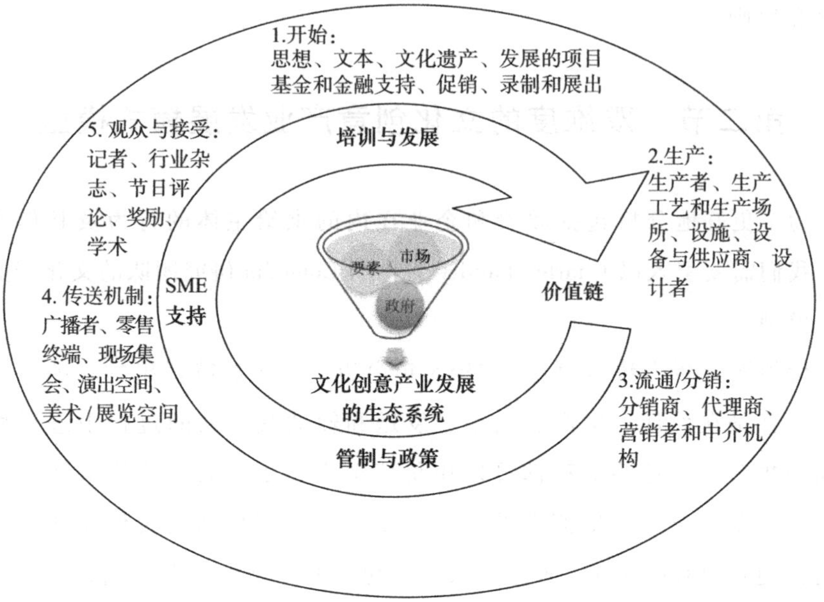

图 7－2 纳入价值链的文化创意产业发展模式模型

第三节 文化产品的有效供给机制

从我们构建的生态系统模型来看，政府、企业和消费者在不同的产业价值链环节中的地位和作用都有所不同，对文化产品的供给影响也不同。要促成他们之间良性互动的有机生态系统，需要考虑建立多重的有效供给机制。

（一）文化产品的市场调查机制

由于文化产品具有需求多样化、碎片化和极化、事后评价性、不确定性等特点，文化产品供给主体需要建立有效的市场调查机制。该机制应当包括需求特点分析、偏好显示、潜在和有效需求测量、需求规律发现和及时反馈评价等环节。

在大数据时代，除了传统的社会调查方式之外，许多文化企业已经开始在积极地建构大数据平台和数据库，试图通过海量的数据分析消费者的文化需求，这在很大程度上解决了过去以偏概全、消费追踪困难等问题，但也要注意数据获取和使用的合法合理性、对线下用户的关注以及对大数据清洗和筛选的科学性。

尽管如此，文化需求依然很难准确全面地测量和把握，建立以文化产品为核心的供需平台或通路，尽可能地让消费者表达真实的需求偏好和体验评价、保持有效的沟通传播可能是至关重要的。

（二）文化产品的内容创新机制

相对于物质产品，文化产品的生命周期更加短暂，在尚未做到严密保护版权和实施侵权惩罚的情况下，复制成本近乎于零的文化产品极易被模仿和大规模地扩散。因此，文化企业不得不持续地进行创新以应对需求的转移、消费的升级和竞争对手的压力。可以毫不夸张地说，内容创新机制是文化产品有效供给机制的生命立足点。在新媒体时代，文化产品的内容创新机制应当在充分了解文化消费需求的基础上激励全社会参与创新，形成从创意开发到创意成果转化的良性互动过程。在某种程度上，这也是生产管理机制的一个组成部分。

（三）文化产品的生产管理机制

文化产品的生产管理是保证文化产品供给有效性的关键和重要环节，该环节需要在充分了解需求的基础上生产出相应的具体的文化产品。良好的文化产品生产管理机制应当涵盖对生产的数量、生产的质量、生产产品的结构、生产的效率、生产的社会实现乃至生产的社会效益和经济效益等方面的内容。

（四）文化产品的质量及其控制机制

文化产品的质量是指文化产品满足人民群众特定文化需求所达到的程度，代表了文化供给主体在文化产品供给方面的品质。品质的好坏一方面离不开对数量的依赖，但更多的是对产品本身能带来价值的考量。文化产品的质量控制机制是一系列供给主体及利益相关主体之间有关质量评价准则和评价体系、奖惩制度、反馈评价、纠错系统等在内相互作用的过程和方式，有赖于一套行之有效的制度和体制来实现。

当然，政府和文化企业作为两种不同的文化产品供给主体，在文化产品质量方面追求的目标并不是完全相同，政府多关注文化产品的社会效益，对其质量的控制代表了他们在执政能力、文化传承与发展、社会治理等方面的水平和能力，合理的品质管控能够推动最优文化产品供给的形成，维护文化市场秩序，保持文化产业的健康发展，最终有利于不断满足人们日益增长的美好生活的需要，有利于社会的健康持续发展，树立政府和国家良好的公众形象。而文化企业更多地关注文化产品的技术层面的品质，为的是在政策约束下更多地迎合消费者的文化需求，以获取更大利润，而这也就埋下了“市场失灵”的种子，需要通过质量控制机制进行规制。此外，除了受制于政府政策的约束，文化企业（尤其是实力强的文化企业）自身对产品质量管理的动力主要来自企业竞争、消费者口碑和企业持续经营的需要。

（五）文化产品的沟通与传播机制

沟通与传播虽然是营销和传播领域的概念，但沟通与传播机制并不仅限于文化产品的营销或流通环节，该机制是供给主体和消费主体藉由生产或消费，通过人际传播、组织传播、大众传播等传播方式发生相互影响和相互作用的一系列过程，其在内容开发、生产管理、传送和消费等环节都能起到重要的作用。在这个过程中，文化供给主体需要建立相应的数据库和数据分析平台，实现对各环节快速科学的信息收集、处理、分析及应用。

（六）文化产品供给的环境优化机制

环境优化机制是能够提升文化产品供给有效性的框架性和系统性机制，环境友好并非依赖政府这一单一主体促成，而是需要全社会各级各类主体共同参与治理。但不可否认，政府应当是这一过程中的主导力量。

这是因为政府是影响国家形成文化创意产业竞争力的重要变量。从世界各国的产业发展经验来看，以政府为主体制定的文化产业政策法规将通过调整不同主体的行为、提供基础环境等途径引导产业发展，影响市场结构和市场机制的完善以及文化产品的生产与传播，在扶持、促进文化产业的发展中起到至关重要的作用。一般而言，发达国家在产业发展中关注更多的焦点问题是政府介入的程度以及政府对垄断的干预；而对发展中国家而言，更多的焦点问题是是否该进行产业扶持和如何进行产业扶持以及政府支持的范围。但不可否认，与物质产业有所不同，文化创意产业具有双重属性。虽然经济和社会发展阶段不尽相同，但发达国家和发展中国家似乎都有着一致的默契：政府介入文化和艺术领域是自然的，也是必然的，因此文化政策的存在也是顺理成章的。所不同的是，随着文化工业转向文化产业乃至现在的创意产业，文化政策的文化论述更多地被嵌入政治、经济和社会的发展目标之中。文化政策的目标有很多，尽管不同的国家都有着不尽相同的表述，但经济发展和就业依然是最主要的目标，除此之外，还包括社会包容（social inclusion）、社会资本发展、社区文化计划、旅游景点和游客经济创造等目标（Jo Foord，2009）。

由此可见，完善我国文化创意产业的制度安排与政策体系是构建文化产品供给的环境优化机制的核心问题。

总而言之，如前所述，具有社会效益、富有经济效率、满足公众文化消费需求、保护和提升民族文化价值都是应当融入文化创意产业发展模式生态系统中的理念和原则。而通过基于文化创意产业价值链建立有效的多重供给机制将促进该生态系统的优化，这些供给机制也并非相互独立，也可能相互融合，与此同时，优化的生态系统也更加有利于文化产品有效供给的形成，两者同样是相互依赖、相辅相成的。

第四节 优化我国文化产品供给的文化产业发展建议
——基于发达国家澳大利亚调查研究的启示

（一）深刻理解和切实树立“文化立国”的战略地位

美国哈佛大学教授约瑟夫·奈指出，一个国家的综合国力，既包括由经济、科技、军事实力等表现出来的“硬实力”，也包括以文化、意识形态吸引力体现出来的“软实力”。道格拉斯—迈道尔根据 GDP 的概念，提出了“国民总文化”理论，文化可以像 GDP 那样，用一些指标具体衡量来反映国民总文化，是国家整体竞争实力的组成部分。亨廷顿的文明冲突理论也指出，21 世纪的竞争不再单纯是政治竞争或经济竞争，而是文化竞争。实际上，文化与意识形态不仅仅是软实力，从他们对经济乃至社会的贡献来看也是硬实力。

进入 20 世纪尤其是 20 世纪 90 年代后，无论是发达国家还是发展中国家，都深刻地认识到文化对国家和社会发展的综合性作用，纷纷提出了“文化立国”战略。近几十年来，美国凭借其先发优势和经济实力，其文化产业或版权产业一直保持了强劲的发展势头，早就已经成为美国国民经济的支柱性产业。长期以来，美国主导了全球文化贸易市场，例如，美国的影片生产数量虽然只有全球市场的 6%，但却占据了 80% 以上的全球电影市场份额。日本在 1995 年确立了 21 世纪的“文化立国”方略，正式从“经济立国”转向“文化立国”的国家发展战略，配合一系列的政策和立法，日本的文化产业获得了迅速的发展，在许多细分行业和领域达到了全球的领先地位。例如，动漫产业已是日本第三大产业，年营业额达 230 万亿日元，销往美国的日本动画片以及相关产品的总收入是日本出口到美国的钢铁总收入的 4 倍。[①] 另有数据显示，全球播放的动画片中有 65% 来自日本，在欧洲的比例更是能达到 80%。韩国在 1998 年提出“文化立国”的方针，倾全国之力发展文化产业，尽管韩国的国内市场规模较小，但却在短时间内在全球形成了一股股“韩流”，提升了韩国的国际知名度和国际形象。据韩国文化体育观光部统计，2008 年以来，韩国连续三年间的文化产业出口规模以年均 22.5% 的速度高速增长；2012 年出口额比 2011 年增长 7.2%，虽增速有所下降，但也达到 46.12 亿美元的规模，贸易顺差达 29.38 亿美元，创历史新高。[②]

相比之下，我国文化产业的发展起步较晚。长期以来，我国以“文化

① 陈子萍. 日本动漫年营业额达 230 万亿日元 日本动漫产业现状分析 [EB/OL]. 前瞻网，2016-04-17. 有所改动. http://www.qianzhan.com/analyst/detail/220/160415-78cd4b62.html.

② 韩国成为第五大文化强国 解析韩国文化产业发展 [EB/OL]. 中国高陵网，2016-02-12. http://www.glxcb.cn/news/guoji/201602/201602C_145526775623402.html.

事业”的范畴发展文化教育，自2000年才正式提出了“文化产业”的概念，建议推动有关文化产业的发展。在2001年3月，该建议被正式写入了《国民经济和社会发展‘十五’纲要》，让文化产业有了合法的身份，成为我国文化发展的重要形态。2010年10月，《中共中央关于制定国民经济和社会发展第十二个五年规划的建议》（以下简称《建议》）通过并发布。《建议》从发挥市场机制、培育市场主体、鼓励非公有制经济发展、创新文化产业业态等方面提出建议和要求，把文化产业的发展放到了国家战略的高度。近20年来，产业政策和文化消费等因素合力推动了我国文化产业的繁荣发展。国家统计局发布的数据显示，2015年全国文化及相关产业增加值2.72万亿元，比2014年增长11%，占GDP比重为3.97%，对GDP增量的贡献达6.5%，达到历史新高。[①]

在文化产业快速发展的同时，我们也看到，我国还有许多丰富的文化资源未被关注、开发和利用，文化市场体系尚不成熟和完善，文化产业发展的体制机制存在诸多问题，文化企业在许多情况下难以进行有效的市场运作，跨文化传播和文化产业的国际化还有很长的一段路要走……，这些都需要我们深入思考和积极应对。作为很早提出创意产业的国家，澳大利亚的经验为我国提供了借鉴。因此，深刻认识“文化立国”的内涵和意义，切实树立“文化立国”战略，制定“文化立国”战术，应当是宏观层面上推动我国文化产业发展的核心考量。国内已有不少学者对“文化立国”战略进行了探讨。例如，姚国华（2008）指出，一个民族的最早战略不是经济战略、政治战略、外交战略或军事战略，而是影响和改变人们内心世界，实现内在崛起的文化战略，其意义是空前的。而文化战略的内在目标包括四个层面：提升人们内在的精神素养、促进人们相互的文化认同、提高人们应对现实的文化智慧和丰富日常生活的文化内涵。杨玉英（2010）也认为，应当把文化立国和人才强国、科教兴国一样上升为国家

① 统计局解读2015年及2016年上半年全国文化及相关产业有关数据［EB/OL］．转引自中央政府门户网站，2016-09-02. http://www.gov.cn/zhengce/2016-09/02/content_5104702.html.

战略，该战略的核心目标是促进我国从文化大国向文化强国迈进，具体目标是提高我国文化产业占 GDP 的比重，提高文化对国民经济的贡献率，在全面建设小康社会的重要时期，最大限度地满足人民群众日益增长的精神文化需要，其实现路径包括提高供给能力、加强公共文化服务体系建设、深化体制机制改革、加强知识产权保护、实施文化走出去战略等。向勇（2011）提出了“文化立国”战略的五个方面：其一，提升中国文化的人文内涵，提升国民的精神高度；其二，要推动中国传统文化的当代传播；其三，推动各个政府部门积极落实文化责任；其四，鼓励国民文化消费；其五，加强文化的国际推广。这些研究都提到了“文化立国”的重要性，强调了文化对人类精神、国家发展甚至全球人类发展的作用，主张扩大文化消费，提供公共文化服务，推动文化走出去等内容。总之，“文化立国”的战略主导者是国家，肩负着对内与对外的双向功能，结合国际经验（尤其是澳大利亚创意产业的发展经验），建议我国现阶段的“文化立国”方略可以着重从以下两个方面考虑：

一方面，建立国家文化识别系统，构建文化认同。尽管国家不是企业，但国家也如同企业一样，尤其是在国际竞争日益激烈的情况下，对外需要树立良好的国家形象以便获得国际上的声誉和他国的尊重，提升国家的软实力和竞争力；对内同样需要面向本国的公民和居住者进行沟通与传播，提升国家治理能力和公信力，满足社会公众的文化消费需求。从这个意义上说，“文化立国”战略不仅仅是文化战略，也是政治战略、经济战略。建立国家文化识别系统应当成为“文化立国”战略的重要内容，这意味着国家应当有计划、有步骤、有策略地对国家与文化相关的特征向国内外公众主动地进行“整合营销传播”，使他们对国家有特定的认知和印象，形成良好的国家形象。仿照企业识别系统理论，国家文化识别系统也可以分为国家理念识别、国家行为识别和国家视觉识别三个部分，这些内容相互联系、相辅相成。例如，从国家理念识别层面来说，建立国家认同需要有个易于理解、具有代表性的文化理念。澳大利亚在 19 世纪末 20 世纪初就提出要建立独立性的“澳大利亚身份认同”。针对来自国际文化舆论领域“澳大利亚没有文化”的种种批评，澳大利亚重新探讨了土著文化在构建澳大利亚国家文化中的重要作用，并积极地将其融入澳大利亚的多元文化中，以期摆脱附属以英国为代表的欧洲文化的阴影，形成独一无二的澳大利亚国家文化。反观我国，“社会主义核心价值观”与“中国梦”的提出恰逢其时。

2006 年 10 月，“建设社会主义核心价值体系”这一重大命题在党的十六届六中全会上首次明确提出，其内核是社会主义核心价值观；党的十七大和十七届六中全会对社会主义核心价值体系做了进一步的阐释，直到 2012 年 11 月，党的十八大明确提出“三个倡导”，即“倡导富强、民主、文明、和谐，倡导自由、平等、公正、法治，倡导爱国、敬业、诚信、友善，积极培育社会主义核心价值观”，形成了对社会主义核心价值观的最新概括。

另一方面，2012 年 11 月 29 日，中共中央总书记习近平在国家博物馆首次阐释了“中国梦”的概念，他指出，“实现中华民族伟大复兴，就是中华民族近代以来最伟大的梦想”。中国梦把国家、民族和个人融合为命运共同体，要“实现中国梦必须走中国道路，必须弘扬中国精神，必须凝聚中国力量”。价值和精神是意识形态构筑发展的两个本质向度，核心价值观和国家精神奠定着意识形态建设的价值基础和精神基础，构成了意识形态建设的“两翼”，其中，作为“价值之翼”的社会主义核心价值观，表征和兑现着社会主义意识形态建设的价值承诺，作为“精神之翼”的中国精神，寄托着社会主义意识形态建设的精神信仰，创生着社会主义意识形态建设的精神动力，是我国意识形态建设的价值基础和精神基础（李忠军，2014）。

因此，从这个角度上说，“社会主义核心价值观”和“中国梦”分别体现了人们对现实生活的价值认定，对未来生活的道路指引，凝聚了我们整个国家共同认可和遵守的价值准则和文化理念，提出了由此决定的长期战略方向和战略目标。这些理念带有历史性、社会性和文化性，与西方价值体系有着根本性的区别，但我们也不可否认，这些理念在传播尤其是在对外的“辨识性”和“概念性”沟通传播上做得还远远不够。例如，约瑟夫·奈就曾坦言道，“中国新一届的领导人的确是比较好的说故事的人，最近提出的‘中国梦’，就非常具有吸引力，但我们还要继续观察到底‘中国梦’的实质内容未来会是什么。”① 因此，“文化立国”的理念识别不仅要求构建自身的理论体系，也要求做到有效传播，以凝聚社会共识、塑造大众认同。我们既需要不断地创新和充实以社会主义核心价值观和中国梦为核心的文化理念内涵和制度建设，也要注重他们所具有的特色的凝练与阐释，内容与形式的多元化呈现、气度的规定性与开放性的融合创新等。再如，从国家视觉识别层面来看，我们需要通过各种传播方式向国内外社会表达国家理念，树立国家形象。澳大利亚处处可见的艺术馆、博物馆、美术馆甚至各类建筑都成为传递国家形象的媒介。此外，还有让人印象深刻的是几乎所有的节庆活动相关的纸质材料和许多食品、物品上都印有澳大利亚国土或者袋鼠、考拉等形状的标志，视觉识别特征非常明显，让人印象深刻，具有较好的传播效果，这些都可以成为我国参考借鉴的经验，壁报栏、宣传栏、路牌标语等这些展示方式还远远不够。

诚然，建立这样的一个系统不是一朝一夕的事情，也不是单单依靠国家或政府就能完成的，这一是因为虽然“文化立国”的主导者是国家，但参与主体却涉及方方面面，不仅包括企业、事业单位、行业组织还包括个人、群体和社区，不仅包括全国各族人民还包括港澳台同胞、海外侨胞甚至还包括国外友人，不仅包括正式组织还包括许多非正式组织。其次，文化属于意识形态，作用于人的精神，文化的编码和解码受到许多因素的影响，其效果难以衡量和控制。再次，从对文化符号和文化要素的认知到对文化理念的认知、理解和认同是一个不断升级的过程，其长期性和艰难性可以预见。例如，首都文化创新与文化传播工程研究院与国际调研平台合作，从外国民众对中国文化的认知程度、信息获取路径、接触偏好等方面

---

① 黄滢．约瑟夫奈：文化是中国最大的软实力［EB/OL］．环球人物，2014－01－05．http：//www.banyuetan.org/chcontent/sz/hqkd/201415/90168.shtml.

对美英法等六个国家的两千多名公众进行了在线调查。调查结果显示，“从文化符号认知的类别上看，国外民众对中国自然资源的文化符号（熊猫、长江等）认知度最高，其次是中国的生活方式（绿茶等）、中国人的符号（孔子等）。而令人遗憾的是，我们引以为傲的人文资源、艺术形态和哲学观念，在整体认知度上都相对较低。我们经常通过各类节展，把中国的艺术作品、艺术家推到国外去，但真正了解并感兴趣的看来不多。”① 这说明，国外民众对中华文化的认知和了解依然停留在符号的表面形式，绝大多数没有触及文化的内涵，中华文化的国际传播效果并未达到我们的预期。最后，劳动力在国内国际的流动以及多元文化的碰撞交流在提供文化传播机会的同时增加了文化传播的复杂性。

另外，立足全球化背景布局“文化立国”战略。从全球化的大视野来看，“文化立国”战略所依赖的发展环境应当是开放的、互动的、共赢的，“文化立国”的进程既面临挑战也存在机遇，既充满竞争也需要合作，既需要快速增长又需要可持续发展，既会出现更多的文化碰撞，也势必有更多的文化交流、融合与创新，既需要深挖国内市场，也需要开拓国际市场。澳大利亚一直试图探索自己在世界体系的新位置，1972 年底，澳洲总理惠特拉姆在联合国大会上指出，“我们要把澳大利亚建设成为一个在亚太地区独立的、重视宽松与合作、反歧视的国家”②，此后便迈出了走向亚洲的步伐，越来越多地接近和参与亚洲事务。随着 20 世纪 90 年代“全面面向亚洲”政策的提出，澳大利亚与亚洲的关系步入了崭新的历史时期。2011 年澳大利亚总理吉拉德在“亚洲连线”论坛上强调，应对亚洲的崛起，制定澳大利亚的亚洲政策非常重要，必须尤其重视发展、深化与中国、印度和印度尼西亚等国家的关系，同时继续发展与美国、日本的长期合作伙伴关系，同时他还表示，澳大利亚要制定未来 15 年发展的“国家

---

① 于丹，杨越明：“中国文化‘走出去’战略的核心命题——基于六国民众对中国文化的认知度调查”［J］. 人民论坛，2015（24）：72－75.

② “澳大利亚：是时候进入亚洲了”［EB/OL］. 财经文摘（搜狐公众平台），2015－07－08. http：//mt. sohu. com/20150708/n416661427. shtml.

蓝图”，研究亚洲经济发展在全球经济中的影响、作用和挑战，以及为澳大利亚带来的影响和机遇，并提出应对方案，为政府提供政策依据。[①] 毫无疑问，这个连接的过程不仅涉及国际政治关系，也正不断改变着澳大利亚的文化格局及其在国际市场的贸易关系。尽管批评澳大利亚的国际定位含混不清、是亚太共同体中的“尴尬的伙伴”的声音不绝于耳，但这种致力寻求合作关系，创造新的制度体系和战略框架的探索经验却是值得我们学习的。从我国来看，文化“走出去”战略和“一带一路”倡议可以说是我国目前关乎“文化立国”的两个非常重要的国际战略和任务。

首先我们来看第一个战略，即文化“走出去”战略。该战略是中国“走出去”战略的重要组成部分，我国《“十一五”时期国家文化发展规划纲要》和《文化产业振兴规划》中明确提出了中国文化“走出去”战略的具体措施。其内容包括“走出去”重大工程、重大项目、文化交流、文化贸易等方方面面的目标和措施。近几年来，我国文化贸易实现了较为快速的发展，文化交流和文化活动也更加频繁，这些对我国文化软实力的提升起到了积极的作用。但不可否认的是，中国文化“走出”依然任重道远。正如向勇所言，“中国文化的境外落地不应盲目乐观。不管是在演艺业，还是在图书出版和影视业，我们的文化产品并没有进入国外主流社会，但是媒体的夸大宣传以及从业者的盲目乐观，给人们造成了一种假象。”[②] 这与我们在“我国国家形象与媒体塑造”有关研究中的观点是相同的。中国科学院中国现代化研究中心在2009年发布了《中国现代化报告2009》，该报告是针对文化现代化的专项研究，报告将文化影响力作为衡量一国文化软实力的关键指标，利用一系列文化指数进行量化。基于2005年世界各国的各项指标数据计算出的文化影响力指数表明，中国的文化影响力指数位居美国、德国、英国等六个国家之后，排名第七位；中国的文

① 澳大利亚将制“国家蓝图”重视发展与亚洲关系［EB/OL］．中国新闻网，2011-09-30．http：//www.chinanews.com/gj/2011/09-30/3364073.shtml.

② 北大学者呼吁文化立国成为国家战略［EB/OL］．新华网，2011-01-09．http：//news.xinhuanet.com/shuhua/2011-01/09/c_12960255.html.

化生活现代化指数位列世界第五十七位，文化竞争力指数位列第二十四位。[①] 虽然该数据稍显陈旧，但也能说明问题，无论是世界第七位，还是第五十七位和第二十四位，都与我国的经济大国地位不相称。此外，环球时报所属环球舆情调查中心在2013年发布的“2013中国国际形象与国际影响力全球调查”研究中提到，有73.0%的国外受访者认为中国所具备的世界性强国条件是“经济实力”，而选择“文化影响力”的仅占22.2%，中国仍是“经济体量强国、文化影响弱者”。[②] 凡此种种，尽管我们已经通过各种渠道和方式实施了我国文化“走出去”的战略任务，但是从国际评价指标来看，文化离真正的“走出去”还有相当大的差距。

“一带一路”倡议是我国国家主席习近平2013年在出访中亚和东南亚国家期间先后提出的共同建设“丝绸之路经济带”和“21世纪海上丝绸之路”的战略构想，是我国在全球化背景下统筹国内国际问题的重大战略布局。尽管该战略是我国倡议的，但它绝非是中国一个国家的战略，它强调全球范围内的合作与共享，是关乎全球发展进程的战略框架。“一带一路”倡议不仅包含了文化产业发展战略，还提倡“文化先行”，深化与沿线国家的文化交流与合作，因此，它不仅是经济战略，也是文化战略。从这个角度说，文化“走出去”战略和“一带一路”倡议相辅相成，搭建两战略的融合点，通过“一带一路”推动文化“走出去”，通过文化“走出去”促进和带动“一带一路”的合作与发展，为解决我国的国内国际问题提供更多可能的机遇和空间。

但不可否认，“一带一路”沿线包括东亚、东盟、西亚、南亚、中亚、独联体和中东欧等65个国家和地区，涉及约44亿人口和21万亿美元的经济总量，这些国家有着不同的政治制度、政策法规、文化背景、生活方式、经济发展水平和人口结构等，都会给不同国家之间政治、经济、文化

---

① 中科院报告：中国的文化影响力高居世界第七［EB/OL］. 中国新闻网，2009－01－18，转引自新华网 . http：//news. xinhuanet. com/politics/2009－01/18/content_10676004. htm.

② 调查显示中国文化影响力与经济实力差距尚大［EB/OL］. 中国新闻网，2013－12－07. http：//www. chinanews. com/cul/2013/12－07/5592755. shtml.

的发展带来巨大的挑战。因此，要想提升文化“走出去”和“一带一路”倡议的有效性，首先需要找准战略的基本定位，继续强化“一带一路”理论基础、具体内涵和话语体系；其次是整合、理顺和建设“一带一路”全球智库，对沿线国家的政治、经济、文化和社会环境进行整体性和重点性调研分析，寻找到不同国家之间可能发展的结构关系、合作机制和模式及其实施路径，真正制定出适合该战略框架的政策和发展规划，特别是要考虑不同国家在我国政治、经济、文化和社会发展中的综合作用，进行有计划、有步骤、有措施的整体布局、集中布局和优先布局；再次，“一带一路”意味着包括我国在内的许多国家具有更多元更丰富的可利用资源（包括文化资源），因而，版权的开发利用和保护、跨文化传播、企业国际发展等问题的研究和利用将成为该战略的一个核心内容。另外，鼓励企业走出不确定性条件下的“国内市场依赖”，加快国际化进程。正如我们一直强调的，虽然文化“走出去”和“一带一路”等战略的主导方是国家，但是最具有活力的参与者却依然是企业、个人和非政府组织等主体，而且其中的文化相关企业则发挥着非常重要且难以替代的作用。但长期以来，我国文化企业和文化产业的国际扩张仍停留在保守型阶段①，其一，我国属于国内大市场国家，潜在的大市场容量助长了国内文化企业过度看重国内市场的理念；其二，尽管我国文化资源丰富，但文化集中度高，在很大程度上导致我国文化产品的品种较为单一，特色文化和亚文化被严重忽略；其三，相对于发达国家，我国文化产业的资金依然短缺，技术水平有待提高，国内文化企业在资金、技术和营销等能力上也存在很大不足；其四，文化差异、文化政策等因素的存在加大了文化企业开拓国际市场的风险和成本……，这些原因的存在在观念、实力和市场三个方面限制了我国文化企业国际化的速度和规模，文化产业国际化的发展并不理想。正如 Anderson（2004）分析的那样，要素条件、需求条件、技术进步、产业结构、

---

① 张宏伟．大国与小国的选择：文化产业国际扩张路径研究［A］//．胡惠林，陈昕．中国文化产业评论（第10卷）［C］．上海：上海人民出版社，2009年7月．第80－95页．

国内竞争、公司战略、市场不完整或交易费用、心理距离、组织学习能力、企业网络、市场潜力、区位优势、管理决策、企业创立者或企业家的国际化经验、国际化进入和风险管理时的年龄等内容都被认为是影响文化产业国际化的因素。[①] 但随着世界各国参与国际文化产业的程度越来越深、竞争越来越激烈，随着我国国内文化市场发展程度的不断提高，随着国内经营成本的不断增加，随着“一带一路”倡议要求的提升，我国需要尽快选择积极型的国际扩张路径。而在这个过程中，国家和政府无疑应当发挥关键的“推”力作用，制定相应的文化产业政策、加强文化基础设施建设、促进不同国家的文化交流和文化认同等，以推动文化企业更快更好地“走出去”。

（二）注重文化与创意构建共生生态

在知识经济时代，文化创意已经成为驱动生产率增长和技能发展的关键要素。罗默早在 1986 年就提到，新创意会衍生无穷的新产品、新市场和财富创造的新机会，是一国经济增长的原始推动力。[②] 而文化一方面作为人类生活和经济运行的背景环境对经济和社会发展具有举足轻重的影响，另一方面作为生产要素和构成或影响人力资本、社会资本的要素也决定了文化产品的供给与需求及其经济效益。从产业角度看，文化和创意对经济的影响不仅仅局限于文化行业和文化产业自身，还体现在其对其他产业拉动和带动的辐射作用上。倡导“创意产业”的澳大利亚很早就认识到创意对国家发展的作用机制：创意是创新的关键因素，而创意又驱动增长、可持续性发展和繁荣，创造性的创新来源于艺术、科学、商业、研发和社区等方面，共同滋养了澳大利亚的文化资本。

文化创意产业既要将文化创意嵌入技术发展和国家经济的中心，也要将天赋、技能和审美嵌入到文化生活的中心，将文化艺术和创意融入更广泛的社会和经济目标中。正如 Colin 所说，文化产业与一般产业的不同，

---

① Andersson, S. 2004. Internationalization in Different Industrial Contexts. Journal of Business Venturing, 19 (6), pp. 851 – 875.

② Romer Paul M. October 1986. Increasing Returns and Long – run Growth. Journal of Political Economy, 94 (5), pp. 1002 – 1037.

除了追求“产值”、创造外汇和就业机会，社会附加值更是必须被重视的一环。文化和创意将对社会凝聚力（social cohesion）和发展产生巨大的影响。文化在欧洲发展中的作用表明，艺术以激励或取悦大众来丰富社会环境，以激励创意和提高创新来丰富艺术活动；艺术作品和文化产品是一个社区的集体记忆，成为未来一代的创意和智力思想库；艺术和文化机构提高了生活质量（欧洲委员会，1997）。澳大利亚也非常强调文化部门通过加速创意创新和自我反思对经济发展的贡献，也因此意识到文化是社会福利的关键部分（ABS，2001）。总之，文化不应当仅仅被看作是经济增长和经济发展的要素和手段，也是增强社会凝聚力和促进人类社会发展的重要因素。另一方面，如前所述，创意和文化也并不完全相同。在强调创意产生和应用的同时，也不能忽视文化的运用。创意能带来新的观念、新的想法和新的产品，能提高产业附加值，但这些内容未必全是作用于精神的，许多产业功能性的意义大于文本的意义，随着产品生命周期的结束和产品的毁损，很难残留下什么价值。相比之下，文化最大的贡献，不是发明了知识、科学、技术，甚至也不是制定了法律和制度，而是创造了人的意义世界（张凭，2012）。包括澳大利亚在内的许多发达国家从“文化产业”向“创意产业”的政策转向可以说更富有政治和经济的意义，这在某种程度上使得国家或政府更关注“创意”和“创新”，但众所周知，“新”并不一定意味着有价值，“创意”也并不一定意味着融入文化，更不一定意味着有文化价值。因此，作为国家导向性的文化政策，特别容易在形形色色的创意行业中忽视掉“文化”的部分。尽管在澳大利亚的创意产业发展过程中，我们很容易看到其文化的植根性及其特色的文化生态，但不得不承认，在资源有限的前提下，对功能性“创意”产业的过度关注势必会挤占对社会意义性艺术和文化产业的支持力度。我国在文化创意产业发展的过程中，必须注意到“忽略文化性”的倾向和问题，努力构建文化与经济发展的共生生态。

根据我们所建构的文化创意产业发展模式的生态系统模型，这里的共生生态包含许多层次的内容，包括文化与文化的共生、文化与经济的共生、文化与社会的共生，文化系统内各要素、各主体、各产业间的共生，文化与自然环境的共生等。“共生”是自然界非常普遍的现象，蕴含着“交换”“协同”“包容”“多样”“反哺”“传承”等诸多概念，“共生”理念下的文化创意产业发展追求的是可持续发展。

特别地，我国正处于工业化和城镇化加快发展的阶段，资源环境约束特征明显，工业化继续转型升级，消费水平不断提高，消费结构也发生了很大变化，文化创意产业的发展迎合了我国经济和社会发展的需求，但文化创意有其自身的特点，营造“共生生态”首先需要处理好文化与政治、经济乃至社会的关系。文化产品是具有“准公共性”和“外部性”的精神产品，一方面，政府在提供公共文化服务方面责无旁贷；另一方面，市场总是喜欢肆无忌惮地迎合“产业”特质的生产，标准化、批量化的生产方式对抗着文化的个性和不可复制性，以至于在许多文化创意产业领域出现了“过度商业化”甚至“涸泽而渔”的情况，而“泛娱乐化”或者说“过度娱乐化”是其集中体现。从某种角度来看，“泛娱乐”并非贬义，它可以指由文学、动漫、影视、音乐、游戏、演出、衍生品等多元文化娱乐形态而组成的融合产业[①]；也可以指通过娱乐的手法或方式将本身可能枯燥的内容变得更有趣、更易解读、更具有渗透力，而这一娱乐化的方式和元素不仅越来越多地出现在休闲娱乐产品中，更是进入新闻、社会、科教、政治等更广泛的领域，简而言之，“一切皆可娱乐化”。在“泛娱乐化”的作用下，《易中天品三国》、粉丝经济、影游联动、真人秀节目层出不穷……。作为市场经济的产物，“泛娱乐化”在吸引消费者的注意力、疏解社会压力、调节情绪、促进知识的理解和吸收、提高文化企业的竞争力、促进文化产业发展等方面都有积极的作用。但是，“泛娱乐化”也是一把双刃剑，文化产品具有非常广泛的外部效应，而“泛娱乐化”很容易导致外部负效应的广泛存在进而私人文化企业的过度供给和非法供给，当文化产品充斥恶搞、低俗或者奉“娱乐”为生存内核和救命稻草时，当许

---

① 转引自冯珊珊．逐鹿泛娱乐：IP 才会赢［J］．首席财务官，2016（14）：30－41．

许多多的文化产品或服务呈现为市场上的快消品时，当娱乐渗透政治、经济、文化和社会生活的每个角落，“文化价值”将退居次要地位，甚至成为可有可无的“外衣”，而作为消费者也将失去体验文化、建构文化与社会的积极主动性。美国批评家尼尔·波兹曼在《娱乐至死》一书中指出，“一切公众话语都日渐以娱乐的方式出现，并成为一种文化精神。我们的政治、宗教、新闻、体育和商业都心甘情愿地成为娱乐的附庸，毫无怨言，甚至无声无息，其结果是我们成了一个娱乐至死的物种”。[①]

我国在文化创意产业发展的过程中，一直非常强调正确处理社会效益和经济效益、社会价值和市场价值之间的关系。例如，党的十七届五中全会关于“十二五”规划的《建议》中提出，坚持一手抓公益性文化事业、一手抓经营性文化产业，始终把社会效益放在首位，实现经济效益和社会效益有机统一。中共中央办公厅和国务院办公厅印发的《关于推动国有文化企业把社会效益放在首位、实现社会效益和经济效益相统一的指导意见》也重申了这个目标。正是因为文化企业所生产的产品是精神产品不是物质产品，具有很强的意识形态特性、准公共性和外部性，是精神产品而不是物质产品，因而必须注重其社会性和文化性。其中，作为建设社会主义先进文化重要力量的国有文化企业更应当发挥领头兵的示范作用。中共中央总书记、国家主席、中央军委主席习近平在2014年10月15日北京召开的文艺工作座谈会上提到了我国文艺创作中存在的问题，包括有数量缺质量、机械化生产、快餐式消费等问题，强调了文艺的本质和地位。例如，文艺不能被市场牵制，必须坚持“为人民服务、为社会主义服务”的“二为”方针；区分低俗与通俗、欲望与希望、感官娱乐与精神快乐等。文艺创作如此，文化创意产业中的文化产品创新依然如此，特别是面临“文化艺术”与“商业经济”这对关系中对抗与冲突的一面时，文化主体不能为了单纯地追求商业利益而忽略了文化的精神和艺术的魅力，过度商

---

① ［美］尼尔·波兹曼（著）、章艳、吴燕莛（译）．娱乐至死［M］．桂林：广西师范大学出版社，2009：5－6.

业化在供给层面很容易导致企业的盲目投资和短期行为，而缺少了“文化”的滋养就意味着失去了文化创意产业可持续发展的动力源泉，终将会给产业未来的发展设置牢笼；在需求层面，复制式、模块化、千篇一律的娱乐纯粹是“为了娱乐而娱乐”，文化产品本应具有的艺术性、审美性和思想性被冲淡甚至消失殆尽，消费的吸引和注意却可能只是暂时的，文化生产和消费的正外部性难以产生，并进一步地影响了消费者对文化产品的品味心态与预期，不利于良好消费环境的形成。因此，文化创意产业虽然具备产业化形态，但却与物质产业有着本质的区别，要达到发展的“可持续性”就必须找到“文化”与“经济”对抗统一的平衡和“共生点”，必须尊重文化的内在演进规律，在鼓励创意创新的同时，注重文化内涵和社会价值的结合，打造文化精品，治理外部负效应，这种融合发展本身也越发具有吸引力和生命力。

其次，从产业发展的角度来看，隶属文化创意产业核心部分的内容产业至关重要，但内容或符号产业所能产生的经济效应又绝非仅限于内容的生产与传播本身，还包括内容载体的生产、文化装备的生产、文化衍生品的生产等，也正因如此，文化创意产业的外延不仅限于第三产业，在三次产业中都能够发现它们的身影；与此同时，当文化和创意作为一种核心要素与传统产业相结合时，又推动了传统产业的转型与升级。可见，文化与创意对文化创意产业自身乃至非文化创意产业都具有嵌入和带动作用。研究文化创意与文化创意产业及相关产业之间的关系和作用机制，进而对文化创意产业链各环节进行协同整合，有利于形成共生效应，提高资源的配置效率和使用效率。

此外，突破较为“单一式”和“偏向性”的文化关注，鼓励中华文化的继承、融合与超越。我国是一个历史文化悠久、文化资源深厚的国家，优秀的中华文化是我们有别于世界其他文明也是我们能够在世界文化中立足的根基。就连约瑟夫·奈在接受环球人物杂志的采访时也毫不讳言，中国的传统文化非常具有魅力，西方人也长期受到影响，他还特别提到19世纪末期欧洲绘画的风格就是个例子；此外，奈还将老子和孔子的著作内容与软实力对应起来，并称孔子学院是非常成功的案例。[①] 毫无疑问，我国优秀的传统文化是我国国家形象构建、软实力提升以及文化创意产业发展的要素内核，以影视剧产业为例，不仅我们国家就连美国的好莱坞电影也越来越热衷于中国的文化元素，《花木兰》《功夫熊猫》《木乃伊3》《变形金刚4：绝迹重生》《火星救援》等，都明显地体现了好莱坞对我国电影市场的重视与文化的运用。但就在这场国内国际文化产业大发展的“文化盛宴”中，有许多问题值得我们深思：（1）文化创意产业的发展绝对离不开文化要素的开发与运用，但文化创意产业的发展并不等同于文化的发展，这取决于政府、公众、产业乃至全社会对传统文化的继承和创新的努力。（2）中国文化源远流长，传统文化是中华文化的重要组成部分和发展根基，但中华文化却并不仅限于武术、京剧、脸谱、书法等颇具历史的文化元素，也有很多不错的现当代文化艺术。从相关的调查研究中我们可以看到，中华文化甚至传统文化很难说已经获得了外国受众的广泛理解和认可，基本上还处于符号认知阶段，并未真正地进入国外的主流社会，中华传统文化的传承和传播任重而道远。现当代艺术可以说是我国社会在现代化进程中产生和形成的一种新的艺术样式，它的出现当然离不开传统文化的涵养，也是对传统文化的继承、发展和创新，但却融入了对当下现实的关注和沉淀，优秀的现当代文化在历史的长河中也会积淀下来，成为未来的“传统文化”不可分割的内容。也许是因为国内体制和环境的限制推动现当代艺术主动地找寻国际出口，也许是因为时代的接近性，现当代艺术反倒在某些场合某些领域，更好地迈入了国外公众的视野，其文化影响力也在与日俱增，例如我国现当代艺术品在艺术市场上的热度不断提升，在文学方面莫言还获得了诺贝尔文学奖。（3）无论是中华传统文化还是现当代文化，他们在现代社会的发展也并不是一帆风顺的。文化创意产业的快速发展一方面为我国文化的传播与发展提供了新的土壤与环境，但与此同

---

① 参见黄滢．约瑟夫·奈：文化是中国最大的软实力［EB/OL］．环球人物，2014-01-05. http：//www.banyuetan.org/chcontent/sz/hqkd/201415/90168.shtml.

时，文化艺术和创意的产业化离不开商业化的过程，资本的逐利性很容易导致偏向性的文化选择，其标准往往是“能否吸引眼球、能否形成卖点”，而无法形成规模效应、经济成本高昂、难以复制的“文化部分”常常被淡化甚至丢弃。这就使得一方面许多优秀的文化被忽略、未被开发利用和发展，造成中华文化的流失；而另一方面对某些文化过度开发、过度改造，造成文化产品的同质化、单一化、庸俗化。全球化进程的深入带来了进一步的挑战，随着发达国家的文化产品甚至文化资本强势进入国内市场，跨文化传播的不平等性不可避免地冲击着我国文化创意产业的发展，更撞击着我国文化的发展。当然，问题还有很多，此处无法一一枚举。但我们能够看到，传统文化自身发展的问题、传统文化与现当代文化间的关系及其发展问题、中华文化与外来文化的关系及其发展问题以及不同民族文化的发展问题都应该是我国发展文化创意产业需要重点关注和合理处置的问题，一味地回避和排斥外来文化、任凭市场选择和利用文化、漠视大众文化挤出小众文化或精英艺术等并不是我国发展文化应有的态度，我们非常需要给予不同领域的文化艺术人才良好的生存和创作环境，鼓励他们尽其可能地发挥创作才能，通过融合或分化对中华文化进行传承与创新。我们认为，在社会主义核心价值观的提领下，深刻理解和把握不同文化之间的交流不仅不会让我们丢掉传统中华文化的精华或者成为西方的翻版，反而非常可能更快地促进我们在新时代对传统文化进行继承和创新。这种继承和创新没有既定的具体的标准，我们也不应该厚此薄彼，而应是“取其精华，去其糟粕”，发挥包括民间力量在内的一切群体去探索文化艺术在传统与现代的结合，在不同文化形式之间的结合，在不同民族文化之间的结合及其在既有文化之外的新生文化样态，唯有如此，才能继续发扬属于我们中国人的文化，继续创造属于每个人所在时代的新文化，进而为我国文化创意产业的可持续发展注入动力。

（三）探索合理有效的政府介入方式和产业政策

在世界文化产业或创意产业发展的历程中，我们可以很清楚地看到，无论是发达国家还是发展中国家的政府都有着对该产业不同程度的支持。

因此，再去花费大量的笔墨讨论需不需要政府支持，需不需要产业政策，对于我们解决文化创意产业发展中的问题乃至促进产业发展并无太大裨益。而相比之下，探讨政府行为的边界，更甚于从成功的案例中总结和反思什么样的政府行为尤其是文化产业政策更有效可能更有意义。整体而言，政府介入文化创意产业的发展必须格外小心，以过去辅导工业产业或高科技产业的模式——力推企业飞快成长、创最高经济效益、依靠物质成本获取竞争优势——来介入该产业的发展，对于讲究差异、量少质精、作用精神的文化产业而言，可能弊大于利。从前面我们对澳大利亚政府在创意产业发展中的支持模式的分析中，我们可以得到一些值得借鉴的经验。

第一，厘清介入的原则和边界。澳大利亚非常重视创意产业对经济发展的作用，但也很注意将文化艺术的元素和细节融入澳洲人生活的主流，在政府指示性的管理框架下，澳大利亚各级政府部门、文化及相关机构（包括公益和商业）、社区等会以多元化的方式提供文化艺术产品，并让澳洲居民在消费的同时获得熏陶滋养，获取学习和创意动力，力求让多种文化实现融合与发展。这种“浸润式”的发展方式能够调动多方文化主体（尤其是民间力量）的积极性，在很多情况下，公益行为与商业行为相互交融，公共文化服务的供给方式灵活多变，值得我们学习。我国政府必须切实从文化创意产业的特性和国内外的形势出发，厘清介入的原则和边界，不仅将文化产业政策及其发展设计纳入经济领域的考量，也要纳入政治、文化和社会领域的考量；不仅要纳入我国文化企业生产的考量，也要纳入我国人民生活的考量；不仅要纳入文化创意产业本身的考量，也要纳入与其他相关产业互动发展的考量。

第二，重视互联网科技建设，制定鼓励数字文化创意产业发展和创新的产业政策，尤其是税收政策。为了支持数字创意产业的发展，澳大利亚政府建立了信息科技产业委员会（Information Technology Industry Innovation Council）以促进信息技术部门自身的发展，并向创新、产业、科学和研究部部长提供有关创新问题的建议。政府也出台了许多鼓励创新的产业政策，诸如我们之前提到过的新的研发激励税收制度，新的制度简化了软件开发获得政府资助的一些门槛要求，而创意产业部门也将随之获益。2016年12月19日我国国务院正式印发了《“十三五”国家战略性新兴产业发展规划》，数字创意产业第一次被纳入其中。规划从GDP占比和贡献、产值规模等方面提出了2020年我国战略性新兴产业的发展目标。该发展规划的发布一方面说明了国家深刻意识到数字创意产业的重要性，并已经把发展数字创意产业上升到国家战略的高度；另一方面也说明了，随着数字技术的出现和发展近乎所有的产业都面临着挑战和机遇，而文化产业在新的时代也必须要有新的变革和发展，依托数字技术进行创意、生产、传播，推动传统文化产业的升级，推动新型文化产业的形成，为消费者提供更好的文化产品和服务。单从产业类别来看，我们很难将数字创意产业与许多其他产业的边界进行完全精确的划定，因为它本身就与许多产业有着千丝万缕的联系，例如数字创意与信息技术、高端制造甚至传统的文化产业之间都脱不开关联。也正是因为如此，壮大数字创意产业并非该产业自身的问题，还需要将数字创意产业纳入更广泛的产业价值网中进行统筹规划。这个过程将涉及文化管理体制、教育系统、培训体系、社会组织等方面的变革，而在这个过程中，尽快形成支持数字创意产业发展和创新的政策体系是政府一项非常关键的任务，政府需要注重构建政府部门之间、政府与企业之间、政府与第三方机构之间以及数字技术、数字内容及其相关应用产业部门之间跨部门、跨组织、跨产业的联动机制，推动整个数字创意产业价值网的多点创新和发展。文化部官网发布的信息显示，文化部文化产业司设立多年的“动漫处”和“投融资处”分别改变为“企业发展处”和“项目指导处”，当然，其部门职能也相应发生了转变。适时适需的部门改革与调整说明政府已经自觉主动地针对文化产业发展的新形势和新实践的要求对自身的职能部门进行调整。不过，面对这场“数字创意”的“熊熊烈火”，我们需要强调的是，数字创意产业的发展是要用数字技术推动文化产业的发展，由于“创意”并不等同于“文化”，因此，对“创意”的关注要避免单一的技术倾向或“文化弱化”，注重文化与创意的融合、数字技术与文化产业、核心文化产业与边界或相关文化产业的融合。

第三，积极支持和参与文化创意产业研究。政府支持文化产业研究主要有三个理由：一是为文化政策及其设计寻求理论基础和行为方向；二是为公众、投资者和合作者提供决策依据；三是评估和监测文化创意产业发展的情况。不得不说，澳大利亚对数字科技产业和数字创意产业发展的迅速关注得益于早在2001年通信、信息技术和艺术部（DCITA，Department of Communications，Information Technology and the Arts）启动的《创意产业与集群策略研究》（Creative Industries Cluster Study）。自2007年以来，澳大利亚更加重视提高国家的科研能力。例如，澳大利亚联邦政府于2008年对自身的科研创新体制和创新能力进行了细致的评估分析，并在2009年发布了《推动创意：21世纪的创新日程》，为未来十年政府推动科学研究和创新能力的战略提供了政策框架，分别从大学和公共研究机构、私营企业和政府部门三个领域制定政策措施，包括加大研发投入、减免税收、扶持公共研究机构等内容。澳大利亚还设立了文化创意产业相关的研究机构，不少机构因其优异的研究成果而享誉国际社会。例如，澳大利亚政府通过澳大利亚研究委员会于2005年7月投资设立了创意产业和创新卓越中心（CCI），该中心是澳洲第一个非科学工程技术领域的国家社科基金项目研究中心，也是世界上最早的同类机构之一，它以昆士兰科技大学为核心共包含六所大学和一个互动设计合作研究中心（ACID）构成的联合单位，并有机地嵌入昆士兰科技大学创意产业园区的建设中，中心产出了许多具有国际影响力的成果，并且为澳大利亚政府及其相关企业提供决策咨询服务。此外，澳大利亚政府支持和参与的研究内容涵盖非常广泛的内容，其整体的理论深度和应用程度都站在国际前沿。例如对公共文化价值评估框架（PVMF）的研究和探讨。西澳文化艺术部门（DCA）于2010年3月发起了“创意价值：一个艺术文化部门政策框架”的研究项目，开始与西澳的文化艺术部门、国家或国际艺术代理机构、研究社区和政府合作者讨论如何通过文化和艺术实践的支持为所有人传递最合适的价值，并于2012年发布了“公共价值评估框架”报告。由此可见，政府可以通过不同的形式和途径直接或间接地支持和参与文化创意产业研究。伴随着我国文化创意产业的发展，许多文化创意产业研究中心和研究基地如雨后春笋般成立，近几年又涌现了一批文化创意产业研究智库，而且还在不断地发展壮大。这些研究机构或智库资源以及相关政府部门对推动我国文化创意产业的发展起到了积极的支撑性作用，但不可否认的是，我国在文化创意产业领域上的科研水平和创新能力还亟待提升，我们依然缺乏在国际上有影响力的成果，产业创新能力也还未能满足产业可持续发展的要求，政府需要继续推进该领域的科学研究及其成果转化，尤其需要关注以下几点：1）制定或优化系统支持文化创意产业科研创新的政策框架；2）吸引和聚集顶尖人才从事研究，重视基础研究，注重多学科团队的构建和灵活运用；3）根据不同的研究内容和研究需要，整合已有的科研团队和智库资源，搭建互动平台，促进科研资源的组合、共享和沟通，提高科研的产出水平和效率；4）加强政府部门、文化企业、第三方机构、科研机构等主体间的沟通与合作，探索政府支持科研的多元化介入方式和联动机制；5）在加强理论研究的基础上，促进产学研一体化的进程，切实解决我国文化创意产业发展中存在的问题。

第四，调动一切社会力量，探索和完善文化产业统计工作。文化产业统计工作包括很多方面的内容，统计指标分为总体指标和行业指标，这些指标能够反映文化产业的发展规模、发展速度、发展结构、发展方向和发展问题等，对于政府规划文化产业发展，文化企业制定企业发展战略和投融资决策，文化相关机构管理、规范文化市场活动，研究机构进行科学研究等都具有非常重要的意义。澳大利亚的统计工作质量在世界上处于领先水平，这便于国家准确把脉文化创意产业的发展情况，深度挖掘统计数据的价值，其统计工作的主要亮点有如下几个方面[①]：1）政府统计的垂直式网状管理框架。澳大利亚政府的全国统计由纵横交错的管理制度构成。从“纵”的方向来看，澳大利亚统计局的主体部门设立在首都堪培拉，而其

① 参考综述：澳大利亚国家统计扣紧四大关键点［EB/OL］．新华网国际频道，2015－04－09. http：//news. xinhuanet. com/world/2015－04/09/c_127672894. htm.

他各州和领地都设有地区办公室，分管部分统计局业务，各州的地方统计局负责不同的全国性专业统计数据和资料，这点与我国的统计管理体制有着较大的区别；从“横”的方向来看，澳大利亚的主要经济部门都设有统计中心，并直接由统计局全面负责管理。2）具备支撑全国统计的基础数据源网络。澳大利亚政府特有的统计管理框架之所以有效的一个核心的微观基础是有着“无处不在”的原始数据端，各大超市、百货商店、邮局、学校等，都有着非常完善的数据统计系统，无论是原材料、中间货物、零售商品，还是学生、从业者等，从生产到物流再到服务（或者学习、培训和工作）过程中的几乎所有的活动或行为的数据都会被跟踪记录下来，并进入各自的数据库，这些数据可以直接转到相关的政府统计管理终端，从而汇集成为相应的全国性专业统计数据和全国性整体数据。资料显示，目前澳大利亚已经有95%的企业和97%的个人被国家统计覆盖。3）在政府统计体系之外，还存在灵活多样的民间统计体系。政府积极支持调查咨询公司、行业协会及相关机构进入统计市场，是政府统计非常重要的补充和完善。这些商业公司或公益机构不仅能够提供新的原始数据资料，还能对政府及其自身的数据进行深度开发，产出大量的数据分析报告，为政府相关部门和社会提供决策支持，为商业企业提供增值服务。例如，澳大利亚主流表演艺术团（AMPAG）每年都会对主流表演艺术公司接受商业赞助和私人捐赠的情况进行调查，并发布数据及其分析报告。

总的来说，澳大利亚统计工作的特点可以用专业、全面、细致、准确和严格来概括。这里，值得一提的是澳大利亚的人口普查。澳大利亚人口普查局（统计局的分部）从1911年开始，每5年就会进行一次全面的人口普查，调查每个家庭及其家庭成员在普查日当天的信息，内容涉及国籍、宗教信仰、家庭状况、职业和收入等问题。该项普查有如下几个主要特点：第一，参加普查是强制的，无论你是公民、永久性居民，还是流动性人口，只要在普查日当天在澳大利亚境内，就必须填写人口普查表。第二，对应当参加却不填写普查表的人进行严厉的惩罚，每人会面对高达每天180澳元的罚款，直到填好为止。而不如实填写或填写误导性信息的人也将面临巨额罚款。第三，人口普查使用电子系统统计，并且有着非常缜密和人性化的调查程序。以笔者亲身经历的 2016 年 8 月 9 日的人口普查为例，笔者在正式普查开始之前一个月左右就不断在邮箱、社交媒体、公共广播等媒介上或朋友口中看到或听到有关人口普查的各种信息；进入 8 月份人口普查局就正式启动了该项调查，并有许多媒体通过各种平台提供如何填写和面对各种问题时如何解决的相关信息。以下是有关 2016 人口普查的一些基本资料：

普查是为了了解澳洲人口的情况，以及指引纳税人的钱如何花费的问题。你提供的信息帮助估计澳洲人口，也用来帮助政府决定如何调配资金，为社区提供教育、医疗和交通等服务。人口普查都是为了政府能够更好地分配资源，为了社会的发展，是非常有意义的事情。

Q：是不是收到信就可以开始填写了，还是一定要等到 8 月 9 日？

A：官方说法是在 8 月 9 日当晚或者前后 24 小时内完成。考虑到填纸质版的人邮递的问题，8 月 31 日前寄到 Census 都可以。不过，小编亲身实测现在已经可以上网填写问卷并成功提交，小编也打通咨询热线问过，现在提交，只要成功了，只要你保证信息能真实反映 8 月 9 日的状况，也是可以的，所以实际网上填写时间是，从你收到信的那一刻起到 8 月 10 日晚 24 点。

Q：Visitors 需要参加吗？留学生需要参加吗？Working Visa 需要参加吗？

A：需要！只要 8 月 9 日在澳洲境内的都需要参加。无论你是什么身份，8 月 9 日你踏入了澳大利亚的国门就算我澳大利亚的人口了，赶紧来填表吧～

Q：同一地址，不同的人都用同一个 code 吗？

…………

（资料来源：唐人街，转引自滴答网，http：//aus. tigtag. com/life/245133_5. shtml，2016－08－04，有所改动。）

从上述资料中，我们不难看出澳大利亚统计局在人口普查过程中的程序化、科学化和人性化处理水平，他们对不同地区和不同文化的境内人口及其不同情况下可能存在的问题都有着较为细致和全面的考量，而面向不同语言和文化群体的媒体在这个过程中也起到了非常关键的公众服务职能。第四，澳大利亚统计局还十分注重个人隐私信息的保护工作。有资料显示，统计局在搜集到人口普查数据之后，会将填写人的姓名、地址和其他信息分开存放，并最多保留四年之后就会销毁；在此期间，相关信息只会向“由高级委员会批准，且受到严格保密条款限制”的项目进行“匿名”提供；澳大利亚统计局人口普查110年以来都未有过泄露隐私信息的记录。

近几年来，我国的统计工作在统计管理、统计方法、信息公开和数据搜集等方面有了较大的提升，但不可否认的是，我国是一个人口大国，地区性差异大，经济发展也不均衡，社会结构和经济结构不断发生着变化，统计工作相对国家政治、经济、文化和社会的需要仍然还有很大的差距。自2004年我国《文化及相关产业分类》印发以来，我国的文化产业统计工作也算正式展开。可以毫不夸张地说，此举填补了我国专业统计的空白。但不可否认的是，作为一项新的专业统计，文化产业统计存在诸多难点：文化产业概念的内涵和外延，文化产业活动的划分，许多文化活动和文化服务的统计报表制度和专项调查制度的建立健全，数据库的开发、构建和使用等。谢伦灿（2009）曾分析过我国文化产业统计缺乏准确性与科学性的原因。总起来可以归纳为四点：其一是统计口径和标准不同，之前在文化产业概念分析中也已提及；其二是统计资料的年份数据残缺不全，难以得到可供分析的连续数据；其三是统计部门的独立运作经费不足；其四，产业门类繁多复杂造成统计滞后，而业态创新的快速变化也导致现行统计制度难以预警和应对新情况。这些分析在某种程度上道出了我国现行的文化产业统计工作中存在的许多问题。尤其是在我国文化产业迅速发展的过程中，如果数据统计不能很好地支撑政策、企业管理和科学研究的发展，势必会成为制约产业发展的障碍，尽快完善我国文化产业的统计制度和统计体系是当务之急。首先，应当高度重视文化统计的作用及其理论研究，借鉴国际文化统计的经验，结合我国文化产业发展的实际情况，继续厘清文化产业、创意产业、数字创意产业等范畴的内涵和外延，纳入分类统计，完善包括产业活动划分标准在内的统计标准和统计框架。其次，优化文化产业统计制度，加强国家统计局、文化部、国家新闻出版广电总局、商务部、国家版权局、国家税务总局等文化产业相关部门的沟通协作，整合、构建和完善文化产业的全国性统计网络与数据库。再次，由于各地区情况存在不同程度的差异，地区统计的标准可能难以完全一致，因而更需要对文化统计的细类界定清楚，让各地各行业之间乃至与其他国家的数据都具有可比性。另外，就我国目前的文化产业统计情况来看，亟待增强数据的全面性、系统性和准确性，提高统计工作的效率，让统计数据能够更有效地为文化产业的科学研究服务，支撑文化产业政策的制定、实施和效果评估，支持文化相关主体的市场行为决策。

此外，我们还应当关注创意城市建设、社会公众的口味培养、节庆活动的策划等问题。总之，澳大利亚等发达国家为我国文化创意产业的发展提供了可供借鉴的经验，但毕竟每个国家的发展要素、发展情境和发展水平不尽相同，特别地，当产业中嵌入了文化和创意，盲目地移植或模仿西方发达国家的做法可能难以奏效，更有可能产生新的问题。文化创意产业的发展远比我们想象的更为复杂，例如，耗费巨额资本大规模地建设艺术馆、博物馆和展馆可能对一个创意城市的建设起不到预想的作用；举办多如牛毛的节庆活动也可能劳民伤财，无法提高城市和文化的影响力；有些“自娱自乐”的文化创作和消费虽然没有了商业的“裹挟”，但却有可能缺乏创新的应用、转化和传播；在许多情况下，截然分开公益性文化活动与市场化运作也许是不合时宜的。因此，在我国文化创意产业的发展过程中，借鉴国际经验不应只是一味的学习和引进，还需要我们深刻理解文化与政治、经济和社会的关系，把握好文化与市场结合的方式和尺度，根据自身的实际状况探索、选择和创新有效的发展路径。

第五节　文化产品的供给创新

尽管我们在基础理论分析中将文化产品分为信息型、知识型和娱乐型产品，但由于文化产品的种类非常之多，而且不同类别的文化产品的具体特性也不尽相同，甚至差异很大，我们难以对所有文化产品的供给模式创新进行一一分析。此处，我们将主要选取电视节目和电视剧来分析文化产品的供给创新。

（一）构建以受众为中心的电视节目创新体系

1. 电视和受众再审视

随着新媒体的不断发展，其对传统电视的冲击越来越大，电视在全球媒体界的地位都在发生逆转。据瓦格纳国际公司公开资料显示，2008 年，美国 5 大电视网观众平均年龄第一次达到 50 岁，而广告主最看重的消费者的年龄层是 18 ~ 49 岁。[①] 显然，传统电视观众的年龄已经完全偏离了广告主的目标受众的年龄范围，其媒体价值的缩水可想而知。德国经济杂志《资本》委托 IBM 商业调查研究所针对 500 名德国人进行的一项问卷调查显示，在 14 ~ 39 岁的人中，人均收视时间仅有每天 94 分钟；在经常上网的人中，37% 的受众认为电视只是一种辅助媒体；在 14 ~ 19 岁的青少年中，59% 的人选择网络作为他们获取信息的主要渠道。[②] 另有调查显示，我国电视观众的平均年龄在 45 岁以上，而“80 后”观看传统电视的时间每周不到 18 个小时，[③] 这一趋势与美国的情况极其相似。总之，从这组调查数据能看出，传统电视已经出现老龄化趋势，且消费情况不容乐观，而网络新媒体则展现出年轻化特点。

那么，电视真的没落了吗？电视节目真的没有市场了吗？节目创新是

---

①② 参见尹晓琳．媒体称中国一线城市电视成摆设 高收入观众很少看电视 [N/OL]．法制晚报，2012 - 04 - 09. http：//blog. sina. com. cn/s/blog_53ae5fd101011w25. html. 有所改动．

③ 孙丽萍，肖春飞．调查显示：“80 后”人群收看电视时间显著下降．新华网，2007 - 06 - 13.

不是没必要呢？自主创新是不是难以获得补偿呢？要回答这些问题需要我们重新审视电视和电视的受众。首先，电视的概念应该得到扩展。众所周知，当我们说电视或者电视受众时，一般指的是传统电视。而新媒体给电视带来的不仅仅是冲击和威胁，还有促进和机遇。数字电视、IP 电视和手机电视等，这些实际上都是对电视的升级和拓展，其根本区别是所依赖的媒体技术有所不同，信息输出的使用终端不同，但所呈现的同样都是声图文融合的信息形式，应当纳入“大电视”的范畴。其次，区分电视作为一种媒介和媒介经营机构的差异。无论是电视受众的分流，还是老龄化，这都不能作为忽略电视节目创新的借口，传统电视消费程度的降低也不能作为电视经营机构难以维系的理由，他们应当随着媒介环境的改变构筑自身的媒介业务和经营战略。另外，尽管传统电视的受众出现了转移，但它的魅力依然存在，生命力依然旺盛。美兰德咨询公司的调查显示，就最近一个月的全国电视人口媒介接触状况来看，2012 年电视接触率高达 99.5%，电视人口对网络的接触率达 40.5%，位列第二位，互联网成为电视之外接触率最高的媒介形态。[①] 此外，包括以新媒体技术为支撑的各种电视形态也在蓬勃发展，电视消费的时间和空间也得以扩张。因此，在某种程度上，“大电视”范畴下的受众价值或者更具体地说电视节目的受众价值非但没有减少，反而很可能增加了。总之，所有这些关于电视和受众的变化要求电视机构改变原有的仅仅围绕有限频道资源和单向传播进行经营的传统方式，树立“大电视”“全媒体”和“大传播”的视角和思维，切实以受众为中心进行电视节目创新，探索多形式、多业务、多渠道、多终端的新型生存模式。因此，与其说电视没落和老龄化，不如说是电视节目并未能很好地满足受众的口味、爱好和体验需求，电视节目创新更有必要。

2. 受众需求的新特点及其在供需关系中的地位变迁

在文化研究的传统中，受众曾一度被认为在文化工业中处于被欺骗、操纵和控制的被动地位，之后历经伯明翰学派、葛兰西霸权理论和约翰·

---

① 美兰德.2012 美兰德中国电视覆盖及收视状况调查结果出炉. 中国网，2012－11－19.

费斯克理论等，受众的主动甚至能动作用得以强调，但长期以来，由于技术、经济和社会发展条件的限制，媒介始终具有“居高临下”的强势地位，向受众进行单向式传播，“供给创造需求”有很强的解释力。例如，我国电视节目的策划多采用两种方式，一是专家头脑风暴法或专家咨询法，电视台利用智库资源进行节目策划，虽然这种途径可能会提供一些好的制作方向和创意，但是专家视角能否代表受众却只能事后等待市场检验；二是模仿或者引进其他电视台或者海外成功的节目，试图短期内在电视市场上分一杯羹，而市场是否饱和、节目品质是否符合受众所需却并不做太多考虑。

但是，随着新媒体技术应用的拓展、参与式文化的形成、媒介消费形式的多样化等媒介环境的发展，受众也开始觉醒，媒介消费的理性、经济性和目标性愈渐增强，受众需求呈现了许多新的特点。其一，个性化趋势。许多受众在电视消费中展现了很强的个性化偏好，比如喜欢体育节目、地理知识或是时尚娱乐等。其二，在个性化的基础上具有多元化和多时间段化特征。受众不仅仅只是喜欢某一种电视节目，还可能同时喜欢多种节目，并且在不同的时间段有不同的选择偏好。其三，需求动机不断扩展和深入。从传统的以局外人的身份获取新闻信息、习得知识和娱乐休闲，逐步到深度参与电视节目的进程，实现信息获取与分享、社交沟通、角色扮演、积累提升、自我展示、自我赋权等多种体验动机，更重视“自我需要”和“体验感受”。其四，受众进行媒介消费和媒介生产的界限模糊，往往在生产中获得消费的满足感。在参与式文化的氛围中，节目受众一方面能够按照自身甚至其所代表的受众的意愿和需要进行节目的构思、制作和生产，另一方面，他们在生产的过程中获得多种消费体验。总之，当今的受众需求已经发生了显著的变化，受众在电视市场上的地位变得更加主动，在电视节目的供需关系中也逐渐占据了主导地位，受众喜欢能够自由地选择真正满足自身需求的电视节目。因此，电视节目不应该是由某个专家或领导拍脑袋来定，也不是由某个团队来定，甚至也不能仅仅通过事后的节目满意度调查来定，而必须要切实了解受众潜在的需要，从受众特征、受众心理和受众行为等方面系统分析受众的偏好与诉求，并以此为导向进行电视节目的创新。

3. 建立以受众为中心的节目创新体系

以受众为中心进行电视节目创新，不能仅仅停留在电视节目的生产环节，而应当涉及节目创意、制作和传播的整个过程，是一个系统工程。如图7－3所示，整个创新体系从认知和跟踪受众需求，到以需求为导向进行节目生产再到通过各种方式和链接与受众全方位沟通和接触，进而最终让受众获得效用，建立关联关系，并将自身整个过程中的有效信息及其变化进行反馈。也就是说，由于媒介市场的竞争越来越激烈，电视受众的需求也更具有多变性，以受众为中心进行节目创新，不仅需要了解受众需求，还必须注重受众的动态性，通过有效的方式在受众需求——节目供给（或节目创新）之间建立关联和快速反应机制，形成电视相关机构与受众间互需、互动、共生、共赢的关系。相应地，在产业环节上，节目创新体系是一个涉及从需求调查、创意、制作到发行和传播的产业链条，每个阶段均以受众或用户为中心，对应于不同内容和形式的创新。总之，在以受众为中心的电视节目创新系统中，将以受众价值增值为导向，进而实现电视媒体的价值增值，最终获得价值补偿增值，这也是电视媒体能够持续创新的经济动力。

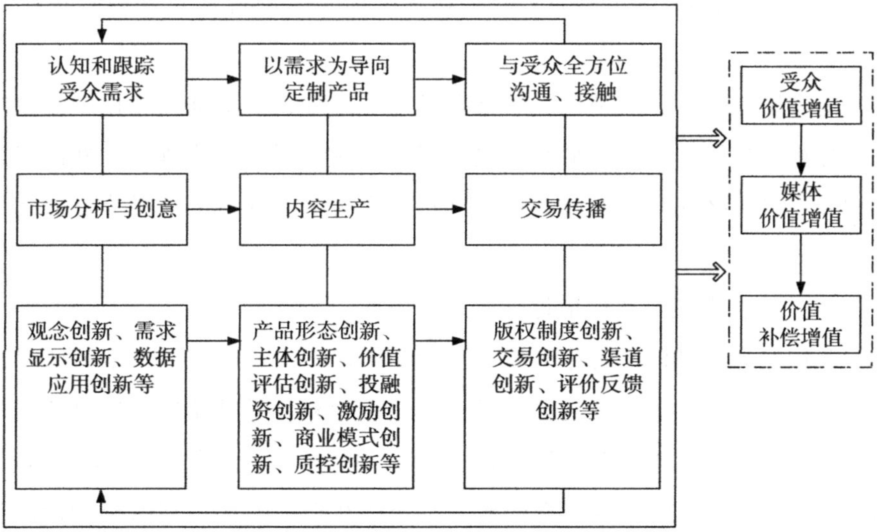

图7－3　电视节目创新系统

具体而言，在整个电视节目创新工程中，要重点关注以下几个问题：

（1）强化受众分析。

受众是大众传播的对象和目标，是电视节目的消费者，也是广告主的投放目标，通过受众分析了解和跟踪受众需求是进行电视节目创新的科学基础。众所周知，在媒介产业实践方面，传统的电视受众分析（包括广告界）主要测量电视的受众规模、达到率（节目收视率）以及计算千人成本等指标来确定媒体价值进而确定广告价格，属于结构性受众研究。而至于电视受众在人口地理、动机、行为方式、生活文化、电视接触类型、接触路径、接触深度、媒介替代程度等方面的差异鲜有关注、分析和应用。电视节目创新首先是观念创新，而要将以受众为中心的观念贯彻到创新的始终，起点就是转变媒介凡事均以受众规模取胜的传统思维，加强受众的系统性、层次性和精确性分析，在掌握受众需求的同时寻求媒体价值。特别地，大数据将引发传统电视的变革，使受众的个性化和多元化消费行为以及消费意愿和偏好演变成一种可测量和可精确分析的活动，使电视相关机构能够创新受众需求显示机制，并利用这些直接、实时和精准的数据实现包括各类电视在内的媒体互动和精准营销，提升电视节目的经济价值。电视机构应当抓住这一机遇对自己的角色进行重新定位和进行机制创新。

电视媒介的“二次销售”特性要求在受众分析的基础上优化广告主的需求分析。当然，要注意平衡“受众导向”和“广告主导向”，电视相关机构和广告主终究都要依赖受众，因此，受众导向应当是电视节目的终极导向。

（2）重构电视节目价值评估体系。

我国电视节目评估萌芽于20世纪80年代，主要通过观众来信或召开座谈会的方式获取受众对节目的评价，21世纪初业界开始实施广电节目综合评价体系和末位淘汰制，即所谓的“三项指标，一把尺子”，2005年之后，电视界提出了绿色收视率的概念，强调在提高收视率和收视份额的基础上确保主流媒体的舆论引导力和影响力。迄今为止，虽然各广电媒体、协会等机构还在进行评估体系的探索和尝试，但整个行业尚未产生统一的评估标准。

在本书所构建的电视节目的创新体系中，电视节目价值评估至关重要。而现有的评估体系具有两方面明显的缺点，无法为节目创新提供有效的保障。首先，这些评价体系都是事后评估，它反映的是兼顾社会效益和市场效益的要求，通常用于考核激励电视台员工和衡量已获取的广告价值，不能反映节目在创意生产或交易时的预估价值，无法向投资者、发行商和其他交易商提供可资借鉴的市场标准。例如，许多电视台为了减少自有资金的使用和降低经营风险，常要求赞助商进行先期投入，而与新研发的节目相比，赞助商更愿意选择已经成功的节目，因此，许多电视台会更倾向于引进版权，阻碍了自主创新。其次，评估指标针对的主要是传统电视渠道播出的节目，未涉及新媒体终端诸如网络电视和手机电视等播出的节目。但是，电视节目创新需要投入大量的资金、人力和物力，蕴含着很大的投融资风险，在生产和传播过程中需要进行交易流通，制播分离以及广电体制机制改革的深入也助推了这一进程，这些环节都迫切需要科学规范的电视节目价值评估体系的建构和创新。

（3）构筑创新的多维补偿方式。

许多企业发展的事实表明，企业的高成本时代已经到来。而电视节目的创意与生产不仅需要较高的投入，还存在着很大的市场风险，这也是很多企业不愿意创新的最根本原因。但同样，成功的创新节目能带来更高的附加值，而附加值能否真正实现，则需要我们充分认知和利用电视及其受众的变化，周全考量电视节目创新的价值补偿方式，这也是创新的激励与动力来源。

其一，版权价值收入。电视节目属于文化创意产品，其无形的创意内容的流通和传播必然要依赖版权及其邻接权的定价及交易。当然，要很好地实现版权收入，就必须在节目创新时特别注重节目的“可复制性”和版权保护的“有效性”。也正因为如此，在某种程度上，我们可以说电视节目模式创新是电视产业发展的必然要求。“电视节目模式或模板”是由一系列有着艺术与逻辑关系的诸多节目元素构成的与众不同的节目框架，其版权交易蕴含着巨大的经济效益。有资料显示，英国每年花6000万英镑来研发电视节目，曾经引起国民不满。但现在，随着“英国模式”在国际电视界已经兴起和快速拓展，相信英国民众应当在啧啧赞叹当局的眼光和决策了。我国热播的《中国好声音》引进的是荷兰的电视节目，荷兰版权方积极向全球推广，从英、美、法到土耳其、菲律宾等先后有45个国家购买了“The Voice”的版权，推出了各个“The Voice”本土版本，全都获得了巨大成功。[①] 而在我国第二季的《中国好声音》中，搜狐视频花费1亿元购得“好声音”网络版权，刷新了视频网站购买栏目的纪录，曾以6000万元独家冠名这档选秀节目第一季的加多宝，这次以2亿元的天价拿下了第二季的冠名权。[②]

其二，规模收益。无论是从摊薄创新的前期固定成本来说，还是从每期节目制作的变动成本而言，都需要最大限度地实现规模收益。尽管传统电视的受众数量、专注时间和注意力绝对减少，但从“大电视”和“全媒体”的视角来看，通过有效的受众叠加同样能够实现规模收益。这也要求在电视节目创新的过程中注重节目的可编辑性，能够以相对较小的成本实现适用于不同媒介终端和不同受众的产品形式，实现多屏分发。

其三，有效受众市场开发。这里的有效受众一是指具有广告的诉求对象特点的受众，其价值可以用数量、购买意愿和购买力等指标来衡量；二是指愿意为节目内容买单的具有内容诉求特点的受众，当然这两者之间会存在交叉。除了常规的电视节目收入（比如广告或内容售卖等）之外，重点开发与这些优质受众相关的各类增值业务以及附着于节目的服务形式和体验产品也是创新的重要补偿方式。

（4）探索高效合理的战略合作模式。

电视节目的创新是一个系统工程，涉及电视产业链上的诸多环节、主

① 浙江卫视《中国好声音》版权方欲状告央视侵权［EB/OL］．网易娱乐，2012-07-10.

② “中国好声音”的版权之争［EB/OL］．中国经济网综合，2012-12-14.

体、行业和业务，需要资金、技术、人力和物力的通力配合，从而使节目创新形成一个良性的自我循环发展的系统。而即便是实力再雄厚的企业或机构，也很难仅凭一己之力就完成所有的工作。这就需要相关机构整合各类专业性资源，依据产业关联，在电视产业链条上构建多渠道、多终端、多层次、多主体的战略合作模式，引入具有市场活力的主体和机制，转变"凡是资源都要自建"的观念，学会用"别人的资源做自己的事"，实现各产业主体的互惠共赢。

实际上，建立以受众为中心的电视节目创新体系需要关注和解决的问题还有很多。例如，受众反馈与节目评价机制、创新激励机制、优秀创新团队培养、科学的组织结构建构等。除此之外，由于电视节目具有准公共性，文化企业又多是中小企业，政府需要在其中准确定位职能与作为，创造诸如创意版权保护、节目研发基金、产业政策、体制创新等有利于电视节目创新的环境和条件。

作为当今社会最具影响力和公信力的主流媒体，电视媒体应当尽快改变短视的倾向和态度，以受众为中心增加电视节目的有效供给，在构建我国电视节目持续创新体系中发挥关键作用，形成我国电视领域自己的创新特色，造就一批国际传媒品牌，带动我国电视产业由"中国制造"向"中国创造"转型，增强中华文化的创造力、传播力和影响力。

（二）基于户外纪实和体验的节目样式创新——电视户外真人秀

2013年以来，江苏卫视的《赢在中国蓝天碧水间》《超级女兵》，湖南卫视的《爸爸去哪儿》，央视二套的《超级减肥王》和北京卫视的《防务精英之星兵报到》等真人秀节目打破了"户外真人秀"在我国电视业难以生存的宿命，用冠军级的收视率引领了我国真人秀节目的新方向。那么，户外真人秀究竟为什么能掀起荧屏热潮，它们契合了什么样的受众诉求，又有哪些地方需要关注和完善，则是需要我们深入探讨的问题。

毫无疑问，户外真人秀节目的脱颖而出，是与当今社会发展、文化生活状态、媒介生态环境一致的，但其最根本的原因是此类节目适时地契合了受众当下的诉求，提供了符合市场的有效要素。

1. 户外的“现实场景”：从舞台走向户外更显真实、生动和新鲜

传统的电视节目乃至近年的真人秀多以静态的舞台为中心背景，而户外真人秀是动态多变的生活场景，并且在环境选取上以接近或还原现实生活的原始状态为原则。当然，户外并不排除户内，而是包括户内在内的、可以利用的所有场景。在很多节目中，这个设定的情境本身也是一种受众所想了解、探知和体验的内容。例如，在《爸爸去哪儿》中，亲子活动的诸多地方、景观都是节目的亮点。《防务精英之星兵报到》的军旅生活环境也是一大看点。这种户外的“现实场景”无疑将人们从原来固有单纯的演播室、摄影棚和舞台带入更加真实和生动的现实环境中，提高了受众的边际效用。

2. 真人参与纪实：自然、体验、示范、共鸣

户外真人秀节目将纪实手段融入节目的各个环节，其核心内容是对现实社会生活的某种反应和折射，由具备不同特点、背景和经历的真人基于某个主题真实参与，进行深度体验，让受众产生共鸣。随着人们文化质素的提高和社会生活方式的变化，真人秀的能力要比以往更为自然，参与节目的主体无论是明星还是普通人都在一定程度上代表媒介消费者进行真实情境下的示范、展示，在秀的过程中满足受众的多样化、多层次性的口味与诉求。例如，在《赢在中国蓝天碧水间》中，12 位企业的 CEO 真实再现商界的较量，受众在观看商战的同时收获丰富的 MBA 教学知识和职业技能；在《爸爸去哪儿》中，5 组家庭接受任务在野外进行放羊、挖藕、捕鱼、爬山等活动，受众不仅能够看到明星亲子的真实表现，还能够放松心境、体会乐趣、交流育儿知识。

3. 互动多变的节目样式：主题、游戏规则、无脚本、冲突、悬念、引领

电视节目样式（Television Program Format）也被称作电视节目模式，是电视节目的整体框架和脉络，通常包括叙事模式和结构模式①。受欢迎

① 周欣欣．电视节目模式初探［J/OL］．收视中国，2011（2）．

的节目模式通常具有一定的社会价值和市场价值。

找到能够迎合受众需求的主题素材是户外真人秀获得成功的关键步骤。《赢在中国蓝天碧水间》是创投真人秀，《爸爸去哪儿》是亲子秀，《超级减肥王》是“重量级”选手真人秀，《防务精英之星兵报到》是明星版军事竞技真人秀，这些都是有别于以前歌手类、舞蹈类、答题类节目的素材元素，让人耳目一新。其次，户外真人秀以拟态环境为背景，设计了新颖、刺激以及具有冲突和悬念的节目环节、故事情节和游戏规则，让受众不断产生期待和关注。再次，“秀的过程”是“无脚本”运作，也即，节目参与者不是按照事先准备好的脚本进行表演，而是仅仅按照事先设定的环节、规则和任务进行不可预见的体验和示范，其参与的过程和结果是参与者随机产生的。在这个过程中，与单纯以舞台为中心的真人秀相比，户外真人秀节目的环境多变、主体多重，进而使节目样式具有更强的互动性和复杂性。以《超级减肥王》为例，选手参与的场景涉及演播室、健身房、沙滩、公路、大海等，在节目框架既定的前提下，参与的过程和结果取决于选手与场景之间、选手之间、选手与教练之间、选手与减肥大使之间、选手与家人之间的交互作用，这些都是节目吸引人的要素。此外，这些真人示范的背后还有一个非常重要的社会价值，即，传递社会正能量，引领人们朝着更健康、更阳光、更美好的生活迈进。《超级减肥王》中选手互帮互助、奉献牺牲、挑战极限、挑战自我的表现相比参与的结果而言更能感染人，激励人，这无疑也切中受众自我挑战、个人赋权、身份认同和社交分享的多重诉求。

综上所述，户外真人秀节目是在我国电视节目严重同质化和电视节目生存发展遭遇瓶颈的背景下产生的新型样式，从目前央视和各大卫视推出的电视节目来看，我国户外真人秀节目的竞争才刚刚开始。而越是在这种情况下，电视媒体就越要保持清醒，越要积极思考电视节目创新的突破点，不断探索电视节目的可持续发展策略。

(1) 以受众为中心，保持节目样式的持续创新。

随着媒介生存环境的变化，受众诉求越发被重视起来，电视媒介应当坚定地树立以受众或用户为中心的经营理念，基于需求进行节目开发、生产和传播。与此同时，电视媒介也应当迅速认识到，受众的诉求不是一成不变的，它有其自身的特点，供给不足和供给过剩都是没有掌握好受众市场的表现。

尽管户外真人秀节目是一个大的流行趋势，但要持续不断地吸引受众，就必须根据外部的社会环境和受众渐变多样的诉求和口味，随时在电视策划和制作中加入新元素和新思考进行节目样式创新，找到更符合中国国情需要和观众审美需求的真人秀形态。节目样式就好比人的骨骼系统，必须有足够好的情节和故事，足够代表受众需求的参与者，足够具有观赏性。这不仅可以抓住受众的眼球，也可以不断地延长原有节目的生命周期，更可以累积和提升电视台的品牌价值。因此，无论是引进的节目还是自主创新的节目，都需要做出与众不同的特色，引进节目还要注重本地化的问题。可以预见的是，受众诉求的扩展、融合以及现实世界的丰富性决定了今后户外真人秀节目的拓展空间是巨大的，而电视媒介相关机构也将以行业、群体、职业、家庭、个性等为基础开发出更多户外背景、更多主题和情节的节目，技术手段也越来越先进，本地化特色越来越明显，体验式和参与式生产将成为主流。

（2）注重真实。

户外真人秀节目的最大魅力就在于真实，它与报道真实世界事实的新闻节目不同，与来源于现实而又高于现实、虚构世界的剧情片不同，与以固定演播室和舞台为基础展现相关事实、技能的访谈节目和真人秀也不同，而是广泛运用纪实手段，全方位展示参与者在多变的户外场景下的真实情感、真实心理和真实行为，让观众相信其表现内容。相应地，一旦观众发现这个过程中有非真实的、人为干预和虚构的内容，就会对节目产生怀疑，观众与节目乃至电视台之间的“信任纽带”也会被打断。因此，户外真人秀节目必须注重真实，包括故事真实、人物真实和过程真实，力求让参与者真实地呈现自己的状态，努力还原现实生活，让观众感同身受、产生共鸣，进而使不同类型的观众获得不同类型和不同程度的体验。

（3）加强专业化生产，实现真正意义上的商业运营。

好的节目样式并不代表好的节目效果和好的经济效益，专业化的生产和运营无疑是至关重要的，当然，专业化的生产制作能力也是依托运营能力的。

从生产制作的角度来说，真人秀节目的制作水平将导致电视台之间的差距越来越大，因此，制作人才和运营团队的培养，以及竞合生产机制的形成是今后电视媒介需要关注和加强的重要内容。这是因为，户外真人秀节目需要多角度、全方位地拍摄和展示整个真人秀的过程，再加上节目的互动性和不可控性，这无疑加大了拍摄的难度。同时，全程拍摄也将会产生大量的节目制作资源。另外，电视媒介的特点又决定了若要在有限的时间故事性地呈现“秀的过程”，就必须具备高水准的编辑和制作技巧。尽管上述我们提到的户外真人秀节目都获得了不俗的收视率，但是，我们依然能够发现这些节目的制作都或多或少地存在着问题。例如，人物的故事固然感人，但是无休止的重复也很可能会让人感到枯燥；秀的拍摄过程延续很长，呈现时间却有限，情节过渡也需自然，如果节奏拖沓冗长，情节平淡无奇，缺乏冲突悬念，观众就会感觉乏味。真人秀一旦不能在最短时间内抓住观众的注意力，他们就有可能转向其他的节目。

从节目运营的角度来说，新媒体的出现使受众的媒体接触习惯有了巨大的转变，大数据技术使得媒介对受众意愿和行为的把握与跟踪变得更加可行和精确，要在新的媒介生态环境中获取竞争优势，电视媒体必须尽快地由单一功能向综合功能转型，迅速适应新媒体环境，积极进行多产品开发和多屏传播，构建良好的盈利模式和激励机制等。许多人认为国内真人秀节目的成功是因其高收视率和高额广告费用，但其实这与真正的商业运营的成功还有相当的差距。

在节目层面上，节目开发或购买的成本很高，这就迫切需要电视媒介探索高效的商业模式，将内容运营、通路运营、广告运营、品牌运营等有机融合在一起。以《爸爸去哪儿》为例，面对由亲子素材、明星效应和体验经历产生的强大的内容聚合体，电视媒介应引入何种广告（植入式广告、冠名广告、赞助广告等)、拓展哪些盈利模式以及如何有效地将之与内容进行无缝对接实非易事；而对接点找到后，选择什么样的品牌也要结合受众、节目、明星和企业的特点做好品牌的评估；素材内容到位后，选择什么样的通路、渠道和方式实现传播效果和营销效果的最大化又将是考验节目团队运营能力的重要阶段。重新审视这些户外真人秀节目，虽然许多品牌和产品借此飞跃龙门，但我们依然能看到某些品牌植入生硬和牵强、营销力度不足、新媒体运用欠缺、项目控制力不够等问题，其外部正效应的损失也显而易见。

除了节目本身在开发、生产与传播方面的运营之外，同一个真人秀节目还会涉及许多隐性的相关内容，即衍生品的多级开发和盈利来源的拓展，这是电视台特别容易忽略的内容。以《超级减肥王》为例，尽管该节目的核心看点是“下一个淘汰谁”或者“谁减重最多”，但观众关注的内容并非仅仅如此，还有很多的诉求点，例如，如何减肥才能更加安全有效，普通人减肥可以采取哪些途径，减肥餐如何制作，减肥产品对健康有害吗，如果想去健身房减肥，应该如何选择，训练时的技巧有哪些……，这些本应成为受众关注的内容或者说多样性融合化的诉求并未被很好的满足，这不能不说是节目运营的缺憾，而在很多情况下，这些内容极可能包含了许多商业合作与利益共享（诸如与健身会所的合作、减肥知识类节目的开发、减肥器械和产品的销售等)，更何况新媒体背景下受众的社交分享与互动还将放大这些内容的营销空间。实际上，真正的商业运营应当是在保证社会效益的前提下，全方位立体化地开发节目资源，实现商业效益的最大化。

（三）媒体融合时代电视新闻节目的表达创新研究

1. 新闻生产与传播的转变呼唤电视新闻节目的表达创新

互联网的出现和普及冲击了传统媒体的主体地位以及生产和传播方式，这一表现在纸媒上尤为明显，电视媒体也不容乐观。

首先，新闻信息的传播渠道发生逆转：传统电视风光不再，移动互联媒体受宠。

2012年以来全国电视受众人均收看市场呈现不断下降的趋势，观众规模大约以2%的速度逐渐流失，① 虽然截至2016年5月的数据表明观众规模与2015年相比基本稳定，但依然不容乐观，有数据显示，2016年上半年卫视组29省网各时段收视率和收视份额都呈下滑状态，仍坚守老大地位的湖南卫视收视同比下滑25%。② 与此同时，随着新媒体技术的不断发展以及电脑、平板电脑、智能手机等终端的普及，新媒体用户及其收看新闻的渠道也得以迅猛增加和扩张。中国互联网络信息中心的报告显示，我国网民数量在2016年6月已经达到7.10亿，其中，使用台式电脑上网的占比64.6%，使用手机上网的网民比例高达92.5%，而使用电视上网的比例仅为21.1%。③ 相对电视新闻的线性传播以及时空限制等因素，随时随地通过手机等个人终端获取新闻内容显然更能受到受众的欢迎。

其次，新闻内容的生产方式出现转向：传统电视的专业生产受制，用户生产凸显。

新媒体在一定程度上为普通公民提供了发声渠道，理论上人人都成了记者，人人都能生产内容，进而在专业生产体系之外形成了用户生产体系。如此一来，传统媒体新闻生产的竞争者既有社交媒体上可能处于某个新闻现场的普通用户，更有互联网媒体的专业新闻内容生产者。

因此，媒介融合对电视新闻节目的生产、发布、再生产和再传播等环节都提出了巨大的挑战。但在现有的媒体融合实践中，传统的电视媒体大多是在做增量，试图拉回正在或已经消散的用户，尚未将互联网基因真正地融入媒体。他们在渠道拓展方面发力较多，例如，目前“两微一端”基本成为省级电视台在媒体融合发展中的“标配”；而在内容层面上，电视新闻节目应如何创新内容和形式的表达，如何在繁杂的内容中脱颖而出、

① 张广彦．大数据解密电视收视市场，2016上半年表现到底如何？［EB/OL］收视中国．转引自媒华录，2016-07-28. http：//sanwen8. cn/p/27bf0ns. html. 有所改动．

② 2016上半年电视整体收视及电视剧发展报告：竞争格局在变［EB/OL］. 传媒评论，2016-08-06. http：//mt. sohu. com/20160806/n462855488. shtml. 有所改动．

③ CNNIC.《中国互联网络发展状况统计报告》［R］. 中国网信网，2016. http：//www. cac. gov. cn/ztzl/xzt/cnnic38/index. htm.

吸引用户的注意，却还在初步的探索之中。

2. 媒体融合时代用户对新闻表达的偏好

在媒体融合时代，专业生产体系和用户生产体系相互交织，不同个体使用不同的传播渠道和终端，不同媒体平台表达的层次和场景也有所差别，这就形成了一个纵横交错的立体信息传播空间，模糊了生产与消费的区别，消解了工作和生活的界限，以个人为中心的传播形态成为常态。基于此，以沉浸传播为特征的泛众传播时代正在到来。① 那么，作为传播中心和消费中心的用户究竟更喜欢什么样的新闻表达？这是电视媒体在进行电视新闻节目表达创新时需要关注的前提。

（1）针对用户的个性化信息聚合的表达。

在媒体融合时代，信息呈现爆炸式增长和碎片化态势，强行“绑架”人们每天去面对海量信息，产生了“信息过载”；同时，虽然新技术让非职业的传播者加入到新闻生产中来，但这些抢占“第一时间”的“报道”未经深度加工，信息来源不确定，而且往往碎片化。因此，既存在多样性需求又存在注意力约束的用户，更加偏好能够帮助自己快速还原事件、实现基于用户需求特性而聚合新闻信息种类和内容并提供便捷消费的媒体。

（2）“代入感”和“浸入式”的多元呈现和有效融合的表达。

互联网技术可以将各种形式的信息压缩成“元数据”，让它们在同一平台上消费成为可能。而多样化和技术化的“外衣”能给观众新的强刺激和良好体验，可以有效弥补因稀缺的注意力对传播效果造成的不良影响。因此，如何有效选择各种元素呈现时间的长短、各种信息形式的组合置放以及最终让用户产生代入感，进而形成“浸入式”的视听思考，却是表达创新的关键问题。“浸入式”表达在以用户为中心的媒体融合环境中，才是让用户感觉有吸引力和有价值的表达。

（3）能够激活、协调和整合以个人、群体、圈子等为单元的社会传播

---

① 李沁，熊澄宇．沉浸传播与“第三媒介时代”［J］．新闻与传播研究，2013（2）：34－43，126－127.

互动的表达。

在媒体融合日益深入的时代，传统式的互动（记者连线和短信互动、在播出画面醒目的位置安放二维码、在主持人身后设置微博墙等）已经无法满足用户对媒介融合时代的需求。而依托新技术诞生的新媒体，应当也可以为用户提供更多互动的可能。用户可以随时随地参与内容表达，在不同维度的信息空间里不仅能够进行简单的分享和评论，还可以在不同群体、圈子和社区里面进行交流和碰撞，产生意想不到的内容。显然，能为用户提供了这种互动平台和参与渠道的新闻信息更容易受到欢迎，而这种深度往复交互式的用户互动也为电视新闻节目的内容和形式创新提供可能。因此，在媒体融合时代，如何激活个人的参与度，如何勾连和协调个人、群体、圈子中用户间乃至最终节目与用户之间的互动、利用和开发至关重要。

总之，在信息社会及媒体融合的大环境下，用户不得已会被动地接受很多新闻信息，但与此同时，他们对新闻信息的选择更加挑剔，对真实、准确的信息更加渴求，也更愿意参与生产和分享信息。当然，用户对于新闻信息消费具有路径依赖，一旦习惯了某种信息消费模式，就很难发生转移；但在更好的体验出现并且可以被便利地选择的时候，这种消费转换又是存在的。

3. 基于用户偏好的电视新闻节目表达创新路径

在媒体融合时代，电视新闻节目的表达创新应当以用户需求为导向，充分利用和发挥电视媒体的优势，有效整合和运用全媒体资源，提供良好的新闻消费体验，可分为内容创新（信息搜集、素材选取、新闻策划、新闻生产等方面的创新）和形式创新（新闻本身的形式创新和新闻组合或新闻节目的形式创新），需要在整体上关注四个层面的融合：一是新闻素材及相关信息获取的融合；二是新闻信息生产的融合，包括专业生产和用户生产的有机融合、不同媒介生产方式的融合、相关新闻内容生产的融合等；三是新闻信息传播的融合；四是整个新闻信息采集、生产、传播和消费过程的融合。本书也以此为逻辑和切入点，探讨在媒体融合时代电视新闻节目如何进行表达创新。

（1）建立新闻素材和相关信息集中和扩散的全媒体平台。

无论是传统媒体，还是新媒体乃至社交媒体，他们都像是网络中的一个结点，每个结点既是信息集中点，又是信息扩散点。但这些结点又不尽相同，有的结点信息集散度高，有的结点生产内容质量高，有的结点功能全面。由于新媒体在信息集中和发布的及时性和便捷性占优，因此，电视机构应当切实嵌入这个网状结构中，抓住平台重要和有效的链结点（例如微博的大V、新闻事件中的重要信息集散用户等），建立信息搜集、生产和发布的集散平台或机制，进而以此为基础创新电视新闻节目的表达。

①完善信息集散机制，全面、准确和专业地获取和选择新闻话题。如今，除了传统渠道外，很多电视台都在网络上寻找新闻线索和资讯信息，如江苏公共·新闻频道的《网罗天下》，将网络上全球各地有价值的信息展现在荧屏上，同时通过微信号JSTVWLTX鼓励受众提供内容参与互动；美国有线电视网NBC、CNN、ABC等专门设立了Twitter记者，及时掌握Twitter上发布的新闻动态，并以此作为参考，作为电视台下一步调度新闻采访团队的有效指导。[①] 可以说，在媒体融合时代，新闻素材的发现和获取变得渠道更多、更便捷，但也更加复杂和浮躁，电视新闻生产者应当及时、全面、准确、专业性地把握和聚合这些信息，把更好更有价值的话题带给用户，实现"绿色传播"。

②探索新闻节目合作生产，有效融合专业生产和用户生产。当下有许多电视新闻节目将博客、微博、视频网站上的内容搬到了电视上，体现了用户生产内容的思维，例如天津电视台新闻频道的新拍客栏目。但这还只是内容生产融合的初级阶段。在国外的新闻实践中，英国《卫报》引入了"新闻众包"的概念，设立"开放新闻"栏目，将一些内容公开给用户，邀请用户进行新闻策划，集体协作生产新闻产品。到目前为止，这种众包形式在电视新闻中出现较少，用户生产也仅为辅助性功能，但未来不排除众包模式在我国电视新闻中运用的可能。

总之，电视机构应当根据新闻事件的不同发展阶段、用户属性和不同

---

① 刘莉．新闻正在告别被动消费时代［J］．新闻实践，2010（8）：14－16．有所改动．

层次的媒体，将集散平台中的专业生产和用户生产以内容元素、往复过程、话题多元开发等有机融合和呈现出来。

（2）创新电视新闻节目形式。

①开发新的新闻样态。电视新闻应注重借力新技术，挖掘一些新角度的内容，同时使用更易接受的形式表现这些内容，数据新闻就是一个典型的可操作形态。数据新闻[①]是近几年出现的一种新的新闻报道样式，顾名思义是基于数据的新闻，通过对数据的采集、挖掘和分析进行可视化呈现。数据新闻的出现在很大程度上提升了电视新闻节目的可视性，降低了用户的理解成本，使信息的传播和接受更为顺畅。

②深入研究互动传播，融入正式与非正式交流特质，创新节目表达形式和表达风格。在互联网的深刻影响下，个人、企业、政府乃至媒体机构交织在一起，形成了复杂的社会互动传播格局。在这个过程中，正式交流得以强化，而非正式交流的版图却在不断扩大，程度也在不断加深。相对于正式交流的表达，非正式交流似乎更容易激活用户的兴奋点和能动性，产生意想不到的效果。电视新闻节目也应该以节目定位为中心，设计富有特色的多媒体播报形式和风格。因此，深入研究用户之间以及用户与媒体之间的互动传播机制，筛选、整合乃至呈现个人、群体、圈子或社区的表达内容和交互过程，不仅能够丰富新闻节目内容，更能拟合用户的表达喜好，创新电视新闻节目的表达形式和表达风格，使用户的参与度、互动度和满意度大大增强，传播效果也更佳。当然，这也是当前电视新闻节目表达创新的一大难点。

（3）探索基于多屏和用户消费习惯的新闻内容的立体化开发和整合传播。

媒介融合让渠道变得丰富的同时，也对电视新闻节目的开发和运营提出了更高的要求。尽管现在许多电视媒体已经进行了广泛的渠道布局，但多屏运作的独立性依然较为明显，多屏生产、分发和传播往往带来的不是

---

① 郭钦．数据新闻：大数据时代新闻报道新模式［D］．华中师范大学，2014：10．有所改动．

传播效果的叠加，而是新闻信息的碎片化、分散化、重复化。

实际上，在不同的时间和终端，用户有着不同的新闻消费心理和消费方式。用户可能在看电视新闻直播的同时使用手机屏或 pad 屏刷微博、看脸书、用推特，并且在不同终端之间随时切换，也可能在不同的时间和场合用电脑屏、电视屏或移动屏回看电视新闻节目，并主动搜索、讨论和期待更新……。无论是对固定的电视屏，还是移动屏，用户都有着非常明确的需求，尤其是在面对涉及或影响人身安全、精神状态和自我决策的事件时，电视新闻有着其他媒体新闻不可替代的作用。可见，不同的终端和平台要求有不同的表达方式，用户也同时存在互补性和交叉性，大众传播、人际传播、群体传播、组织传播、人内传播等多重传播方式相互交织……要真正赢得用户，就必须根据多屏各自的特点和不同用户群的特性与消费行为对同一主题、相关主题乃至不同主题的新闻内容进行立体化开发、生产，新闻报道形式也应以需求为中心进行创新，例如配合性报道、跟踪报道、往复互动报道、修正性报道、参与式报道等，并提供诸如自由切换、链接释义、社会互动等在内的降低消费成本和提升消费体验的产品和服务设计，依托信息集散的全媒体平台进行整合传播，这个过程应当是一元化的，而不应是各自为政，只有这样才能形成合力，实现有效的融合。

（四）供需失衡下的电视剧供给模式创新

在 2012 年秋季的首都电视节目推介会上，200 多家制作机构展出了 430 多部、约 1.5 万集电视剧，其中，新剧有 340 多部，几乎与 2010 年全年的电视剧产量相持平。另外，从近几年的电视剧审批数量和实际生产数量来看，每年近半数的电视剧在申报备案后并未真正按照规定时间内生产出来；从审批数目和已播出数目来看，两者的比例约为 10：1，即大量经过审批能够制作并播出的电视剧更加稀少；而从生产数量和播出数量来看，两者的比例为 5：3，即 40% 已经生产出来的电视剧没有播出平台。[①]

---

① 方方．国产电视剧高产“愁嫁”［N］．东方今报，2011－03－02. http：//www. jinbw. com. cn/jinbw/xwzx/whyl/20110302565. htm. 有所改动．

仅从这些数据来看，我国电视剧的市场需求似乎已经饱和，到了供大于求的地步，但事实上，我国的电视剧供给并非真正的供给过剩，而是由于多种原因导致的供给的结构性和体制性失衡。本书将从我国现行的电视剧供给模式入手，深入分析我国电视剧供给中存在的诸多问题，并试图基于整个供给流程的组合模式提出优化电视剧有效供给、促进电视剧市场走向供需相对均衡的对策建议。

1. 现行的电视剧供给模式

供给，在西方经济学中是指厂商在每一对应的产品价格水平下愿意并且能够提供的产品数量组合，但是仅从这个内涵出发并不能很好地解释和分析我国电视剧市场的产品供给及其与需求的匹配问题，因为这一概念并未考虑需求方的因素，也未涉及产品从生产到消费的整个过程中是否会顺畅的问题，而是仅从供给意愿和供给能力出发来阐释供给，在很大程度上，生产即为供给，生产量即为最终供给量。很显然，这样的假设和分析是不现实的。我们所要分析的电视剧供给，不仅要考虑供给方，还必须考虑需求方；不单单要考虑生产，还必须考察电视剧从生产到发行再到消费的整个过程。

电视剧是一种典型的精神文化产品，其生产具有长期性和高投入的特点，流通依赖于媒介，交易过程中不仅伴随着信息流、商流和物流，还有权利流，其供给模式要比一般物质产品复杂。

这里所说的电视剧供给模式是指电视剧从拍摄生产到最终消费之间的供给过程和链接方式。如图 7－4 所示，在整个电视剧的供给链条中，供给环节为制片、发行和播出，其供给主体有电视剧制片商、发行商、电视台以及包括网络、手机在内的新媒体视频提供商等，供给链的终端是消费者。就目前来看，电视剧的供给通过播出市场和音像市场两个市场来实现，而播出市场是主要的传播途径[①]。在播出市场上，电视剧制片商将拍

---

① 由于音像市场与物质产品市场的流通有很大的相似性，因此，我们不做详细分析，而是以播出市场层面的分析为主。

摄完成的电视剧通过发行商或者通过自主发行的方式将电视剧播映权售卖给电视台或新媒体视频提供商，再由他们通过媒体服务提供给消费者。当然，在具体的供给实践中，这些不同类别的供给主体之间的组合以及进入供给流程的先后次序有所不同，在电视业不同的发展阶段，还不同程度地存在着制片商、电视台甚至发行商为一体的情况。长期以来，我国的电视剧供给方式都是以电视台播放、音像制品发行为主，对我国电视剧的供给起着至关重要的作用，而以网络、手机等为代表的新媒体的出现，在某种程度上打破了单一渠道承担发行、传播的格局，成为电视台之外的第二大消费平台。尽管如此，新媒体发行渠道的发展并不成熟和稳定，还远未形成与电视台对抗性的竞争优势。

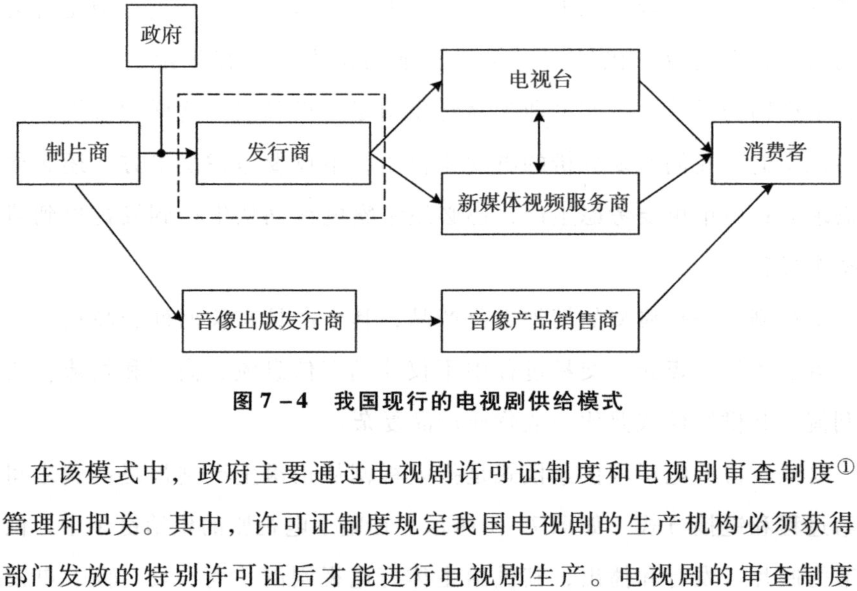

图 7－4　我国现行的电视剧供给模式

在该模式中，政府主要通过电视剧许可证制度和电视剧审查制度[①]进行管理和把关。其中，许可证制度规定我国电视剧的生产机构必须获得管理部门发放的特别许可证后才能进行电视剧生产。电视剧的审查制度包括：（1）电视剧拍摄前的“电视剧题材规划立项审批”制度，这项制度在2006年取消，被“电视剧拍摄制作备案公示”制度取代。（2）电视剧拍摄完成后的电视剧审查制度。在我国，电视剧拍摄生产完成之后并不能立

① 参见白小易．政府规制下的电视剧市场构建——中国电视剧生产市场化进程回顾［J］．中国广播电视学刊，2008（11）：38－39.

即进入发行流通的领域，而必须通过国家广电总局相关部门的审查，取得发行许可证后才能进行市场交易。此外，我国广电管理相关部门还通过一系列的产业政策法规对电视剧的供给进行规范管理。

2. 现有电视剧供给模式的缺陷和问题

我国现行的电视剧供给模式存在着体制上、结构上和渠道上的多种问题，而这些问题也直接或间接地导致了我国电视剧市场上的供需失衡。

(1) 消费者的双替代性选择使电视剧难以与其进行充分的沟通和接触。

电视剧的有效供给首先应当是符合消费者需求的产品，因此，让消费者根据自己的喜好去选择电视剧才是最有效的决定电视剧供给内容、品质和数量的方式。但实际情况是，生产出来的电视剧首先要经过政府的审查才能获得发行的资格，接着发行商和播出商也要根据自身的经营状况购买部分电视剧的播映权，尤其是，在电视台同质化竞争激烈的情况下，各大电视台对电视剧的甄选也趋于集中，这就再次压缩了能够播出的电视剧数量。可见，从电视剧生产到发行再到最终提供给消费者，中间历经了政府和电视台（或新媒体视频服务提供商）的两轮选择，形成了终端消费的双替代性选择（除非我们假设政府、发行商以及播出方的需求偏好与消费者完全一致，但在现实生活中，这却是不可能的），这在体制和渠道上人为地造成了生产量与播出量的不对等，导致剧源单调，观众缺少挑选余地。因此，如果不能给予消费者接触近乎所有生产出来的电视剧的途径和机会，就不能想当然地得出市场需求已经饱和的结论。

(2) 发行渠道的单一集中使电视剧制作方常常无法得到合理回报，导致电视剧供给的恶性循环。

尽管我国电视剧市场是市场化程度相对较高的文化产品市场，但由于绝大多数的电视剧发行依然严重依赖电视台这一传统发行渠道，这使电视台在发行甚至制作上的垄断优势造成了电视台和制作商之间的不对等交易，从而电视剧制作机构普遍缺乏议价能力，在交易价格和利益分配上受到较大的牵制，使制作商常常无法获得合理的回报。发达国家电视剧市场的经济合作与分配比例基本上是 2∶1∶1，按创作、播出、广告发行之间的一般情况，在美国，60%是属于制作方的，20%属于媒体，另外20%属于广告公司；而在我国，则是播出占 80%～90%，制作等只占 10%～20%。[①] 这无疑会影响下一轮的电视剧投资质量，造成电视剧生产和流通的恶性循环。我们仅从制作费上就可窥见一斑，在美国，剧情剧单集制作费通常在1500万元到2000万元人民币，HBO的自制大剧，甚至高达7000万元人民币一集；在日本，代表日本最高电视剧水平的NHK大河剧，其制作费也在400万元人民币一集；而中国较好的电视剧，单集制作费只有100万元左右。[②]

（3）电视剧生产具有经济的脆弱性，容易造成制片商和播出方的短视经济行为。

作为一种典型的文化产品，电视剧的生产也具有经济的脆弱性，因此，一方面，为了降低消费者很可能不接受产品的风险，制片公司倾向于尽可能地多地拍摄不同种类和数量的电视剧，另一方面，电视剧生产率效益偏弱的倾向和演员片酬过高问题又严重制约了电视剧数量的提升和成本的节约，除非降低电视剧的质量，而这对于电视剧制片公司的长期经营来说，无疑是灾难性的作为。就目前来看，我国的电视剧市场显现出产量增加过多过快，很多公司规避大投入、大题材和大制作电视剧的现象，这不能不说是由于许多制作公司通过降低质量追求规模而造成的。同样，电视台、视频网站等播出主体也往往根据已播出电视剧的收视率和广告收入情况来选择电视剧，很多时候为规避风险不敢去尝试新方向，甚至还出现了抢剧等现象，在挑选电视剧种类、数量、来源等方面都有很强的路径依赖。

（4）电视剧制作产业集中度低，无论从量或质上均不利于形成有效的电视剧供给。

文化体制改革降低了进入电视剧市场的政治门槛，而较强的电视剧制

---

① 申睿、黄梦阮．电视剧交易市场存在的缺陷与对策研究［J］．声屏世界，2006（10）：49－51.

② 电视剧产业呼唤领军企业 三千家制作机构多而不强［N］．北京日报，2012－09－11. http：//www. chinadaily. com. cn/hqsj/shbt/2012－09－11/content_6971287. html.

作资产专用性形成了较高的退出壁垒，加之一些热播电视剧获利丰厚的诱惑共同催生了大量的包括外资、民营资本在内的电视剧供给主体。电视剧是高投入的行业，低产业集中度虽然加强了竞争性，但却容易产生制作公司跟风创作、缩短创作周期、争抢发行市场等恶性竞争行为，不利于供给主体做大做强，不利于电视剧精品的产出，更不利于整个电视业的健康快速发展。有数据显示，“国内电视剧制作企业多达三千多家，远超国外，其中有较好的和一般的，却并没有大的、强的。例如，2011 年国产剧交易份额为 100 多亿元，其中没有一家公司占据的比重超过 5%。这意味着，我们几乎没有真正的领导型企业”①。而从投资效益上看，到目前为止，中国每年投入到电视剧上的资金有 50 亿元，但是它创造出的产值只有不到 17 亿元，有一多半的钱不知去向。②

3. 新媒体环境下的电视剧供给模式创新

从上述分析来看，尽管在文化体制改革和文化产业大发展的推动下，我国电视剧行业的政府力量和市场力量已经逐渐达成了一种平衡，产业化的市场也已经初步建立，但由于电视剧市场的供给主体、供给流程、供给方式、产业组织、产业链等还不够成熟和完善，消费者对电视剧需求多样性与现有供给模式中的渠道单一、供给不畅、难以提供充分的沟通接触等存在矛盾，导致了我国电视剧供给同时存在供给过剩与供给不足的结构性失衡特征。要解决这一失衡现象，单从传统的供给模式内部进行改善是不够的，还必须从新媒体环境和技术出发，寻求新的电视剧供给模式的创新。突破的主要途径，一是通过拓展播出渠道增加播出资源；二是建立消费者能够更容易接触产品进行选择的通路或者强化各类供给主体的专业性和独立性。

随着通信技术和媒体技术的发展，包括 IPTV、网络电视、手机电视等

① 电视剧产业呼唤领军企业 三千家制作机构多而不强 [N]. 北京日报，2012－09－11. http://www.chinadaily.com.cn/hqsj/shbt/2012－09－11/content_6971287.html. 略有改动.

② 电视剧制作机构几千家 盈利只有十几家 [N]. 三联生活周刊，2010－04－15. http://news.pedaily.cn/201004/20100415168198.shtml.

形态在内的新媒体相继出现，深刻地影响着人们的生活方式，业已成为年轻一代获取信息和娱乐产品的主要渠道。中国互联网络信息中心发布的报告显示，中国互联网普及率在2017年6月超过半数，网民规模和手机网民规模已经分别达到7.51亿和7.24亿，其中，使用手机上网的网民比重高达96.3%，距离该比例首次超过传统电脑使用率已有三年的时间，移动互联网化和新媒体化已然占据主导地位，同时，网络视频用户达到5.65亿。①② 新媒体视频消费已然成为大众视频消费的重要方式，这一深刻的改变为我国电视剧供给创新提供了有效的技术环境、消费环境和流通环境的支撑。如图7-5所示，新型的电视剧供给模式主要有四个层面，包括两个播出层面和两个产品层面，需要重点关注以下几点内容。

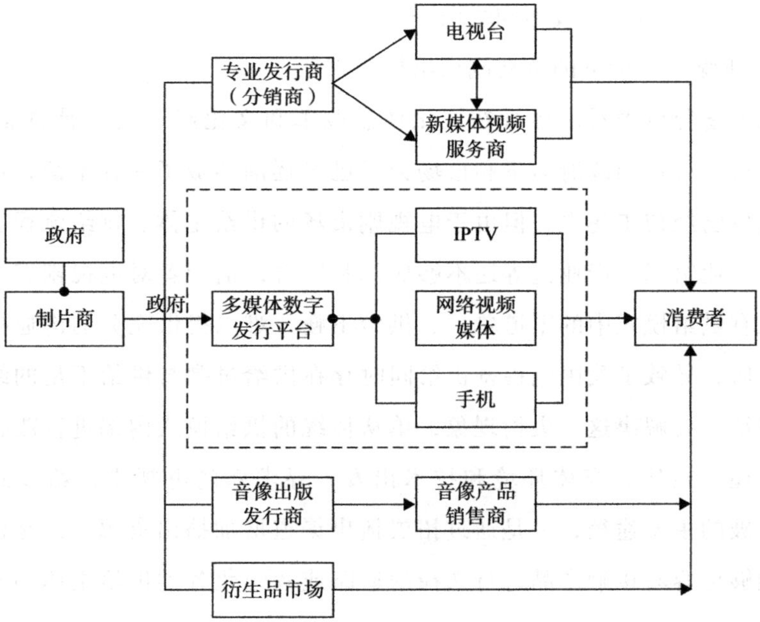

图7-5 新媒体环境下的新型供给模式

---

① 权威发布：中国网民规模已达7.51亿，手机网民占96.3%［EB/OL］. 搜狐科技. 2017-08-04. https://www.sohu.com/a/162200457_114760.

② 网络视频用户5.65亿，95%的用户手机看视频，网络电影5620部《2017中国网络视听发展研究报告》发布［EB/OL］. 搜狐科技. 2017-11-30. http://www.sohu.com/a/207577409_656990.

其一，大力拓展新媒体发行渠道，积极探索制片商、电视台和新媒体之间的竞争与合作模式。

新媒体发行模式不仅可以增加电视剧供给的通路资源，更重要的是由于传统媒体与新媒体的消费者，甚至不同新媒体之间的消费者存在较大的差异，而新的发行渠道的拓展无疑可以满足更多不同需求的消费者。目前以网络视频为主的新媒体发行还远未成熟，2009 年起，国内视频网站进入了激烈的版权资源争夺战，竞争主体也经历了新一轮的洗牌，尽管这些行为会推动和加速视频网站的整合，但他们依然在复制传统发行的旧有模式，以单一视频网站购买电视剧版权再播出给消费者为主流形式。版权价格的一路暴涨催生了近几年来视频网站自制电视剧、版权购买同盟、合作拍片的出现，这是视频网站在竞争压力和盈利动力的驱使下进行的新的尝试，但这还远未将新媒体发行的优势开发出来。无论是新媒体还是传统媒体，都应当积极地参与到扩展电视剧产业链条中，根据各自的特点探索各种渠道和各产业链环节的竞合方式，推动各类制片商、传播平台、消费者和广告主有效的多重互动融合的实现。

其二，探索从电视剧成品到消费者的“类直销”似的供给方式。

尽管从整体看，消费者对电视剧的需求有同质性，但由于收入水平、教育水平、信息获取方式、视频观看习惯等不同，其电视剧消费需求的种类、数量、时间以及终端形态都存在着显著的差异。传统的电视台发行方式以规模经济为基础，提供大众化式的传播服务，因此其在电视剧类型、选题、叙事策略、演员上都有偏好，在盈利上重视“二八法则”，在电视剧供给上无法真正实现多样化。而随着消费需求的多样化和碎片化发展，分众化和窄众化的产品需求愈发明显，新媒体技术和环境在降低成本、聚合信息和受众规模以及发现、关注多元需求等方面存在突出的优势，更容易利用“长尾定律”来满足消费者的需求。制片商生产出来的通过终审的电视剧通过“多媒体数字发行平台和互动式媒体”这一协作体到达消费者，这样一来，几乎所有生产出来的电视剧都能较为平等地接触到消费者，而通过消费者选择实现优胜劣汰可以提升电视剧供给的有效性。具体来说，建议仿照线下影院的模式，采用分账形式进行电视剧的发行，在盈利模式上，除了针对不同的消费者需求开发视频点播、广告服务等之外，还应当充分发挥网络媒体的优势，深入研究电视剧的传播特点，与制片商、协作体和广告主甚至传统媒体开展全方位的整合营销传播活动，充分释放新媒体的活力和魅力；在生产模式上，在传统生产的基础上可以开发适合新媒体发行的产品形态和组合产品（例如拍摄花絮、演员或导演访谈、剧中音乐歌曲等），还可以模仿美国的电视剧生产方式，尝试边拍边播制度，将制片商、协作体、广告商直接置放于市场一线，共担风险、共享利益；在消费模式上，协作体不仅需要提供多样化的电视剧产品，还应当提供参与式和分享式以及便于消费者评价、沟通和反馈的体验式服务，形成以消费者为中心的全方位立体化的消费体系。

其三，在音像品市场之外，积极开发电视剧特许衍生品市场。

这是为了延长电视剧的产业链，获得更多的收益补偿，进而反哺电视剧生产，提高制片商的经营实力和电视剧品质。同时，衍生品的开发也迎合了消费者的切实需求。需要指出的是，衍生品市场不是单独的、孤立的，需要将对电视剧衍生品的推广宣传和销售嵌入各层次的电视剧供给环节以及需要新纳入的制造商、房地产开发商等市场参与者中去，以改善目前效果并不理想的衍生品市场开发。

其四，无论在哪个层面上，加强电视剧发行分销商的塑造是提升有效供给的一个关键环节。

从制作商到播出商之间需要有经验的中介进行运作，以促使优质且符合消费者需求的电视剧顺利地进入流通领域。但现实情况是，绝大多数的制片公司多自主发行，其他公司的片源无法进入，制片商各行其是，容易造成恶性竞争和资源浪费。政府应当鼓励和培养独立于制片商和播出平台的专业电视剧分销商的成长和强大，他们从市场需求出发，以消费者调查为基础，利用专业的电视剧质量评估手段和市场预测能力发现、分销和评估有市场潜力的电视剧，使得真正以消费者偏好为基础的优质产品进入发行市场和播出平台，并鼓励生产好剧的制片商开拓创新，切实通过有效的市场机制做大做强。

其五，定位和发挥政府在电视剧供给中的职能和作用。

首先，明确电视剧的政府供给和市场供给的边界和范围，在保障基本的公共品供给的前提下，提高供给效率和供给品质，稳步推进市场化进程。其次，鉴于电视剧市场的经济脆弱性和文化产品的特殊性，也需要政府有效地规范和支持市场，例如，在市场准入方面，降低市场进入的门槛尤其是给予民营资本与国营电视剧制片商均等的地位是必要的，但却需要适度提高电视剧制作商的资质许可标准；在市场退出方面，可以考虑试行电视剧强制退出机制来降低退出壁垒，加速电视剧企业的优胜劣汰；在投融资方面，可以建立电视剧产业基金，对优秀的电视剧投资项目进行融资支持，对制作好电视剧的制片商试行补贴和奖励等。

由于各类供给主体最终看重的是各自的利益分配问题，新媒体技术的应用和监管还存在许多限制和问题，电视剧版权的交易市场也不完善，交易方式也相对单一，网络盗版问题依然存在，多媒体数字发行平台的可行性和实施方式也需要进行探索①，而消费者的需求和行为方式也是多变的，因而我国电视剧的供给模式还需要得到更多专家学者的探讨和研究，需要更多的媒体从业人员关注和讨论，需要各类供给主体摸索实践和融会贯通，以优化我国的电视剧供给，促进我国电视剧市场走向相对均衡。

第六节 趋势与展望：参与式生产——文化产品生产的转向与变革

新媒体技术升级和应用的不断推进以及公众网络使用程度的不断深入，正逐步改变着公众在知识获取、信息搜寻、娱乐休闲等方面的使用习惯和传播方式，信息的去中心化和消费者的参与性无疑是当下典型的传播

---

① 例如，是否可以考虑借鉴影视领域，由中国电影著作权协会来统一管理平台的方式。

特征。以影视、动漫产品的“众包”现象为例，文化产品生产的外包对象逐渐从专业生产机构转向专业化公众，甚至是最为广泛的大众。公众对于数字化技术和公开源代码软件的娴熟使用，使他们可以在自己的电子设备上完成动态模拟的视频、动画、网页、APP应用等内容，并将其添加到影视节目和广告的组装过程，从而完成整个产品的生产。

不难发现，参与式制作和传播的全球性文化潮流激活了一套参与式文化体系，改变了以往文化生产与消费的生态环境。一方面，消费者的需求动机得以扩展，参与文化生产和消费的意愿性以及利用各种媒介进行制作和传播的可能性均大为提高；另一方面，生产者也意识到消费者通过参与获取满足感的重要性，积极利用技术手段和“用户参与”生产来降低成本，利用营销工具和产品层次在经济上获取更多的补偿。

参与式传播、参与式文化、参与式媒介和参与式媒介素养等问题在20世纪80年代后集中进入学术研究的视野，但有关参与式生产的问题在国内乃至国外的文化产业研究中均没有系统的理论分析。因此，本书将结合参与式文化的发展背景，研究文化产品生产的新转向和新内容，探讨文化产品参与式生产框架的构成、特点和问题，并提出优化参与式生产的针对性建议。

（一）参与式文化与参与式生产

参与式文化最初由美国传播学者亨利·詹金斯在1992年提出①。他在对电视迷所组成的社群进行研究时发现，当他们聚集在一起探讨剧情与文本时，往往会对原有的内容进行改写或再生产，这种以身份认同为基础，进行集体信息传播和问题解决的形式就是参与式文化。参与式文化成为借助新技术手段产生的新型消费形式，能够实现消费者参与到媒介内容的生产和流通中，并成功地制造生产者的关注和预期。② 在后续的研究中，詹

① Jenkins, H., *Textual Poachers: Television Fans and Participatory Culture*. New York: Routl 1992.

② Jenkins, H., Quentin *Tarantino's* Star Wars?: Digital Cinema, Media Convergence, and Participatory Culture. In *Media and Cultural Studies: Keyworks*, Meenakshi Gigi, Durham, and Douglas Kellner, ed. Wiley Blackwell Publisher, 2003, 2nd Edition: 549.

金斯等（2006）[①] 指出，参与式文化是一种基于共享目的而鼓励创造的文化，它本身源于较低的公民参与门槛和较容易接近的艺术表现形式。

参与式文化概念并非天生与互联网有关，但互联网的出现却加速和强化了参与式文化的形成，使得信息传播及文化流通的形式脱离了法兰克福学派所认为"受众被动接受信息"的框架。通过网络虚拟社区进行联结的公众不再是传统意义上的被动接受者和消费者，而变成信息和文化的生产者和传播者。本书认为，参与式文化是指以身份认同为基础，以主动生产和传播文化信息为主旨，以多媒体交互为主要沟通渠道的文化样式。随着基于Web2.0技术的软件设计技术及社会化媒体的出现和发展，信息生产与传播被置于更为便捷性和交互性的平台，由此进一步延伸了参与式文化的内容和表现形式，使以个体为单位的生产逐渐转移向互助、共享为形式的生产。

在参与式文化的影响下，参与式生产这种新型的生产形式逐渐在市场环境中形成。所谓参与式生产，是指原本作为消费者的一方以智力、体力或情感为资源，逐渐参与到产品的设计、生产、流通等环节，成为产品生产者的组成部分。虽然其本身仍是消费者的组成部分，但因参与到产品的生产环节中也具备了生产者的属性。参与式生产与传统"体验经济"的概念不同，它强调消费者参与对于原有产品各供给环节施加的事实性影响，鼓励消费者主动思考、主动创造和主动探索。

随着知识经济的普及，作为消费者一方的顾客越来越具备产品生产与评测的专业知识，而新兴媒体所提供的自由表达的环境也为消费者对产品发表意见或建议提供了平台，参与式生产正日益成为产品生产的新型式样。文化产品属于精神产品，更依赖思维创新、自我价值创造、广泛传播和消费者评价，其生产受参与式文化的影响也更为明显。传统的文化产品生产方式，缺乏文化产品所指向的消费者的深度介入，而在新型的生产方式中，消费者将

---

① Jenkins, H., Clinton, K., Purushotma, R., Robison, A. J., & Weigel, M., "Confronting the Challenges of Participatory Culture: Media education for the 21st century". *Foundation Reports on Digital Media and Learning*. 2006, http://digitallearning.macfound.org/atf/cf/%7B7E45C7E0-A3E0-4B89-AC9C-E807E1B0AE4E%7D/JENKINS_WHITE_PAPER.PDF.

积极地参与到文化产品的生产中，有利于提高文化产品供给的有效性。

（二）文化产品的参与式生产框架

在激烈的市场竞争环境中，文化企业愈发重视以消费者的多元化价值偏好为中心开发其终身价值。文化产品的生产框架是生产与消费、生产者与消费者之间的构成、链接和组织方式。如图 7－6 所示，在传统的文化生产方式中，文化产品的生产与消费是相对独立的两个环节，生产者按照消费者的需求进行生产，通过不同的通路进入发行和销售环节，供消费者选择和消费。

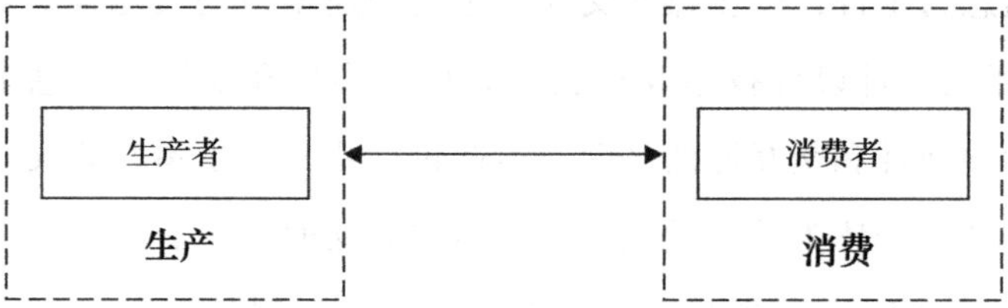

图 7－6　文化产品的传统生产框架

如图 7－7 所示，而在新型的文化产品的参与式生产框架下，文化产品的生产与消费发生了诸多变化，它消解了生产者与消费者的区别，也模糊了生产与消费的区别，并在供需之间赋予了更多的中介因子，将文化产品的生产看作是所有参与者之间共同发展、共同受益的过程，意味着传统生产和消费观念的解放。具体而言，这些变化主要包括以下几点。

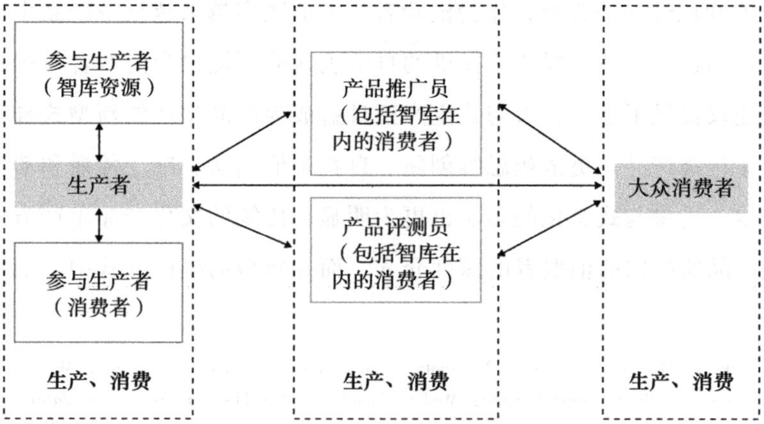

图 7－7　文化产品的参与式生产框架

1. 供给的各环节均有消费者的介入，生产与消费同时并存

参与生产者的介入是指在文化产品供给过程中，本是作为消费者的一方，更为积极地参与到具体产品的创意设计、生产和流通等环节中。参与式文化影响下的消费者生产，将消费者视为与原有文化产品生产者同等或相似地位的行为主体，由此激发消费者的创意价值，促进原有文化产品生产价值链的重构。与此同时，无论在何种环节、以何种程度参与生产的消费者在生产的同时获得了不同层次和类别的消费者效用。

2. 智库资源的渗透和地位的扩展

智库又称智囊团，指专门从事于知识咨询、方案优化、信息反馈、发展预测等服务的咨询团队或机构。[①] 原本作为消费者的公众，因其在某一方面具备特殊的专业知识，或掌握较为先进的信息技术，或拥有不可替代的经验与技艺，而将这种知识、资源优势主动或被动地进行转化，作为智库资源直接参与到文化产品的生产中，对产品的设计、制作、成型乃至传播起到至关重要的作用，这明显区别于传统的文化生产者的专家咨询。当下对传统民间文化的开发，就是依赖民间文本和当地民众对传统素材进行挖掘、制作和包装。2012 年中国流行的电视纪录片《舌尖上的中国》等也是通过吸引公众中的“智库资源”参与生产所达成的。在参与式生产中，智库资源不仅仅是“精英”智库，也包括更多的“草根”智库，在类别、规模和结构上都有很大程度的扩展。

3. 除了参与直接生产之外，消费者还参与文化产品的推广和测评，成为生产框架中的中介因子

“产品测评员”和“产品推广员”是其典型的参与身份。产品测评员的存在，为尚未接触产品的大众消费者提供信息、指导性意见或具体的技术支持。例如，在电影正式上映之前，普通消费者参与“试映”环节，以观影感受的形式为其他消费者提供信息。而随着社会化媒体的日益普及，

---

① Zhu, X. F., “The Influence of Think Tanks in the Chinese Policy Process: Different Ways and Mechanisms”. *Asian Survey*. Vol. 49, No. 2 (Mar., 2009), pp. 333-357.

越来越多的文化产品测评被参与意识较强的公众纳入自发性的口碑传播中。电影上映后的公众评论与评分，往往决定着后续观众能否进入影院观影，成为影响消费者产品需求和生产者后续供给的重要因素。“产品推广员”是独立于文化企业之外参与推广传播行为的消费者，他们借助各种渠道和媒体搜集、上传产品，制作、传播产品的相关信息并发表意见。值得注意的是，他们往往根据个人偏好有选择地进行推广。从某种程度上说，产品评测员也经常扮演产品推广员的角色。

（三）文化产品的参与式生产的优势

参与式生产给文化产品的“生产—消费”结构带来新的变化，在提升产品供给的有效性上存在着非常明显的优势。

1. 改变了增强用户黏着度的方式，有助于开发消费者的终身价值

参与式生产有效地调动了消费者的积极能动性，他们在直接生产和辅助生产的过程中获得参与的满足感，参与程度较低的消费者也因为代表性消费者的参与形成较强的身份认同感，从而改变了增强用户黏着度的方式，从传统上主要依赖相对独立的产品和服务来吸引消费者转向通过构建消费者的成就感、身份认同感、互动感等情感体验和用户社交关系来提高消费者的黏着度。这种改变无疑有助于生产者延长文化产品的生命周期，拓展新文化产品的市场竞争力，提升品牌忠诚度，使文化企业能够持续稳定地开发消费者的终身价值。

2. 展现了“思维风暴”的公众化，助推企业构建核心竞争优势

创新是企业发展的核心驱动力，对文化企业这种文化知识依赖性极强的组织形式而言，更是如此。在文化产品的参与式生产中，作为消费者的一方能够将其本身掌握的与文化有关的知识、信息和技艺与企业共享，使企业迅速、便捷地获取独特的资源优势。也就是说，消费者参与生产能够集公众“头脑风暴”于一体，将更多创新性、个性化的创意和相关要素资源注入企业的文化产品开发与生产中。

3. 降低了文化产品供需链条成本

文化产品的参与式生产，具有降低全链条成本的优势。首先是产品开

发和生产成本的降低，无论是消费者作为要素资源参与到文化产品的创意设计和具体生产中，还是及时有效地把握消费者需求、量身打造适合消费者心理和习惯的产品，都能够有效降低产品的开发和生产成本。其次是风险成本的降低，消费者参与文化产品的生产，不仅有利于建立消费者的需求表达机制，通过直接而规范的消费者心理与行为调查，及时把握市场动态和设计针对性产品，而且还能让消费者在生产的同时获取效用的满足，从而提高了企业的市场风险控制能力。最后是文化产品流通成本的降低，"产品推广员"就是促进流通成本降低的一种方式，而在各供给环节生产与消费的密不可分更是让相应层次的文化产品直接消费的流通成本几乎降低为零。

4. 具有开放性、合作性和发展性，存在积极的建构意义

从文化产品的参与式生产框架来看，参与式生产力求为大众消费者提供开放的环境和参与的机会，提倡生产者与消费者之间的无间合作，使各方在合作中得到利益的共享，受众不再一味地被动地接受生产者独立生产的推送式产品，而是更为主动地去塑造文化和传播文化，从而促进消费者与生产者关系向良性、积极、互动的方向延伸，在推动个人、企业和社会共同发展上有积极的建构作用。

（四）文化产品参与式生产的潜在问题

参与式文化的形成和渗透冲击了原有文化产品的生产框架和供需关系，并具备将这种知识密集型的产品生产带入更深层次、更广泛普及的消费者参与的潜质。但是，这种文化产品生产的新转向和变革并不稳定和成熟，它在发展过程中不可避免地存在着一些问题。

1. 智库资源及大众消费者参与的不稳定性

文化产品参与式生产中的智库资源与传统意义上企业基于自身利益所组建的智库系统有所迥异，它具有极为不稳定的特点，其稳定性几乎完全依赖于专业人士的付出程度，包括智力、体力和感情上的付出，一旦这种付出出现疲劳现象，不仅会降低产品的品质，还很有可能造成智库资源的流失，随之引发的是信息、知识、技术的流失和缺位，甚至产品难以存

续。理查德和大卫（1989）就曾指出，顾客参与企业的服务与生产将会给企业管理带来很大的不确定性，影响企业经营与管理的稳定性，而同样危险的是顾客参与企业运作有可能给企业带来的负面评价。[①] 此外，这种不稳定问题同样存在于其他消费者身上，激烈的文化产品同质化竞争，以及现代社交化手段多样化所滋生的“用户转移成本”的降低，极易使消费者放弃正在参与的产品生产，而转向到其他品牌或类型的文化产品生产中。

2. 有效激励机制的缺乏

如何有效地给予参与生产的消费者既符合企业利益，又能够尽可能地稳定和激励他们的补偿和奖励成为保证高品质生产的一个关键性问题，毕竟激情和奉献很难成为“经济人”参与生产的唯一支撑动力。而同样不能忽视的问题是，消费者的参与式生产会对原有企业生产员工造成“反向挫折”，影响其工作态度和实际投入程度，并破坏他们原有的激励机制。已有实证研究表明，消费者的参与行为是一把双刃剑，消费者参与程度和企业原有员工的工作满意程度呈负相关关系。[②] 因此，修正企业原有员工的激励机制也至关重要。

3. 参与式生产的低质无序可能导致无效供给和非法供给

高品质的参与式生产不仅需要消费者充分发挥自身的能力，而且还要求参与者本身最好地匹配文化产品的生产。现有的问题是，虽然参与式生产能够调动消费者的积极性和能动性，但也往往制造出大量的重复、低质和劣质的文化产品，甚至是文化垃圾，产生了文化产品的无效供给和非法供给。因此，如何在不同的供给环节和生产阶段设计、选择、组织和控制消费者参与生产也是生产者乃至消费者自身所要考虑的问题。

4. 消费者差异产生的“参与式鸿沟”

信息生产与传播领域存在着“数字鸿沟”问题，即“信息富有者和信

---

① Rikard, L., &David E, B., “Organization and Customer: Managing Design and Coordination. *Academy of Management Review*. Vol. 14, No. 2 (Apr., 1989), 1989, pp. 213 – 233.

② Chan K, W., Yim C, K., & Lam S., “Is Customer Participation in Value Creation a Double – edged Sword? Evidence from Professional Financial Services across Cultures”, *Journal of Marketing*. Vol. 74, No. 3 (May. 2010), pp. 48 – 64.

息贫困者之间的鸿沟”[①]。互联网是让机会均等的关键性力量，也因此让更多的大众消费者能够有机会和可能参与文化产品的生产。但是，由于消费者在教育、财富、经验、性格和能力等方面存在较大的差异，因此在文化产品生产中的参与程度、水平及其获得的满足感和成就感也有所不同，从而造成了消费者的“参与式鸿沟”。这种不平衡使得更少参与的一方，可能有较少的机会参与文化经济、获取消费体验，也可能会进一步拉大参与者与非参与者以及不同程度参与者之间由于文化产品信息知晓和消费行为产生的距离感，反而让大众消费者对于文化产品滋生不必要的疏离感，影响文化产品的消费和生产。

（五）文化产品参与式生产的趋势与优化

总的来说，参与式文化不再专属于精英群体或小圈子、小群体，而是已经深入到人们的生产生活中，成为一种全民文化。文化产品因其特殊经济性质和与文化天然的内在联系，使其首先受到了参与式文化的渗透和影响，自觉不自觉地转向了参与式生产的供给变革。随着未来供需双方力量的不断变化和发展，文化产品的参与式生产将呈现更为主动的发展趋势。

首先，参与式生产框架将在更多类型和环节的文化产品生产领域进行延伸和拓展。目前，文化产品的参与式生产在新闻、影视剧、电视节目、游戏等产品生产方面表现得较为明显。随着消费者参与意识和能力的提高以及综合因素带来的参与成本的降低，文化产品的参与式生产框架将会在更多领域进行延伸和拓展。参与式生产将更加依赖对互联网技术的应用，消费者的参与程度将逐渐深入，参与形式与生产路径也越发多元化。

其次，社交网络体系呈现的消费者强关系使得文化产品的参与式生产具有迅速发展的潜力。基于社会网络所构建出的文化产品供给体系，使供需双方与智库之间的联系更为便捷、紧密，从而赋予了社会交互的强关系。在有效的分享机制和反馈机制下，消费者参与生产，不仅获得基本消

---

① 曹荣湘．数字鸿沟引论：信息不平等与数字机遇．马克思主义与现实，2001（6）：20－25.

费需求，还从中变身为产品售卖的利润获得者乃至社会空间的自治者。在这种体系下，生产和消费呈现网络状、群体式交织发生和扩散的状态，具有迅速发展的潜力。

最后，“喧宾夺主”的生产方式可能出现，部分“生产者主导式”参与生产向“消费者主导式”参与生产转变。随着消费者参与文化生产的逐步深入，消费者的生产价值和议价能力将伴随自我创造能力和关注度集聚能力的提高而有所上升，进而造成其“参与”地位向部分环节“主导”地位的转变，原文化产品供给环节中的参与生产者甚至有可能脱离企业组织产品生产的模式而独立分离出来进行生产，嵌入整个供给与生产链条中。

针对物质产品或服务出现的参与式生产倾向，研究者曾基于不同的视角提出过促进参与式发展的建议（武文珍、陈启杰，2012① 等），如将组织社会学的理论具化到顾客参与管理过程，或采取沟通、激烈措施吸引顾客参与到与原有企业员工的协作中。这些思路都有可能成为优化文化产品参与式生产的可操作措施，但我们必须从文化产品的特殊性出发，基于上述对文化产品新型生产框架的分析，提出优化文化产品参与式生产的针对性思路。

1. 关注和培养消费者参与群体的“意见领袖”

流行美剧《谍影迷情》的监制马特·科曼曾表示，在产品生产过程中，支持在 Twitter 上最有话语权的观众很重要，因为“观看该节目的粉丝可以变成该节目的草根组织者”②。科曼所言的“有话语权的观众”既为意见领袖，也更容易成为文化企业的智库资源。当然，参与式生产中的意见领袖并非仅发挥“二级传播”作用，同时还起到“示范效应”。一方面，依赖社会交互网络的发展，这种示范效应在短期内就能产生“裂变式传播”的效果，有效地引发其他消费者的关注和参与。另一方面，这些意见

---

① 武文珍、陈启杰．共同创造价值模式下顾客参与研究的未来发展［J］．现代管理科学，2012（4）：18－20.

② 深圳广电集团．Twitter 另类影响力：观众评论左右美剧剧情［EB/OL］．《IT 时报》观点荟萃，2012－09－18，http：//www. it－times. com. cn/guandianhuicui/12859. jhtml.

领袖所依赖的媒介常常会转向消费者主导式参与生产的阵地。因此，把握住具备示范效应和集聚效应的意见领袖，不仅有利于文化产品的生产、流通以及为文化产品本身营造良好的舆论优势，还能够为企业高效的文化产品生产培育合作主体。

2. 依据产品特点，设计合理可控的产品生产框架和利益共享机制

一旦消费者参与到文化产品的生产中，生产者必须起到积极的引导作用，根据不同的产品或项目设计合理可控有步骤有规划的产品生产框架，针对不同层次的消费者设计多元产品形式和开发顾客终身价值，并能将各环节各层次的设计、开发和生产有机合为一体，建立不同参与主体高效融合生产的产品框架和利益共享机制。以“互联网第一大报”《赫芬顿邮报》[①] 为例，除自身少量员工外，其主要依靠超过3000名高置信度的、来自于各个行业的博主和12000名公民记者进行内容生产，读者每月也有多达200万条投稿。在这个高质量的参与式平台上，作为文化产品供给者的《赫芬顿邮报》和作为文化产品需求方的博主和公众，通过充分交流与互动，共享文化产品生产带来的利益。

3. 创新激励形式，构建参与者的多重动力机制

激励机制是企业管理研究者致力研究的长盛不衰的课题。为了保证文化产品的高品质持续生产，同样需要对参与的消费者和企业员工进行激励和支持。除传统的奖酬机制之外，企业还需根据参与程度的深浅创新不同形式、更为完善的激励形式，如会员权限、特邀聘任甚至收入分成等形式，以确保所有参与者能够在激情、奉献、共享、利益等多重机制的作用下，既获得生产与消费的满足，又能全力以赴与企业的生产目标进行有效的结合。在浙江卫视的《中国好声音》节目的生产中，导师和学员都是非常关键的直接参与者。与以往给予专家劳务费等固定收益不同，明星导师通过分红和外溢效应取得收入。有资料显示，仅彩铃分成这一项，有媒体

---

① 参见胡泳：“报纸已死”还是“报纸万岁”（上）——以《赫芬顿邮报》和《纽约时报》为例［J］．传媒，2012（6）：54－56.

估测明星导师的收入不会低于2000万元，导师们的身价至少涨了10倍。[①]而对于学员来说，通过节目参与展示自己、分享后期收益、免费获得专业指导和开拓未来之路无疑是让他们积极参与节目生产的多重动力。

4. 改善消费者参与文化产品生产的整体环境

从文化产品生产的角度看，打破传统上集中依赖“孵化器”“产业基地”的固定思维，创造更多透明化、开放式、共享型的环境，将进一步为文化产品参与式生产的未来发展奠定良好的环境基础。如创造消费者与企业原有员工的互动，吸引消费者参与文化产品的创意设计、生产加工和产品流通环节，根据其兴趣和特长予以引导，将其“培养”为文化产业发展的孵化单位、加工车间、流通站点。从消费者来看，参与式文化将生产与传播的权利以参与的形式扩散到消费者手中，而他们能否自我觉醒并通过能动的参与来进行自我赋权也决定了文化产品参与式生产的发展方向与潜力。因此，消费者包括参与式媒介素养在内的综合素质的提升以及个体交往与互动关系的重建能力的增强对文化产品的参与式生产有积极的推动作用。此外，从政府来看，应当营造给予大众消费者平等参与机会的条件，优化和完善多媒体接触的基础设施环境、文化政策法规环境和公共文化服务体系。

实际上，我国文化企业已经开始在积极地探索文化产品生产的转向与变革，并在一些领域取得了成功，但鉴于文化产品参与式生产的复杂性和变化性，新型生产框架的发展和成熟尚需要包括生产者、消费者和政府在内的各类供给主体的通力合作，希望他们能在不断的磨合与修正中构建适合中国国情的参与式文化生产环境。

（六）基于参与式文化的传统媒体转型的思考

1. 新媒体时代的参与式文化

人类社会的每次媒介技术革命都会对旧媒介产生冲击和影响，而以互联网技术为依托的第五次媒介革命与之前有着显著的不同：政府已经很难

---

① 朱美虹．“好声音”导师按彩铃分成 有望超2000万［N］．新闻晨报，2012－07－02.

再对整个社会的传播资源和传播权利进行严格的控制，以个人为中心的用户的加入使这场新媒介革命变得与众不同，形成了新型的媒体文化——参与式文化。这种文化是以身份认同为基础，以表达和分享为目的，以主动生产和传播信息为表现，以多媒体交互为主要沟通渠道的文化样式。

参与式文化体现了受众需求的释放与拓展。受众的媒介需求动机在新媒体技术的催动下不断扩展和深入，从传统的主要以看客或局外人的身份获取新闻信息、习得知识和娱乐休闲，逐步拓展到深度参与信息收集、制作和传递的进程，实现信息获取与分享、社交沟通、角色扮演、积累提升、自我展示、自我赋权等多种动机，更加重视自我需要、自我体验和自我释放。

参与式文化并非天生与互联网相关联，但互联网或新媒体的出现的确加速了这种文化的形成和发展，给新媒体领域带来了传播革命，受众不再仅仅作为消费者"被动地接受信息"，而变成了信息的生产者和传播者。

参与式文化虽然不是新生事物，但是基于新媒体的参与式文化却是与以往不同的新型文化。其独特性主要在于，受众在参与媒介传播时，不再受限于个体的身份和地位，不再受制于时间和空间，不再局限于单一媒介，不再必须被"大众传媒"支配。彭兰曾经指出，从文化上看，传统媒体与新媒体的基因，一个是"庙堂式"的，一个是"江湖式"的，传统媒体"庙堂式"的文化特质主要表现为中心性、封闭性、不容错和统合性，而新媒体"江湖式"的文化特质则表现为开放性、分权性、共享性和容错性。[①] 这里，我们有必要区分一下媒体与媒介的概念，在多数情况下，媒体与媒介通用，不过是英文翻译过程中的措辞使用不同而已。但严格来说，媒介更侧重于指信息传递的载体、介质、技术或渠道等，而媒体更侧重于指利用媒介进行信息采集、加工和传播的企业组织，即媒体机构。因此，"庙堂"与"江湖"的区分可能更接近于描述新媒介和传统媒介的初始状态，正如一片刚刚被开拓的疆土，个人或新媒体组织因先天的优势和

---

① 彭兰．再论新媒体基因［J］．新闻与写作，2014（2）：6－8.

需要首先入驻。但随着参与式文化与媒介融合的发展，传统媒体组织也不断登陆，此时新媒介也不再是独立的“江湖”，作为媒介或平台，它会不加歧视地接受所有可能的个体和组织，因此，真正的“江湖”和“庙堂”是相连相关的，单纯的“庙堂”或“江湖”都难以让自身有质的跃升。在这个平台上，无论是“庙堂式文化”还是“江湖式文化”，抑或是“混合式文化”都相互影响，成为参与式文化的重要组成部分。面对这种文化交融的状态，传统媒体要充分理解和把握受众参与媒介的实质，才能在新媒体时代更好地实现转型和升级。

2. 受众参与媒介视角下传统媒体面临的挑战

新媒体的出现在增加传播出口的同时降低了信息生产与传播的成本，受众获得了前所未有的参与新闻传播的机会和能力，“人人都可以成为记者”“人人也都可以成为‘媒体’”。借助电脑、手机、pad 等终端在博客、微博、BBS、门户网站、视频网站、微信等平台上，他们随时随地地发布自己的所见所感，从最初的寥寥文字到现如今充满专业气质的视频资料和热点事件，从单纯的转发到深入的分析和评论，受众参与媒介已经成为社会不可阻挡的趋势和潮流。而在媒介生产领域，业已形成了三种主要的生产方式——UGC、PGC 和 OGC，而 UGC、PGC 都可以说是受众参与媒介生产的产物，UGC 与 OGC 也存在转化关系，与之相伴的是众多利用受众生产的新媒体组织以及依托新媒体平台的自媒体的涌现，打破了传统媒体“一统天下”的格局，对传统媒体的发展提出了巨大的挑战。

首先，受众参与生产和传播弱化了传统媒体资源的稀缺性，提高了整个传媒市场的竞争性，传统媒体的中心地位受到挑战，竞争力下降。一方面，规模庞大、分布广泛、兴趣各异的受众能够迅速为新媒体平台提供大量的信息内容，互联网信息替代了传统新闻，挤压了传统媒体的生存空间；另一方面，受众或自媒体更擅长找到符合自身偏好的信息表达方式和表现形式，对传统媒体的相对固化的内容表达和体裁手法提出了巨大的挑战。

其次，受众参与新闻传播使得传统媒体的舆论场和新媒体或自媒体的舆论场并存，不同媒体内部的分舆论场并存，与舆论事件相关的信息资源更加丰富，多元化的观点与声音相互碰撞、相互影响。但由于不同的议题面对不同的受众会产生不同的说服效果，这种看似更加客观全面表达的舆论过程也加入了许多噪声，尤其在当下传统媒体的新媒介传播力尚需大幅度提高的背景下，无疑提高了传统媒体引导公众舆论的复杂度，甚至可能会降低传统媒体既有的影响力。

再次，在信息产权缺乏严格保护下，信息复制与传播的边际成本近乎为零，传统媒体职业生产的内容可以非常容易地被新媒体或自媒体利用、改编，强化了信息产品的公共性，传统媒体难免为“他人做嫁衣”。

最后，新媒介具有天生的参与特性，已经成为（特别是新生代）受众最主要（甚至唯一）的媒介接触渠道，传统媒体机构的受众流失非常严重。与此同时，“编辑已死”“新闻已死”和“职业已死”的说法不绝于耳，传统媒介的衰弱和职业前景的模糊也让这些机构面临既难以留住人又难以吸引新生代人才的双重尴尬处境。

3. 参与式文化背景下传统媒体的生存之道

综上所述，新媒体时代受众参与传播对传统媒体机构的主要冲击路径可以总结为两点：一是受众在新媒介平台或新媒体组织上的聚集效应；二是海量信息内容的生成与传播的替代效应。传统媒体机构感到了前所未有的危机，纷纷展开转型探索，从两微一端到三微一端，从中央厨房到全媒体融合报道……。毋庸讳言，这些尝试在一定程度上推动了传统媒体的应对进程，但也存在不少问题。虽然许多传统媒体机构已经架设了新媒介平台，但粉丝量和阅读量却不尽如人意，受众参与度也不高，许多传统媒体为了扩大影响力，甘愿默许新媒体肆意转载原创内容，而其效果却往往适得其反。与此同时，为了配合多媒多屏的融合生产，“全能型”人才要求也让传统媒体的记者、编辑疲惫不堪。显然，澄清一些认识的误区，理清一些思路，转变一些思维，可能要比盲目地跟着新媒体企业跑更有意义。

杰克·富勒在《信息时代的新闻价值观》一书中指出，“每一种媒介都有其自身的优势与劣势，它也会将这些强加在所携带的讯息上。新媒介通常并不会消灭旧媒介，他们只是将旧媒介推到它们具有相对优势的领域。”[①] 同样道理，以互联网技术为依托的新媒介也不会轻易让传统媒介消亡，传统媒体如果丢掉自己擅长的领域为了融合而融合，终将会得不偿失。实际上，受众参与在带给传统媒体危机和压力的同时，也给予他们成长的潜力和时机。因此，传统媒体机构和媒体人需要重新审视传统媒介与新媒介、传统媒体机构与新媒体组织的优劣势，对受众的媒介消费需求和接触习惯进行分析，对自己的独特优势进行强化，准确定位，构建传统媒体的核心竞争力。

从优劣势来看，品牌、内容生产能力、智库等都是传统媒体的相对优势，而新媒体经济是“速度经济”，由于新媒介迅速吸引了受众参与并占据了大量的受众生产力和注意力，也能够更好地了解受众的偏好，因而抢占了市场先机，为传统媒体开拓新媒介市场设置了巨大的阻力。另一方面，我们又必须看到，新媒体虽然提供了海量信息，但真假难辨，假新闻、谣言充斥着整个网络，虽然网络新闻的公众信度有所提升，但依然有赖于对信息源（例如意见领袖的声誉）乃至媒体企业品牌的判断；海量信息虽然在广度上占优，但好新闻却可能更少了，且受众生产的稳定性、持续性、联合生产能力等问题尚未能很好的解决。而此时传统媒体追真求实的新闻以及诸如大型新闻报道、系列新闻报道、深度报道等形式的职业化生产则更具有独特性和优势，对社会也弥足珍贵。而在掌握自身优劣势的基础上，传统媒体应当全面分析受众、传媒产品、竞争者的特点和趋势，进行准确定位，注重用户体验，切实围绕目标受众的消费需求、媒介接触习惯和参与偏好进行立体化的内容产品和相关服务的设计、开发，探索合理有效的经营模式。

而从转型路径来看，传统媒体不能一味地进行融合，更不能一刀切式的融合，为了融合而融合，而是必须从组织内外部的社会、经济、政治等

---

① 杰克·富勒（著），展江（译）. 信息时代的新闻价值观［M］. 北京：新华出版社，1999：244.

因素出发，对媒体融合或媒体分化做出选择。传统媒体的媒体融合与媒体分化可以考虑以下几个层面：媒体内容层面（新闻与非新闻内容）、媒体渠道层面、媒体业务层面和媒体组织层面。在新媒体经济快速发展的今天，虽然融合依然是传媒市场的主导，但分化也不容忽视，传媒业无论在哪个层面都可能同时存在分化与融合的趋势。其中，媒体分化更强调深挖媒体的特殊优势，重视细分和专业化，而媒体融合更强调组合与一体化，重视资源的共享与协同，但两者都追求效率与效益，离不开资源、流程和组织的选择、分配与整合，这个过程将伴随着媒体产品、媒体品牌、媒体企业的消失、新兴、合并以及扩张等现象的出现。例如，传统媒体可以根据自己的实际情况针对不同层面的内容进行分化与融合的组合与选择，分化出原创媒体与聚合媒体、公益性媒体与商业性媒体、专业化媒体与集团化媒体等，打造产品的单媒介、多媒介、全媒介形式甚至产生全新媒介形式，变革和再造适应性的媒体组织和业务流程。

最后需要再次强调的是，传统媒体的品牌不仅仅是经济市场中的无形资产，还是一种非常宝贵的话语权资产，是“权威”“公信”“真实”“合规”和“公益”等形象资本的综合体。但在新媒体时代，充分利用这一优势的前提是继续保持和提升他们在参与式文化下的知名度和美誉度，需要传统媒体将品牌建设置于战略高度，并引导受众参与构建。当然，借助非自身的新媒体组织进行传播未尝不可，但必须注意保护内容版权，提高品牌的辨识度和记忆度。

参考文献

［1］ Alexander A. Robichek、James C. Van Horne. Abandonment Value and Capital Budgeting. The Journal of Finance, Vol22, Issue 4, (Dec. 1967), pp. 577 – 589.

［2］ Arrow K J. Social choice and individual values [M]. John Wiley and Sons, Inc., 1951.

［3］ Barros, Carlos, Willingness to Pay for Public Museums: Hypothetical and Real Commitments, Paper presented at the Tenth International Conference on Cultural Economics, Barcelona, Spain, June 1998, pp. 14 – 17.

［4］ Baumol, W J. "Public Support for the Arts: Why and Wherefore?" in Creative America. Washington, Presidents Committee on the Arts and the Humanities, 1997.

［5］ Becker Gary S. A theory of competition among pressure groups for political influence [J]. Quarterly Journal of Economics, Vol. 98, No. 3 (Aug., 1983), pp. 371 – 400.

［6］ Bjorn Frank and Kurt Geppert, Are Small Recipients Overlooked by Sponsors? An Empirical Note, Journal of Cultural Economics, Vol. 28, No. 2 (May, 2004), pp. 143 – 156.

［7］ Brown, A. and Cave, M., The Economics of Television Regulation: A Survey with Application to Australia, The Economic Record, Vol. 68, No. 4 (Dec., 1992), pp. 377 – 394.

［8］ Brown, K. and G. Williams., Consolidation and Advertising Prices in

Local Radio Markets, Working Paper, Media Ownership Working Group, FCC, 2002.

[9] Brown, K. and P. Alexander. , Market Structure, Viewer Welfare, and Advertising Rates in Local Broadcast Television Markets, Economics Letters, Vol. 86, No. 3 (Mar. , 2005), pp. 331 - 337.

[10] Clements, Michael E. Brown, Stephen M. The Satellite Home Viewer Improvement Act: Price and Quality Impact of Direct Broadcast Satellite Companies' Provision of Local Broadcast Stations. Journal of Telecommunications Policy, Vol. 30, No. 2 (March, 2006), pp. 125 - 135.

[11] David Grazian, A Digital Revolution? A Reassessment of New Media and Cultural Production in the Digital Age, Annals of the American Academy of Political and Social Science, Vol. 597, No. 1 (Jan. , 2005), pp. 209 - 222.

[12] David Maddison, Causality and Museum Subsidies, Journal of Cultural Economics, Vol. 28, No. 2 (May, 2004), pp. 89 - 108.

[13] David S. Evans, The Online Advertising Industry Economics Evolution and Privacy, Journal of Economic Perspectives, Vol. 23, No. 3 (Apr. , 2009), pp. 37 - 60.

[14] David Throsby, Determining the Value of Cultural Goods: How Much (or How Little) Does Contingent Valuation Tell Us?, Journal of Cultural Economics Vol. 27, Issue 3 - 4 (2003), pp. 275 - 285.

[15] Dennis Epple, Richard Romano, Collective Choice and Voluntary Provision of Public Goods, International Economic Review, Vol. 44, No. 2 (May, 2003), pp. 545 - 572.

[16] Downs. An Economic Theory of Democracy [M]. New York: Harper & Row, 1957.

[17] Dukes A, The Advertising Market in a Product Oligopoly, Journal of Industrial Economics, Vol. 52, No. 3 (Sept. , 2004), pp. 327 - 348.

[18] Eric K. Clemons, Bin Gu, Karl Reiner lang. Newly Vulnerable Mar-

kets in an Age of Pure Information Products: An Analysis of Online Music and Online News. System Sciences, Vol. 19, No. 3 (March, 2002), pp. 17 - 41.

[19] Eric Klinenberg, Convergence: News Production in a Digital Age, The Annals of the American Academy of Political and Social Science, Vol. 597, No. 1 (Jan. 2005), pp. 48 - 64.

[20] Evans G., Measure for Measure: Evaluating Performance and the Arts Organization, Paper presented at the FOKUS - Association of Cultural Economics International joint symposium, Vienna, Jan. 2000.

[21] Franco Modiglian、Merton Miller. Corporate Income Taxes and the Cost of Capital: a Correction. The American Economic Review, Vol. 53, No. 3 (Jun. 1963), pp. 433 - 443.

[22] Franco Modiglian、Merton Miller. The Cost of Capital, Corporation Finance and the Theory of Investment. The American Economic Review, Vol. 48, No. 3 (Jun. 1958), pp. 261 - 297.

[23] Francois, P. and van Ypersele, T., On the Protection of Cultural Goods, Journal of International Economics, Vol. 56, No. 2 (March, 2002), pp. 359 - 369.

[24] G. Becker & K. M. Murphy, A Theory of Rational Addiction. Journal of Political Economy, Vol. 96, No. 4 (Aug., 1988), pp. 675 - 700.

[25] Gal - Or, E. and A. Dukes., On the Profitability of Media Mergers, Journal of Business, Vol. 79, No. 2 (Feb., 2006), pp. 489 - 525.

[26] Gregory C. G. Moore, Evangelical Aesthete: Ruskin and the Public Provision of Art, History of Political Economy, Vol. 37, No. 3 (Sept., 2005), pp. 483 - 508.

[27] Hayne E. Leland、David H. Pyle. Informational Asymmetries, Financial Structure, And Financial Intermediation. Journal of Finance, Vol. 32, Issue2, (May, 1977), pp. 371 - 387.

[28] Hendrik van der Pol. Key Role of Cultural and Creative Industries in

the Economy [J]. UNESCO Institute for Statistics paper (Montreal). 2007. Available at: http: //www. oecd. org/site/worldforum06/38703999. pdf.

[29] Jacobsen, V., Local ContentR egulation of New Zealand Television, Wellington, NZ: Arthur Andersen, 2000.

[30] James Anderoni, A. Abigall Payne, Do Government Grants to Private Charities Crowd Out Giving or Fund - raising?, The American Economic Review, Vol. 93, No. 3 (Jun., 2003), pp. 792 - 812.

[31] Jennifer Radbourne, Social Intervention or Market Intervention: A Problem for Governments in Promoting the Value of the Arts, International Journal of Arts Management, Vol. 5, No. 1 (Fall, 2002), pp. 50 - 61.

[32] Jerome Adda, Macro Ottaviani, The Transition to Digital Television, Issue Economic Policy, Vol. 20, No. 41 (Jan., 2005), pp. 160 - 209.

[33] Jeziorski, Przemyslaw, Merger Enforcement in Two - sided Markets, Working Paper, Department of Economics, the Johns Hopkins University, 2010.

[34] Johanne Brunei, The Social Production of Creative Products in the Television and Film Industry, International Journal of Arts Management, Vol. 6, No. 2 (Winter 2004), pp. 4 - 10.

[35] John C. Goodman, Philip K. Porter. Political Equilibrium and the Provision of Public Goods [J]. Public Choice, 2004 (120): 247 - 266.

[36] Kuczynski, A., Radio Squeezes Empty Air Space for Profit, New York Times, Jan. 6, 2000, pp. 1.

[37] Lindahl, E. Just Taxation - a Positive Solution [A]. in R. A. Musgrave and A. T. 1919. Peacock, Classics in the Theory of Public Finance [C]. Macmillan, New York, 1967, pp. 168 - 176.

[38] Marguerite S. Shaffer. "Public Culture: Diversity, Democracy, and Community in the United States". University of Pennsylvania Press, 2008.

[39] Martin Richardson, Commercial Broadcasting and Local Content:

Cultural Quotas, Advertising and Public Stations, The Economic Journal, Vol. 116, No. 511 (Apr., 2006), pp. 605 - 625.

[40] Merton Miller. Debt and Taxes. The Journal of Finance, Vol. 32, No. 2, (May. 1977), pp. 261 - 275.

[41] Michael C. Jensen, William H. Meckling. Theory of the Firm: Managerial Behavior, Agency Cost and Ownership Structure. Journal of Financial Economics, Vol 3, No. 4, (Oct. 1976), pp. 305 - 360.

[42] Mooney, Catherine Tyler, A Two - Sided Market Analysis of Radio Ownership Caps, Working Paper, Department of Economics, University of Oklahoma, 2009.

[43] Neil De Marchi and Jonathan A. Greene, Adam Smith and Private Provision of the Arts. History of Political Economy, Vol. 37, No. 3 (Fall, 2005), pp. 431 - 454.

[44] Note, A Regulatory Approach to Diversifying Commercial Television Entertainment, The Yale Law Journal, Vol. 89, No. 4 (Mar., 1980), pp. 694 - 718.

[45] Odile Paulus, Management Measuring Museum Performance: A Study of Museums in France and the United States, International Journal of Arts Management, Vol. 6, No. 1 (FALL, 2003), pp. 50 - 63.

[46] Owen, B. and Wildman, S., Video Economics, Cambridge, MA: Harvard University Press, 1992.

[47] Pablo J. Boczkowski, Jose A. Ferris, Multiple media, Convergent Processes, and Divergent Products Organizational Innovation in Digital Media Production at a European Firm, The ANNALS of the American Academy of Political and Social Science, Vol. 597, No. 1 (Jan., 2005), pp. 32 - 47.

[48] Panlang Lin, Market Provision of Program Quality in the Television Broadcasting Industry, The B. E. Journal of Economic Analysis & Policy. Vol. 11, No. 1 (2011), pp. 1 - 20.

[49] Papandrea, F., Cultural Regulation of Australian Television Programs, BTCE Occasional Paper No. 114. Canberra, Australia: Australian Government Publishing Service, Canberra, 1997.

[50] Paul Fenn, David Paton and Leighton Vaughan Williams, Productivity Growth and Funding of Public Service Broadcasting, Public Choice, Vol. 141, No. 3/4 (Dec., 2009), pp. 335 - 349.

[51] Pick, J., and M. Anderton, Arts Administration, 2nd Ed, London: E & FN Spon, 1996.

[52] Pradeep Chhibber, Sandeep Shastri, Richard Sisson, Federal Arrangements and the Provision of Public Goods in India, Asian Survey, Vol. 44, No. 3 (May/June, 2004), pp. 339 - 352.

[53] Ricard Gil, Revenue Sharing Distortions and Vertical Integration in the Movie Industry, Journal of Law Economics and Organization, Vol. 25, No. 2 (Oct., 2009), pp. 579 - 610.

[54] Roscoe L. Barrow, The Attainment of Balanced Program Service in Television, Virginia Law Review, Vol. 52, No. 4 (May, 1966), pp. 633 - 666.

[55] Sauter, W., Paper presented at "Festivals in a Global Perspective" Seminar, Queensland University of Technology, Brisbane, Australia, 2002.

[56] Shaun P. Hargreaves Heap, Carol Propper and J. Peter Neary, Television in a Digital Age: What Role for Public Service Broadcasting?, Economic Policy, Vol. 20, No. 41 (Jan., 2005), pp. 111 + 113 - 157.

[57] Simon P. Anderson and Stephen Coate, Market Provision of Broadcasting: A Welfare Analysis, The Review of Economic Studies, Vol. 72, No. 4 (Oct., 2005), pp. 947 - 972.

[58] Simon P. Anderson, Oystein Foros, Hans Jarle Kind, Martin Peitz, Media Market Concentration, Advertising Levels, and Ad Prices, International Journal of Industrial Organization. Vol. 30, No. 3 (May, 2012), pp. 321 - 325.

[59] Soren, B. J. , The Learning Cultural Organization of the Millennium: Performance Measures and Audience Response, International Journal of Arts Management, Vol. 2, No. 2 (Winter, 2000), pp. 40 – 49.

[60] Spence, M. and Owen, B. , Television Programming, Monopolistic Competition and Welfare, Quarterly Journal of Economics, Vol. 91, No. 1 (Feb. , 1977), pp. 103 – 126.

[61] Steiner, P. , Program Patterns and Preferences, and the Workability of Competition in Radio Broadcasting, Quarterly Journal of Economics, Vol. 66, No. 2 (May. , 1952), pp. 194 – 223.

[62] Sweeting, A. , The Effects of Horizontal Mergers on Product Positioning: Evidence from the Music Radio Industry, RAND Journal of Economics, Vol. 41, No. 2 (Jan. , 2010), pp. 372 – 397.

[63] Tal Feder, Tally Katz – Gerro, Who Benefits from Public Funding of the Performing Arts? Comparing the Art Provision and the Hegemony – distinction Approaches, Poetics, Vol. 40, No. 4 (Aug. , 2012), pp. 359 – 381.

[64] Throsby, C. D. and Withers, Glenn A. , Strategic Bias and Demand for Public Goods: Theory and An Application to the Arts, Journal of Public Economics, Elsevier, Vol. 31, No. 3 (Dec. , 1986), pp. 307 – 327.

[65] United Nations Economic and Social Commission for Asia and the Pacific. What is Good Governance? [EB/OL]. 2009. http://www.unescap.org/resources/what – good – governance.

[66] Van Der Wurff, R. , Competition, Concentration and Diversity in European Television Markets, Journal of Cultural Economics, Vol. 29, No. 4 (Nov. , 2005), pp. 249 – 275.

[67] Youn Sugmin, Kim Heejin, Competition Issues of the Korean Broadcast Service Provision Market in the Multimedia and Multichannel Era, Technological Forecasting and Social Change, Vol. 73, No. 9 (Nov. , 2006), pp. 1144 – 1160.

[68] 爱德华·B·泰勒．原始文化［M］．广西：广西师范大学出版社，2005.

[69] 蔡尚伟，车南林．“一带一路”上的文化产业挑战及对中国文化产业发展的建议［J］．西南民族大学学报（人文社会科学版），2016(4)：158－162.

[70] 曹漪那，付玉杰．从尼葛洛庞帝“三圆交叠”说看媒介分化［D］．西南民族大学学报（人文社科版），2009（12）：223－226.

[71] 陈晓霞．传媒上市公司资本结构与公司绩效关系研究［D］．湖南大学硕士学位论文，2008.

[72] 陈杏．公共文化服务与公共文化空间的关系探析［J］．图书馆杂志，2008（2）：9－11.

[73] 陈艳平、盛辉．从韩国文化立国战略看国家软实力的提升［J］．人民论坛，2014（11）：247－249.

[74] 陈韻如．今年台湾新闻媒体“小报化”趋势之研究［R］．国科会专题研究计划成果报告（编号：NSC 95－2412－H－126－003）［R］．台中，2007 年．

[75] 陈肇兴、宋刚．我国医药企业债务结构与经营绩效的实证分析［J］．中国医药工业杂志，2008（6）：475－477.

[76] 陈正良，孔兵．债务融资治理效应实证研究——基于三大债务结构的视角［J］．中国证券期货，2010（8）：102－103.

[77] 大卫．赫斯蒙德夫．文化产业［M］．北京：中国人民大学出版社，2007.

[78] 道格拉斯·诺斯，罗伯特·托马斯．西方世界的兴起［M］．北京：华夏出版社，2009.

[79] 郭梅君．昆士兰模式：澳大利亚创意产业发展研究之一［A］//顾江．文化产业研究（第 6 辑）［C］．南京：南京大学出版社，第 183－195 页．

[80] 哈贝马斯（曹卫东等译）．公共领城的结构转型［M］．上海：

学林出版社，1999.

[81] 胡惠林等．文化产业概论［M］．昆明：云南大学出版社，2005.

[82] 胡钧，贾凯君．马克思公共产品理论与西方公共产品理论比较研究［J］．教学与研究，2008（2）：9－15.

[83] 胡义刚．马克思的有效供给理论［J］．河南社会科学．2003（2）：46－47.

[84] 胡智锋，杨乘虎．中国电视节目创新问题之观察与思考——中国电视节目创新问题研究之一［J］．现代传播，2011（6）：60－64.

[85] 华军，马国维．习近平的中国传统文化观研究［J］．吉林师范大学学报（人文社会科学版），2018（4）：16－20.

[86] 黄会林，彭吉象，张同道，陈旭光，周安华．电视学导论［M］．北京：高等教育出版社，2008.

[87] 黄滢．软实力之父约瑟夫·奈接受本刊专访 中国领导人是讲故事高手 习近平提出的“中国梦”非常具有吸引力［EB/OL］．环球人物，2013－12－26.

[88] 嵇亚林．社会力量激活公共文化多元供给的实践与思考．文化发展论坛，2008－12－16. http：//www. jschina. com. cn/gb/jschina/theory/node37345/node38492/node38496/node38512/userobject1ai2122540. html.

[89] 姜涛，汤颖梅，王怀明．农业上市公司债务结构与企业市场价值关系的实证研究［J］．生产力研究，2009（29）：65－67.

[90] 蒋松谷．基层公共文化服务体系建设面临的问题及对策思考［EB/OL］．2008－07－06. http：//www. ccmedu. com. cn/bbs47_66287. html.

[91] 焦艳玲．新闻侵权主要有六种类型法官为新闻媒体支招［N］．市场报，2005－02－28.

[92] 黎斌，汤明．节目生命周期与节目创新［J］．电视研究，2003（10）：45－46.

[93] 李景源，陈威．中国公共文化发展服务报告（2007）［R］．北京：社会科学文献出版社，2007.

［94］李军．“十二五”新闻出版产业发展特征分析［J］．科技与出版，2016（2）：109－113.

［95］李军鹏．现代化治理要义［EB/OL］．财经国家新闻网，http：//news. hexun. com/2013－11－26/160023418. html，2013－11－26.

［96］李强．文化产业统计的建立与发展［M］．北京：中国统计出版社，2014.

［97］李少惠，曹爱军，王峥嵘．行政变革中的公共文化服务及其路向［J］．中国行政管理，2007（4）：25－27.

［98］李郁青．《壹周刊》外部性问题初探——以司法院「法学资料检索系统」中的案例看起［J］．新闻学研究，2009（98）：193－244.

［99］李忠军．论社会主义核心价值观、中国精神与社会主义意识形态［J］．社会科学战线，2014（3）：31－39.

［100］厉无畏．创意产业导论［M］．上海：学林出版社，2006.

［101］梁小民．经济学大辞典［M］．北京：团结出版社，1994.

［102］梁耀凤．出版业营销人员管理问题探讨［J］．经济师，2013（1）：238－238.

［103］林元辉．新闻公害的批判基础——从涂醒哲舔耳冤案新闻为主例［M］．中国台北：巨流出版社，2006.

［104］刘建明．新闻自由的七种权利［J］．新闻爱好者，2001（3）：12－13.

［105］刘巍、宫少军、殷国俊．文化产业统计考察团赴加拿大考察报告［EB/OL］．2007 年 12 月．http：//www. hlj. stats. gov. cn/shkj/gwhc/6275. htm.

［106］刘文英．看待“泛娱乐化”还需两分法［N/OL］．深圳新闻网—深圳商报（第 B08 版），2016－04－28. http：//szsb. sznews. com/html/2016－04/28/content_3513741. htm.

［107］刘燕南．电视节目评估体系解析——模式、动向与思考［J］．现代传播，2011（1）：45－49.

［108］卢岳华．社会主义和谐文化的功能浅析［N］．湖南日报，2007

-01-08.

[109] 罗伯特·罗茨. 新的治理 [A] //俞可平. 治理与善治 [C]. 社会科学文献出版社，2000.

[110] 罗伯特·罗茨. 新治理：没有政府的管理 [J]. 经济管理文摘，2005 (14)：41-46.

[111] 洛朗克勒通. 电影经济学 [M]. 北京：中国电影出版社，2008.

[112] 马丁. 杰伊. 阿多诺 [M]. 北京：中国社会科学出版社，1992.

[113] 马敏，傅才武. 新时期深化文化体制改革中的文化政策问题 [J]. 中国地质大学学报（社会科学版），2009 (3)：1-6.

[114] 尼尔·波兹曼（著），章艳（译）. 娱乐至死 [M]. 广西：广西师范大学出版社，2004.

[115] 欧阳有权. 文化产业通论 [M]. 长沙：湖南人民出版社，2006.

[116] 钱彬. 重新认识多屏时代的电视 [J]. 视听界，2012 (5)：68-71.

[117] 任珺. 公共文化服务体系研究综述：2004~2007 年 [A] //中国公共文化发展服务报告（2007)》 [C]. 北京：社会科学文献出版社，2007.

[118] 邵梓捷. 福山的新声音：什么是治理？ [N]. 中国青年报，2013-12-23.

[119] 束秀芳. 美国媒介分化现象初探. 现代传播 [J]，2011 (12)：145-146.

[120] 宋建武，张宏伟. 对公共文化产品概念的研究 [A] //中国公共文化服务发展报告（2009) [R]. 北京：社会科学文献出版社，2009.

[121] 苏峰. 文化权利·公共文化·群众文化 [A]. 2008 学术前沿论坛论·科学发展：社会秩序与价值建构——纪念改革开放 30 年论文集（下卷）[C]. 北京，2008.

[122] 苏蘅. 报纸新闻“小报化”的趋势分析 [A] //國科會專題研究計畫成果報告（编号：NSC 89-2412-H-004-031) [R]. 中国台北，

2001 年.

[123] 汤玉刚. 我国政府供给偏好决定的一个经济学解释 [J]. 财经研究, 2006 (5): 80 - 93.

[124] 万林艳. 公共文化及其在当代中国的发展 [J]. 中国人民大学学报, 2006 (1): 98 - 103.

[125] 吴长春. 公共管理 (学) 的概念及与行政管理学的关系 [J]. 新华文摘, 2004 (2): 80 - 85.

[126] 肖永梅. 上市公司债务结构与债权人保护研究 [D]. 西南科技大学硕士学位论文, 2009.

[127] 谢伦灿. 提升我国文化产业统计的准确性与科学性 [J]. 学术交流, 2009 (12): 241 - 243.

[128] 杨帆. 债务结构与非效率投资行为的相关性研究——来自我国制造业上市公司的经验数据 [D]. 东北大学硕士论文, 2007.

[129] 杨京英、王金萍. 中国与世界主要国家文化产品进出口统计比较研究 [J]. 统计研究, 2007 (1): 27 - 31.

[130] 杨利英. 新时期中国文化"走出去"战略的意义 [J]. 人民论坛, 2014 (23): 186 - 188.

[131] 杨晓军. 新媒体语境下电视的发展困境与突围之道 [J]. 新闻世界, 2012 (8): 67 - 69.

[132] 杨玉英. 让"文化立国"成为一项国家战略 [EB/OL]. 来源: 求是理论网, 2010 - 11 - 24. 转引自 http: //www. qstheory. cn/wh/whsy/201011/t20101124_57488. htm.

[133] 姚国华. 文化立国 [EB/OL]. 草根网, 2008 - 02 - 13, http: //www. caogen. com/blog/Infor_detail. aspx? articleId = 6865.

[134] 张宏伟. 从文化产业到创意产业: 澳大利亚创意产业发展模式 [M]. 北京: 经济科学出版社, 2017.

[135] 张宏伟. 体验经济、电视体验与电视节目创新 [J]. 学术论坛, 2012 (4): 176 - 179.

［136］张宏伟．媒体融合时代的电视节目表达创新［J］．编辑之友，2016（12）：47－50.

［137］张宏伟．参与式文化下传统媒体的生存［J］．青年记者，2016（33）：24－25.

［138］张宏伟．文化产业怎样应对民间投资的“断崖式”下滑［J］．北京文化创意产业发展研究，2016（5）：2－9.

［139］张宏伟．参与式生产：文化产品生产的转向与变革［J］．新闻与传播研究，2015（11）：109－117.

［140］张宏伟．供需失衡下的电视剧供给模式创新［J］．编辑之友，2015（3）：62－66.

［141］张宏伟．以文化体制改革优化政府供给 推进国家治理能力现代化——基于执政能力函数的分析［A］//胡惠林，陈昕，单世联等（编）．中国文化产业评论（第19卷）［C］．上海：上海人民出版社，2014.

［142］张宏伟．电视户外真人秀：基于户外纪实和体验的新型节目样式［J］．电视研究，2014（5）：17－19.

［143］张宏伟．构建以受众为中心的电视节目创新体系［J］．电视研究，2013（10）：25－27.

［144］张宏伟．新闻产品的外部性及其治理［J］．中国出版，2012（22）：23－27.

［145］张宏伟．文化产业概念辨析——兼论快乐购的产业属性［J］．文化产业导刊，2010（1）：20－27.

［146］张宏伟，黄金，时亮．文化传媒上市公司债务结构优化研究［J］．中国出版，2014（23）：16－21.

［147］张宏伟，时亮．我国传媒上市公司股权结构与经营绩效实证研究［J］．出版科学，2015（6）：17－22.

［148］张宏伟，宋建武．公共文化产品的质量标准和控制机制研究［J］．四川大学学报（哲学社会科学版），2012（1）：139－144.

［149］张宏伟，孙梦雨．文化产品供给研究的新进展［A］//黄泰岩．

国外经济热点前沿（第 10 辑）[C]. 经济科学出版社，2013.

[150] 张宏伟，孙梦雨. 全媒体时代电视剧版权运营研究 [J]. 电视研究，2014（8）：15－17.

[151] 张宏伟、万蓉. 一国国际形象是如何被媒体塑造的——CCTV、BBC 和 CNN 国际新闻报道比较研究 [J]. 中国出版，2017（3）：43－49.

[152] 张慧瑜. 电视娱乐节目期待“自主创新”[N]. 人民日报，2012－08－07.

[153] 张君昌，吕鹏. 广播电视节目评估体系构建滞后需统一行业标准 [N]. 中国新闻出版报，2011－09－06.

[154] 张梦中. 美国公共行政学百年回顾（上）[J]. 中国行政管理，2000（5）：37－43.

[155] 张梦中. 美国公共行政学百年回顾（下）[J]. 中国行政管理，2000（6）：39－45.

[156] 张凭. 文化的最大贡献在于创造了意义世界 [N/OL]. 来源：吉林日报，2012－09－04. http://www.ce.cn/culture/gd/201209/04/t20120904_23647881.shtml.

[157] 张晓明，李河. 公共文化服务：理论和实践含义的探索 [J]. 出版发行研究，2008（3）：5－8.

[158] 章建刚. 教育部哲学社会科学研究重大课题攻关项目“我国公共文化服务体系构建”第三次工作会议上的讲话. 2009－01－10.

[159] 赵黎青. 什么是公共服务 [J]. 当代社科视野，2004（12）：37.

[160] 赵丽宏. 艺术是什么 [N]. 文汇报，2001－02－10.

[161] 周君. 中国传媒类上市公司资本结构优化 [D]. 湖南大学硕士论文，2008.

[162] 朱春阳，李琳. 面对传媒改革：存量改革的路径规划与战略反思 [J]. 中国出版，2009（1）：21－23.

[163] 朱金玉. 数字时代我国电视节目创新动因探析 [J]. 新闻界，

2007（3）：74－75.

［164］朱乃平，孔玉生．我国高科技上市公司债务结构治理效应的实证研究［J］．商业研究，2006（22）：71－74.

［165］左惠．文化产品供给论——文化产业发展的经济学分析［M］．北京：经济科学出版社，2009.

［166］本刊评论员．改革开放30年新闻事业发展说明了什么？［J］．军事记者，2008（12）：1－1.

［167］国家统计局．《国家统计局关于印发〈文化及相关产业分类〉的通知》［EB/OL］．国家统计局网站，2004－03－29.

［168］上海市社联．关于上海公共文化服务体系建设的若干思考与建议［J］．社联策论，2006.

［169］习近平文艺座谈：文艺不能沾满铜臭气［EB/OL］．新华网，2014－10－15. http：//news. sina. com. cn/c/2014－10－15/212230994688. shtml.

［170］澳大利亚鼓励研发有关政策［EB/OL］．中国商务部网站，转引自凤凰网，2010－03－11. http：//finance. ifeng. com/roll/20100311/1915130. shtml.

［171］国家治理不应该是政府独角戏［N/OL］．长江日报，2013－11－14. http：//cjrb. cjn. cn/html/2013－11/14/content_5249906. htm.

［172］面向2020，我国应确立“文化立国”战略［J］．文化创意产业周刊，转引自北京商报网．2011－01－10. http：//www. bbtnews. com. cn/2011/0110/55830. shtml.

［173］《中共中央关于制定国民经济和社会发展第十个五年计划的建议》［EB/OL］．人民网，2005－10－11.

后　记

温暖的阳光洒落在书桌上，我轻轻合上书稿，心里几多感慨。面对繁忙的工作和生活，虽有力不从心之时，也有需要取舍之处，但我在写作中始终保持着专业、认真的态度和一颗真诚的心，“初心不改，虽远不怠”当是人生应有的姿态。

文化经济学是一个新兴的跨学科领域，在研究过程中，我从文化产品和文化产业的特殊性出发，力图修正和扩展以物质产品为基础的传统经济学理论，也不断尝试从新的视角进行理论创新和实践探索，希望能为我国文化经济学的学术研究尽自己的绵薄之力。本书是国家社会科学基金一般项目（项目号：12BJL035）的最终成果。限于多种因素的制约，书中难免存在疏漏之处，衷心希望读者不吝赐教，帮助我不断调整和完善这些研究。此外，本书也得到了中国政法大学科研创新项目（项目号：19ZFG86001）和中央高校基本科研业务费专项资金的资助。在此，一并感谢国家和学校的信任与支持。

感谢李婷、刘艳、时亮、孙梦雨在相关章节参与文献和数据的搜集、整理等工作。

感谢我的家人和朋友，感谢他们默默的陪伴和守护，是他们的爱让我更加勇敢地面对困难，让我不断发现和品味生活中的美好。

最后，感谢中国财政经济出版社付克华和叶彤编辑，他们为本书的出版做出了诸多认真细致的工作。

张宏伟

2023 年 6 月